普通高等院校"十三五"规划教材
研究生高水平教材立项

乡村治理与乡村建设

主 编 赵先超 周跃云
副主编 鲁 婵 袁 超
　　　　陈紫君 谭书佳

中国建材工业出版社

图书在版编目(CIP)数据

乡村治理与乡村建设/赵先超，周跃云主编. --北京：中国建材工业出版社，2020.1（2023.2重印）
普通高等院校"十三五"规划教材
ISBN 978-7-5160-2684-7

Ⅰ.①乡… Ⅱ.①赵… ②周… Ⅲ.①农村—群众自治—中国—高等学校—教材 ②农村—社会主义建设—中国—高等学校—教材 Ⅳ.①D638 ②F320.3

中国版本图书馆CIP数据核字（2019）第203086号

内 容 简 介

本书第一章至第六章为乡村治理篇，主要回顾了国内外乡村治理的历程与经验，梳理了我国乡村治理的现状与难点，并重点讲述了乡村基层党组织建设、乡村治理体系建设与乡村振兴人才队伍建设；第七章至第十三章为乡村建设篇，主要介绍了国内外乡村建设实践的经验、我国乡村建设历程与建设目标，提出了乡村建设的主要理论基础、主要内容，构建了乡村建设的评估指标，梳理了乡村建设的主要项目设计，并结合乡村振兴战略背景提出了乡村建设的新思考。

本书内容具有较强的多学科性，广泛涉及城乡规划学、管理学、社会学、农学等相关学科，注重人文社科与工程技术相结合，理论总结与实践案例相结合，系统阐述和专题探讨相结合，经典知识与前沿热点相结合，既具有教材的普遍性特点，又具有一定的学术研究属性，可作为全国高等院校城乡规划学、社会学等相关本科专业，以及农村发展、城乡规划等相关研究生专业的教学用书，也可作为新时期乡村治理与乡村建设领域的管理人员、规划设计人员参考用书。

乡村治理与乡村建设
Xiangcunzhili yu Xiangcunjianshe
主　编　赵先超　周跃云
副主编　鲁　婵　袁　超　陈紫君　谭书佳

出版发行：中国建材工业出版社
地　　址：北京市海淀区三里河路11号
邮　　编：100831
经　　销：全国各地新华书店
印　　刷：北京雁林吉兆印刷有限公司
开　　本：787mm×1092mm　1/16
印　　张：15.5
字　　数：310千字
版　　次：2020年1月第1版
印　　次：2023年2月第3次
定　　价：66.80元

本社网址：www.jccbs.com，微信公众号：zgjcgycbs
请选用正版图书，采购、销售盗版图书属违法行为
版权专有，盗版必究。本社法律顾问：北京天驰君泰律师事务所，张杰律师
举报信箱：zhangjie@tiantailaw.com　举报电话：(010) 57811389
本书如有印装质量问题，由我社市场营销部负责调换，联系电话：(010) 57811387

前 言

党的"十九大"提出"乡村振兴"战略,同时明确了"产业兴旺、生态宜居、乡风文明、治理有效、生活富裕"的总体要求。2018年9月,中共中央、国务院印发《乡村振兴战略规划(2018—2022年)》,进一步全面阐述了我国乡村振兴战略实施的总体要求、发展目标与规划要点。在"乡村振兴"国家重大战略指引下,我国乡村规划与乡村建设工作必将迈入新的历史机遇期。然而,不可回避的是,从整体上看,当前我国乡村发展水平不一,发展差距仍较大,乡村治理面临着一系列突出问题,乡村建设也面临着一系列新挑战。如何基于"乡村振兴"的总体战略要求,加快推进生态文明建设全新理念下的乡村治理、乡村建设变革,理应成为当前阶段亟须关注与解决的重大现实问题。

2018年12月,全国农业专业学位研究生教育指导委员会修订实施了《农业硕士专业学位农村发展领域指导性培养方案》。在课程设置部分,方案明确提出要合理设置课程体系,并将"农村发展规划""乡村治理与乡村建设"等课程纳入课程体系。《乡村治理与乡村建设》教材建设任务迫切。

本教材分上、下两篇。上篇为乡村治理篇,回顾了国内外乡村治理的历程与经验,梳理了我国乡村治理的现状与难点,并重点讲述了乡村基层党组织建设、乡村治理体系建设与乡村振兴人才队伍建设;下篇为乡村建设篇,介绍了国内外乡村建设实践的经验、我国乡村建设历程与建设目标,提出了乡村建设的主要理论基础、主要内容,构建了乡村建设的评估指标,梳理了乡村建设的主要项目设计,并结合乡村振兴战略背景提出了乡村建设的新思考。

本教材为2019年度湖南省学位与研究生教育教改研究项目(项目名称:服务乡村振兴战略需求的农村发展研究生专业《乡村治理与乡村建设》课程教学改革研究与实践;项目编号:2019JGYB218)以及2019年湖南省研究生教学平台项目——高水平教材立项项目(教材名称:《乡村治理与乡村建设》;湘教通[2019]370号)结题成果,同时也是湖南省乡村振兴与乡村发展研究生培养创新实践基地、湖南工业大学美丽乡村建设与发展研究中心2019年度重大成果之一。

本教材由赵先超、周跃云负责总体设计、策划、组织和编稿;上下篇分别由鲁婵、袁超以及陈紫君、谭书佳负责统稿。各章具体编写人员如下:第一章 绪论(史方波、鲁婵）；第二章 国内外乡村治理实践与经验（谭书佳、史方波）；第三章 我国乡村治理现状与难点（袁超、谭骁）；第四章 乡村基层党组织建设（宋之瑶、袁超）；第五章 乡村治理体系建设（胡艺觉、袁超）；第六章 乡村振兴人才队伍建设（袁超、李春潇）；第七章 乡村建设的国内外经验借鉴（曾彦嘉、陈紫君）；第八章 我国乡村建设历程与建设目标（任佳、龙楚怡）；第九章 乡村建设的主要理论基础（任佳、马肖迪）；第十章 乡村建设的主要内容（陈紫君、赵先超、古黄玲）；第十一章 乡村建设的评估指标（凡雨宸、彭竞霄、谢皖）；第十二章 乡村建设的项目设计（陈紫君、赵先超、姚瑶）；第十三章 乡村振兴战略背景下乡村建设的深度思考（许梦阳、周跃云、倪筱珈）；附录（许梦阳、胡艺觉）。此外，教材的图件绘制工作由袁超、陈紫君等完成；教材的配套教学课件由胡艺觉、袁超、陈紫君牵头制作。

  本教材在编写过程中，编者参考了诸多国内外专家、学者的相关研究成果，在此对这些研究成果的作者表示最衷心的感谢！

  限于作者水平，教材对乡村治理和乡村建设的研究广度和深度有限，旨在抛砖引玉，希望从事该领域的科研工作者和实践工作者能够关注乡村治理和乡村建设的理论研究和实践推广，从而共同推动"乡村振兴"战略指引下的我国乡村治理与乡村建设再上新台阶。

编　者

2020 年 1 月

目　　录

上篇　乡村治理篇

第一章　绪论 ………………………………………………………………… 3
　　第一节　乡村的概念与乡村划分 ……………………………………… 3
　　第二节　乡村治理的起源 ……………………………………………… 7
　　第三节　乡村规划、乡村发展与乡村治理的联系 …………………… 11
第二章　国内外乡村治理实践与经验 …………………………………… 16
　　第一节　国外乡村治理历程 ………………………………………… 16
　　第二节　国内乡村治理历程 ………………………………………… 19
　　第三节　国内外乡村治理实践经验总结 …………………………… 22
第三章　我国乡村治理现状与难点 ……………………………………… 26
　　第一节　我国乡村治理的政策梳理 ………………………………… 26
　　第二节　当前我国乡村治理存在的主要问题 ……………………… 31
　　第三节　新时期我国乡村治理的难题与前景 ……………………… 34
第四章　乡村基层党组织建设 …………………………………………… 39
　　第一节　基层党组织在乡村治理中的重要作用 …………………… 39
　　第二节　基层党组织在乡村治理进程中面临的挑战 ……………… 42
　　第三节　基层党组织在乡村治理中的重点 ………………………… 45
第五章　乡村治理体系建设 ……………………………………………… 49
　　第一节　整合治理资源，构建村民自治体系 ……………………… 49
　　第二节　加强依法治理，提升乡村法治水平 ……………………… 55
　　第三节　培育社会价值，塑造乡村德治秩序 ……………………… 59
　　第四节　创新治理模式，探索乡村智治途径 ……………………… 62
第六章　乡村振兴人才队伍建设 ………………………………………… 71
　　第一节　乡村人才队伍现状与困境 ………………………………… 71
　　第二节　乡村人才振兴的机制构建 ………………………………… 74
　　第三节　乡村人才振兴的思路与举措 ……………………………… 79

下篇　乡村建设篇

第七章　乡村建设的国内外经验借鉴 ··· 85
　第一节　国外乡村建设实践 ··· 85
　第二节　国内典型地区的乡村建设实践 ··· 92
　第三节　国内外乡村建设实践的经验总结 ··· 98

第八章　我国乡村建设历程与建设目标 ··· 104
　第一节　乡村建设历程 ··· 104
　第二节　乡村建设目标 ··· 108

第九章　乡村建设的主要理论基础 ··· 116
　第一节　可持续发展理论 ··· 116
　第二节　城乡一体化理论 ··· 118
　第三节　人居环境理论 ··· 120
　第四节　田园城市理论 ··· 122
　第五节　生态城市理论 ··· 124

第十章　乡村建设的主要内容 ··· 129
　第一节　产业发展 ··· 129
　第二节　环境整治 ··· 133
　第三节　生态改善 ··· 143
　第四节　公共服务 ··· 147
　第五节　文化传承 ··· 153

第十一章　乡村建设的评估指标 ··· 158
　第一节　指标体系 ··· 158
　第二节　环境指标 ··· 161
　第三节　经济指标 ··· 163
　第四节　社会指标 ··· 165
　第五节　文化指标 ··· 169
　第六节　规划建设要求 ··· 170

第十二章　乡村建设的项目设计 ··· 174
　第一节　特色产业发展项目 ··· 174
　第二节　乡村景观设计项目 ··· 181
　第三节　农房风貌整治提升项目 ··· 191
　第四节　乡村道路改善提升项目 ··· 197

第十三章 乡村振兴战略背景下乡村建设的深度思考 ... 205
第一节 乡村建设的重点思考 ... 205
第二节 乡村建设的策略思考 ... 207
第三节 乡村建设的协同推进思考 ... 212
第四节 数字乡村建设的路径思考 ... 217

附录1：我国乡村治理的典型案例 ... 223
第一节 江苏省南京市江宁区 ... 223
第二节 浙江省永嘉县巽宅镇 ... 225
第三节 浙江省绍兴市上虞区祝温村 ... 228

附录2：我国乡村建设的典型案例 ... 233
第一节 四川省成都市彭州市小鱼洞镇大楠村 ... 233
第二节 湖北省咸宁市嘉鱼县官桥村八组 ... 236
第三节 湖南省醴陵市枫林镇隆兴坳村 ... 238

上篇
乡村治理篇

　　实施乡村振兴战略，是党的"十九大"作出的重大决策部署，是决胜全面建成小康社会、全面建设社会主义现代化国家的重大战略支撑，是实现全国人民共同富裕的必然要求。"乡村振兴，治理有效是基础。"党的"十九大"报告提出"党委领导、政府负责、社会协同、公众参与、法治保障"的乡村社会治理体制，"法治、德治、自治"相结合的乡村治理体系，"共建、共治、共享"的乡村治理格局，绘制出在新的历史阶段乡村治理的蓝图。从这个层面上讲，乡村治理既是国家治理体系的重要组成部分，又是实现乡村振兴战略的基石。

　　乡村治理篇包括第一章至第六章，主要回顾了国内外乡村治理的历程与经验，梳理了我国乡村治理的现状与难点，并重点讲述了乡村基层党组织建设、乡村治理体系建设与乡村振兴人才队伍建设。

第一章 绪 论

本章为绪论章,主要梳理了乡村的概念与乡村类型,简述了乡村治理的起源,在此基础上提出了乡村规划、乡村发展与乡村治理的有机联系,从而为后续相关章节内容的学习奠定基础。

第一节 乡村的概念与乡村划分

一、乡村的概念

乡村是居民以农业为经济活动的一类聚落的总称。从行政区划的角度看,乡村是指除直辖市、地级市、县级市、县政府驻地的城关镇以及其他建制镇以外的不属于城镇的区域[1];从村民所从事的职业取向的角度来看,乡村是以农业、林业、渔业、牧业、基础工业等作为主导产业形态的区域[2]。

一般认为,乡村以农业生产为主要经济基础,社会结构相对城市较为简单,居民生产、生活方式与城市相比具有较大的差别性。对于乡村概念的进一步理解,可以从以下几个方面展开,即:(1)从人口方面看,乡村的人口数量较少,聚集程度较低,人口密度较小,人口构成较简单;(2)从产业构成看,大多数乡村主要以农业生产为主,但近年来以田园观光、休闲旅游等为代表的新兴产业类型占比有所提高;(3)从景观构成看,乡村主要以农舍、仓库场院、道路、水渠、宅旁绿地等景观为主,且密度较低;(4)从社会结构与生活方式看,乡村的社会结构相对简单,多数乡村居民生活方式较单一且相对固定,日常生活节奏相对较慢。表1-1所示为不同主体对乡村概念的其他解释。

表1-1 不同主体对乡村概念的其他解释

主体	对乡村概念的阐述
《辞海》	乡村是表示地域的概念,其划分的标准是以农业经济为主的聚居地,是指"以农业经济为主"的人口聚居地区。乡村的范围,应当是指除了建制市、建制镇和其他集镇之外的区域。在统计学上,一般将未划入城市的人口均归属农村人口
R. D. 罗德菲尔德	乡村是人口稀少、比较隔绝、以农业生产为主要经济基础、人们生活基本相似,而与社会其他部分,特别是城市有所不同的地方
袁镜身	乡村是相对于城市的、包括乡村的集镇等各种规模不同的居民点的一个总的社会区域概念。由于它主要是农业生产者农民居住和从事农业生产的地方,所以称为农村
王洁钢	乡村是指以行政区划的乡(镇)所辖的地域实体,它的外延是以乡(镇)政府所在的圩镇为中心,包括其所管辖的所有村庄的地域范围

二、乡村的划分

1. 按地形地貌划分

按乡村所属的地形地貌（类型）进行分类，可将乡村划分为平原村、丘陵村、滨湖村、沿海村、草原村、山区村等不同类型。

一般来说，处于平原、滨湖、沿海等地形地貌区域的乡村聚落，往往土地肥沃、耕地较多、物资丰富、交通便利、人口较密集、经济发展较快；社会比较开放、社会流动较频繁，文化较为先进，但村民人文关系不如山村突出，血缘关系有所淡化；乡村居民思想较活跃、现代观念较强，居民容易接受新事物；乡村民主意识较浓厚，村民自治基础比较扎实，自治活动容易开展起来。比如，在我国长江三角洲地区经济相当发达，长三角腹地的广大乡村也较为富裕。

草原上多分布有牧区，早先的牧民也多采用追水逐草而居的游牧生活方式。在广大牧区，以往常常是季节性聚落和游牧的帐幕聚落兼而有之，但随着现代畜牧业的发展，多半牧民开始种植牧草，围建草场，定居下来，从而形成了独具特色的草原村落。

比较而言，山区或半山区乡村则较为闭塞落后，人口聚居程度较低。对于山区或半山区乡村，有的乡村资源丰富但由于种种因素，其乡村资源优势尚未转化为经济优势；有的乡村资源贫乏，加之地理区位与交通欠佳，多半经济结构相对单一，贫困居民人口较多。

从乡村所处的地形地貌等自然地理条件来看，不同的地理条件造就了不同的乡村景观风貌以及不同自然、人文特色的乡村。比较典型的主要有：长三角地区的江南水乡、滨海地区的海岛渔村等。

2. 按乡村形态肌理划分

按形态肌理，乡村一般可划分为以下几种类型：

（1）散点式。散点式乡村是一种常见的乡村类型，其布局形态体现了因地制宜、与自然和谐共生的特点，广泛分布于起伏的丘陵山地地区。

散点式乡村模式并不试图改造自然，也不会大规模地平整土地，不强求规整和一致的布局，表面看来缺乏规划，随意性强。乡村建筑虽散点分布，却又凝聚于某个中心，如晒谷场、池塘等，于稳定统一中体现出开放与多元。这种布局形式的乡村与周围自然环境融为一体，具有自然随机的肌理美，但是由于房屋间距较大，不利于土地的集约、节约利用，也不利于基础设施的布置。图1-1所示为散点式布局模式示意图。

（2）街巷式。街巷式乡村是一种比较主流的乡村布局形态，主要适用于用地较平坦的乡村（区域），并常见于较大乡村。街巷式乡村形态肌理根据建筑与地形、道路的不同组合关系，形成统一且富有变化的乡村布局形态，主街和次巷脉络清晰。这种乡村形态肌理不仅内聚性强，还易于随着乡村扩大逐步沿路拓展延伸。

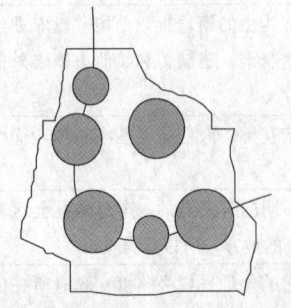

图1-1　散点式布局模式示意图

街巷式乡村街巷内部空间较为封闭内向,街巷在乡村中承担着交通联系和组织村民生活的公共空间的作用,成为公共和半公共的线性交往空间和交通联系通道,一些水乡还常有河路并行的水街水巷。街巷式乡村肌理形态较丰富,主要由建筑界定街巷空间的形式、大小、尺度,一些乡村在主街两端还设有门楼,既用于安全防卫又便于管理。街巷式布局的乡村一般空间有秩序,领域感、归宿感比较强,用地紧凑节约。例如,中国第一水乡——周庄,900余年的悠远历史,使其构成了江南水乡独特的水街肌理形态,街道呈井字形,乡村依河成街,与水系有机融合,街巷尺度宜人,街巷曲折、进退、对景、节律等方面处理得较好,宫、庙、塔、牌楼等构成了丰富的街道对景。

(3) 组团式。组团式乡村布局常见于地形较复杂的较大乡村。受自然地形影响,由于地势变化比较大,河、湖、塘等水系穿插其中,乡村受到河网及地形高差分割,形成两个以上彼此相对独立的组团,其间由道路、水系、植被等连接,各组团既相对独立又联系密切。图1-3所示为组团式布局示意图。

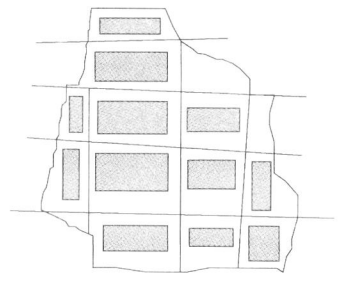 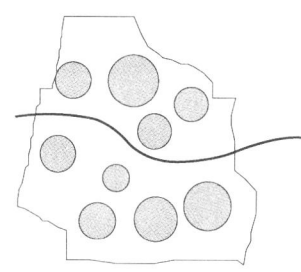

图1-2 街巷式布局模式示意图　　　图1-3 组团式布局示意图

(4) 条纹式。条纹式乡村布局常见于地形高差较大的丘陵山地乡村。由于丘陵山地坡度较大,受山地环境因素制约而顺应地势,形成由几个不同高差的台地条状伸展布局为特点的条纹式乡村形态肌理。这种布局虽分为几个台地但聚合力强,对用地紧张的山地乡村来说是一种较适宜的布局方式(图1-4)。

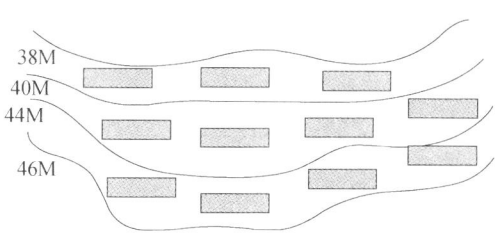

图1-4 条纹式布局示意图

(5) 图案式。图案式乡村一般受地形或风水理念等的影响,形成具有某种象征意义的特殊图案肌理,如八卦形、半月形等。图1-5所示为图案式布局示意图。这类乡村形态肌理模式比较特别,十分重视村址的选择和整体布局,以最大可能体现出某种文化及宗教的理念;乡村一般聚族而居,整个乡村不仅体现了人与自然的和谐,而且体现了宗族式布局的封闭性、内向性、防御性及等级尊卑观念。如浙江省兰溪市诸葛八卦村(图1-6),由诸葛第27代孙按诸葛绝学九宫八卦阵布局设计,至今已有600余年的历史,该村为八卦图案式乡村形态肌理,村内布局结构似内外两个八卦图。

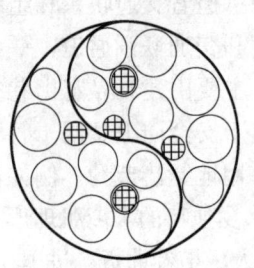 

图 1-5　图案式布局示意图　　　　图 1-6　浙江省兰溪市诸葛八卦村

3. 按村落规模划分

参照《镇规划标准》，按人口规模，乡村可划分为特大、大、中、小型四级乡村类型。

特大型村，常是乡政府或村民委员会所在地，拥有一定数量的代销店和文化教育、生活服务单位。这种特大型村大多分布于种植业区，尤其是耕地密集、地少人多的平原地区，以华北地区较多。另外，东北、长江中下游、东南沿海河口冲积平原等地也较普遍。

大型和中型村，是我国最为常见的一种村落，广泛分布于全国各地，常见于地少人稠的种植业区或圈养畜牧业区。一般由几个乡村组成一个行政区，并建有幼儿园、小学等基础与公共服务设施。

小型村，以山区、丘陵区、牧区、林区分布最为普遍，这类村落数量较多，但占农村总人口中的比重较低，其住宅布局较分散，户均占地面积较大。因耕地零星分散，或因生活用水不足等因素制约，这类乡村不宜发展为大乡村，比较科学的做法通常是"拆村并点"。

参照《镇规划标准》，在我国，一般特大型村人口规模大于1000人，大型村人口为601～1000人，中型村人口为201～600人，小型村人口小于等于200人（表1-2）。

表1-2　《镇规划标准》中对乡村规划规模的分级

乡村类型	规划人口规模分级（人）
特大型村	>1000
大型村	601～1000
中型村	201～600
小型村	≤200

4. 按行政概念划分

从行政概念看，参照基层社会组织的层次分类，在我国，乡村一般可以分为自然村和行政村两类。

（1）自然村。自然村是由村民经过长时间聚居而自然形成的村落。这种乡村受自然地理条件、传统生活方式等因素的影响较大。比如，在很多山地丘陵地区，历史上几户先祖居民在路边居住，繁衍几代后就会形成一个小村落，这是自然村形成的基本模式。在我国，有些地方习惯上将自然村称为"庄"或"屯"。应当说，"庄"或"屯"

是乡村聚落最基本的组成部分，一般只有较为简单的生活福利设施。

自然村的分布、形态、规模和建筑结构深受所处地区自然地理条件（水源、气候、地形及建筑材料特性等）、经济条件、风俗习惯等社会因素的影响，反映出与周围环境的某种适应。在我国，自然村数量较大、分布较广、规模大小不一，有仅个别住户的孤村（如在山区），也有数百人口的自然村（如在人口稠密的平原地区）。自然村经济结构较单一，一般由主要从事农（林、牧、副、渔）业的人口居住。20世纪80年代以来，我国因乡村产业结构的调整和商品经济的发展，不少自然村已不仅限于单纯经营农牧业，还建起了小型工业企业、零售商业和服务业设施，有的还发展成为经营非农产业的专业村。

（2）行政村。行政村具有一定的行政管辖意义，一般是指政府为加强乡村管理而确定的乡、镇下一级的管理机构所管辖的区域。从这个意义上讲，行政村是具有社会统一性的组织化村落，是中央和地方政府用来作为行政管理的基本单位。

在个别地方，行政村与自然村是重叠的，或一个自然村划分为一个以上的行政村。但大多数情况下，一个行政村往往包括几个甚至十几个自然村。

行政村是中国行政区划体系中最基层的一级，设有村民委员会或村公所等管理服务机构，由领导班子（支部、村委会）行使管理与服务职能。应当说，自然村与行政村的区别，不只是规模的大小区别，还在于是否具有行政管理职能与权限。

以上乡村类型的划分，多是基于地形地貌、乡村形成肌理、人口规模等自然地理与人口要素。值得注意的是，在理论与实践应用层面，往往需要在乡村类型的基础上进一步理解乡村布局与乡村发展的作用机制。在这种情况下，显然不能仅考虑地形地貌、人口规模等驱动因素，而需要考虑更多、更综合的影响因素，如乡村气候、土壤、交通、水利等自然因素，乡村产业构成、家庭收入等经济因素以及乡村历史人文、家族、民俗文化等社会文化因素。

第二节 乡村治理的起源

一、治理

"治理"一词英文为"governance"，词面意思一般为"控制、操纵"之意。"治理"一词最早出现在世界银行1989年的一份关于发展问题的报告中，其重点阐述了"治理"与发展的问题，联合国随即成立了"全球治理委员会"。随后，"治理"一词得到广泛的运用和研究，内容涉及政治、经济等大多数哲学社会学科。

全球治理理论的主要创始人之一詹姆斯·罗西瑙在其代表作《没有政府统治的治理》和《世纪的治理》中明确指出治理与政府统治不是同义语，它们之间有重大区别。他将治理定义为一系列活动领域里的管理机制，它们虽未得到正式授权，却能有效发挥作用，其治理的内涵主要包括[3-4]：

（1）治理的主体不限于社会公共机构，它还可以是私人机构以及私人机构和公共机构的合作；统治主体则是以政府为核心的社会公共机构。

（2）治理是基于共同目标的各行为主体间的互动的过程；统治则是政府管理目标的导向过程。

（3）治理的核心机制是信任合作，以此为基础形成合作网络的权威，权力运行向度是多元的、相互的；统治则是以行政命令为核心机制，权力运行总是自上而下的。

（4）治理是组织网络，这个网络没有中心；统治则是以多中心为特征，实行自我管理统治的结构是等级制。

可以看出，西方国家倡导的治理概念所涉及的核心问题就是权力多中心化，由此引发主体多元化、结构网络化、过程互动化和方式协调化的诉求。

在我国，治理研究也一直是学术界研究的热点之一。国内最早对"治理"进行研究的是俞可平教授，他把西方治理理论引入中国，认为治理是指"官方或民间公共管理组织在一定范围内运用公共权威维持秩序，满足公众的需要，治理的目的就是引导、控制和规范公民的活动，促进公共利益"[4]。徐勇则认为"治理是对公共事务的处理过程，以支配、影响和调控社会来达到治理的目的……实现一种善治和最终的社会正义"[5]。

国内学术界普遍认为，即使是治理也需要权力或者权威的存在，与我们传统的治理方式不同，治理中权力和权威并不是单一地来自政府，也可以来自市场和社会等其他公共或非公共机构。因此，治理强调的是政府和私人机构等自愿的、共同的合作。在方式选择上，传统的管理强调强制、自上而下的、命令式的管理，而治理则强调互动的、协商的、平等方式的选择。

二、乡村治理

1. 乡村治理的概念

乡村治理就是乡村治理多元主体之间通过一定的关系模式或行为模式，共同推动乡村经济、政治、社会、文化和生态建设的一个动态过程[6]。表1-3所示为我国部分学者对乡村治理概念的其他解释。

表1-3 我国部分学者对乡村治理概念的其他解释

学者	乡村治理的概念
贺雪峰	乡村治理就是指如何对中国的乡村进行管理，或中国乡村如何可以自主管理，从而实现乡村社会的有序发展[7]
徐勇	乡村治理是指通过解决乡村面临的问题，从而实现乡村的发展和稳定[8]
党国英	乡村治理是指以乡镇政府为基础的国家机构和乡村其他权威机构给乡村社会提供公共品的活动[9]
张润泽、杨华	乡村治理是一种综合性的治理，其把农村各种要素都囊括进来，而不是单单依靠单纯的村民自治[10]
袁金辉	乡村治理是指包括政府和乡村社会以及其他组织和个人在内的多个主体，为了实现农村公共利益，对乡村进行有效组织、管理和调控的动态过程[11]
郭正林	乡村治理就是不同的各种组织……通过一定的制度机制共同把乡下的事务管理好[12]

乡村治理是国家治理在乡村社会的延伸和体现，是追求乡村社会发展的治理行为总和，乡村治理包含着丰富的要素：主体、结构、方式等。从治理主体层面看，乡村治理实践中多元的主体主要包括基层党委、基层政府和基层社会组织以及村民等；从结构功能层面看，可以把乡村治理看作具备相应功能的一种治理结构，它主要是乡村治理过程中各行为主体和社会要素的关系和相互作用的总和，是一种规范各行为主体行为的模式或制度；从治理方式层面看，乡村治理是法治、德治、自治等多种方式的综合运用。从整体上讲，乡村的有效治理是治理主体、治理结构和治理方式的科学组合，即如果把乡村治理看作一个开放的系统，它则是一个由各主体、制度和机制组成的一个有机的系统，与外部环境之间进行着各种物质交换、能量交换和信息交换。

我国是一个拥有悠久农业文明的国家，"乡村治理"作为国家治理现代化的重要组成部分，其含义随着时代的发展而被赋予了新的意义，但总结来看，乡村治理的实质都包含了以下几个相同点：（1）治理主体的多元化是保证乡村治理顺利进行的首要条件；（2）治理主体科学有效地选择和变换治理方式对于解决乡村社会的各种纠纷、逐步构建完善的基层社会服务体系以及解放和发展乡村生产力都具有深远的影响；（3）乡村治理的最终落脚点是"以人为本"，即维护农民的根本利益，提高其经济水平，增强其文化素养。从这个层面上看，乡村治理的实质就是治理主体在不同时期内对治理客体施行有效的治理方式，实现预期治理效果的行为[13]。

2. 乡村治理的内容

乡村治理主要包括乡村政治、乡村经济、乡村文化、乡村社会公正公平等互相联系的四个方面。其中，乡村政治的稳定是乡村治理的政治基础，是乡村治理的基本目标；乡村经济发展是乡村治理的经济基础，也是乡村治理的首要目标，国家的政策扶持和经济援助是乡村经济发展和乡村治理的重要前提；乡村文化的繁荣和乡村社会公正公平是乡村治理的重要目标和基本条件。

3. 乡村治理的内涵

乡村治理并不是一种现代现象，乡村治理理论只不过是对传统乡村社会管理的一种重新阐述而已[14]。"乡村治理"是治理理论在乡村管理工作中的广泛应用，它涉及乡村治理的主体、权力结构、目标、方式等不同维度，再加上乡村治理本身涉及不同学科领域、不同地理区域，这就使得乡村治理的内涵也变得愈加丰富。乡村治理理论的内涵主要包括乡村治理主体的多元化、治理权力配置方式的多元化、治理目的的公共利益最大化及治理过程的自主化四个方面[15]。

（1）治理主体多元化。治理主体多元化是治理理论的首要内容。治理理论特别强调治理主体的多元化，除政府外，治理主体还包括其他民间组织和公民个人。在乡村治理中，乡村治理资源的多元性导致了乡村治理主体多元性的存在。乡村治理主体不仅仅是正式的权力机构——政府，还包括乡村内部各种得到村民认可的权威组织机构。

（2）权力配置多元化。在传统的乡村管理理念中，人们习惯性地认为只有政府掌握着管理公共事务的权力，公共权力的运用呈现出"自上而下"的单向性运行，但是治理理论却打破了这一定向思维，提出了权力依赖与权力的多元化配置。当前，乡村治理权力配置开始由传统的"自上而下型"向"自上而下与自下而上统筹结合型"过渡，广大乡村居民能够积极参与到乡村治理进程中，群众呼声与群众意见越来越重要。

(3) 以公共利益为目标导向。乡村治理的目标非常明确，就是实现对乡村公共事务的管理，实现乡村社会公共利益的最大化，即乡村治理以实现公共利益的最大化为目标导向。乡村公共利益是政府与乡村民间组织、私人机构，甚至是村民个人合作的前提。治理理论打破了政府活动代表公益、私人和其他社会组织代表私益的狭隘观念，而是提倡两者的目标有机统一，二者能够进行有效合作，从而能够追求乡村公共利益最大化。

(4) 治理过程自主化。乡村治理是一个极其复杂而又不确定的过程，其所涉及的一切事务都围绕着互相联系日益紧密的乡村居民经济发展与物质文明、精神文化需求展开。满足乡村居民日益增长的上述需求，既需要国家从宏观上制定与实施加快乡村发展与乡村治理的战略，更需要乡村居民以乡村自治自建为基础，将传统"输血"变革为"造血"，实现乡村跨越式发展。因此，乡村治理理论要求广大乡村地区在宏观上要积极利用国家支持乡村发展的重大政策优势，在微观上更应该倡导实行村民自治。

4. 乡村治理的重点

(1) 构建"三治结合"的乡村治理体系，即积极发挥自治、法治和德治在乡村治理中的各自作用。强调坚持自治为基、法治为本、德治为先，推动乡村社会治理和服务重心向基层下移，以自治消化矛盾，以法治定分止争，以德治春风化雨。其中，乡村自治指在满足人民群众对关涉乡村重大事项的参与权的基础上，突出强化基层民主，真正实现基层群众当家做主，实现民主选举、民主决策、民主管理和民主监督；乡村法治则通过构建法治化的乡村社会治理机制，满足人民群众合法权益保障方面的正当要求；乡村德治则是突出强化传统文化在乡村社会治理中的积极作用，充分尊重基层群众的主体地位，满足群众在精神心理等方面的现实需求。因此，"三治结合"乡村治理体系建设有利于满足人民群众对美好生活的向往。

(2) 推进法治与德治的共生，实现治理模式的创新。推进乡村法治建设，深入开展"法律进乡村"宣传教育活动，大力推进乡村法治文化建设，提高乡村居民法治素养，引导广大乡村干部群众尊法、学法、守法、用法。提升乡村德治水平，深入挖掘乡村熟人社会蕴含的道德规范，通过完善村规民约、居民公约等，培育规则意识、契约精神、诚信观念，引导农民向上向善、孝老爱亲、重义守信、勤俭持家。

> **乡村法治与德治**
>
> 　　德治已经成为乡村治理走向现代化不可逆的要求。在乡村社会中，法治与德治虽然存在冲突与对立，但两者也存在共生。两者作为实现乡村治理不同的治理模式，具有相同的目标即都为了实现乡村社会的良性发展，实现善治的治理目标。两者在功能上各有侧重点，因此两者的融合可以实现优势互补。德治是依靠传统道德观念、心理认同以及风俗习惯来实现对乡村社会的治理，而法治则是依靠国家强制力来保证治理实施。传统礼治在强制约束力方面存在短板，而法治则难以被村民自觉接受内化。因此，在治理过程中，要运用传统礼治中的积极部分来弥补法治的缺失，用法治的约束力来规范礼治，发挥两者治理模式结合的最大优势。

（3）吸引精英力量，建构多元治理主体新格局。要调整乡村人才引进政策，拓宽职业发展空间，完善乡村人才晋升考核机制，还应当给予回乡就业特别是回乡创业的政策扶持。结合乡村振兴国家重大战略推进的历史机遇，适当放宽人才引进政策，支持大学生村官留村、留镇发展，并积极引进、打造一批"懂农业、爱农村、爱农民"的乡村振兴与乡村治理人才队伍。

> **乡村人才现状**
>
> 很长一段时期，我国乡村一直承担着为工业化和城市化发展提供人才、物质等要素支撑。在工业化与城市化快速推进的同时，城乡二元结构的存在在一定程度上也带来了城市与乡村发展差距的增大。在这种情况下，乡村红利和自身发展一直处于较为落后的状态。随着我国现代化进程的加快，新文化理念、生活观念以及全新生活方式的冲击，作为受教育水平较高的精英人才，他们的思维更加敏捷，对生活品质要求较高，因此传统的乡村工作与乡村生活并不能满足他们。在一定程度上，回乡返村就意味着脏、乱、差的生活环境，传统的生活方式，以及闭塞的社交等，这也是当前我国包括乡村治理在内的乡村人才依旧处于"下不去，用不上，留不住"状态的原因之一。

第三节 乡村规划、乡村发展与乡村治理的联系

一、乡村规划

乡村规划一般是指城乡规划法中的村庄规划。国内真正意义上的乡村规划始于2005年十六届五中全会以后。党的十六届五中全会提出要按照"生产发展、生活富裕、乡风文明、村容整洁、管理民主"的要求，扎实推进社会主义新农村建设。这一时期的新农村规划，其编制内容主要包括乡村发展定位与规模、总体空间布局、产业发展策略、土地利用、道路交通、公共和公用设施、绿化景观、近期建设等方面，编制程序包括现状调研与访谈、方案设计、成果公示等环节。从规划的法定角度讲，在《城乡规划法》出台之前，这些新农村规划均不是法定规划[16]。

学界对乡村规划的界定有着不同的解读，代表性的主要包括：

乡村规划是为了实现一定时期内乡村发展目标，依照法律规定，运用适宜的经济技术，合理地进行乡村经济与空间布局规划、土地利用和各项建设的部署与具体安排。

乡村规划是在全面把握社会发展的基础上，根据目标乡村的社会经济、产业科技、文化教育等现状条件和未来可持续发展所做出的总体安排。

乡村规划是对城以外的乡（集镇）与乡村的自然资源、经济基础、产业结构做出评析，依据乡村区位角色、社区关系、产业经济发展方向设定目标并做出工程技术性的建设规划[17]。

乡村规划是以促进乡村经济发展为根本目标，把保护乡村环境和实现资源永续利

用作为长期目标进行的规划布局。

综合上述各界定,可以发现,乡村规划是指导乡村建设与发展的基本依据,其综合目标是促进乡村的全面发展。从内容上看,乡村规划一般包括乡村空间规划、乡村产业发展规划、乡村居民点规划、乡村用地布局规划、乡村景观规划、乡村基础设施与公共服务设施规划等内容。

二、乡村发展

乡村发展是指乡村由落后状态向发达状态的进步、转化过程[18],可视为特定乡村地域系统内农业生产发展、经济稳定增长、社会和谐进步、环境不断改善、文化持续传承的良性演进过程[19]。

发达国家将乡村发展的研究重点放在乡村社会变化的原因和结果上,并探究其在同地理尺度上运行的过程。比较之下,发展中国家则将乡村发展研究的重点放在乡村经济和社会方面,如农业发展、乡村工业化和城镇化、乡村服务中心的空间组织、乡村人口和聚落系统、乡村社会发展和能源开发等,并在此基础上划分乡村发展类型,提出乡村区域发展的政策建议,为制定乡村社会和经济综合发展规划提供科学依据。就我国而言,一般认为乡村发展研究起源于民国时期乡村建设运动,其间涌现了梁漱溟、江恒源、晏阳初等一批乡村研究工作者;在理论研究层面较侧重对乡村转型发展及乡村发展的类型、模式进行研究,研究内容广泛涉及经济、社会、人口等多个方面,着重从乡村产业结构、人口结构、生活方式、建筑风貌和空间布局等角度出发,探讨乡村发展的时序演变、发展类型及对策建议等。

新时期,我国乡村发展面临三个方面的转变。一是乡村发展由传统到现代化的转变,包括土地利用方式、产业发展模式、就业方式、消费结构等的转变;二是乡村发展观念由以城市为重心,到乡村与城市等值发展转变,体现为乡村城市化与乡村内涵式提升并重;三是乡村规划由城市规划中的被忽视,到城乡规划中的地位提升的转变[20]。

三、乡村规划、发展与治理的相互作用

1. 乡村规划是推动乡村全面发展与乡村有效治理的重要手段

2019年,我国城乡规划体系发生重要变革,乡村规划的地位和重要性得以显著提升。特别是乡村振兴战略的推进,将进一步推动乡村规划在乡村发展与乡村治理中的重要功能。

首先,乡村规划是指引乡村发展的顶层构架。乡村规划明确了未来一定时期乡村的发展方向,提出了乡村发展目标体系,并就乡村空间结构、产业组织、土地利用等重点内容进行了规划和安排部署,是指引乡村发展的顶层构架。

其次,乡村规划是推动乡村治理的重要工具。乡村治理的大方向是乡政村治,扩大村民的自主权。村民自治是提升幸福感的必要条件,是村民谋取共同利益的基础,对乡村资产保护和实现社会稳定具有重要意义,乡村规划自然会成为实现村民自治的重要手段。我国《城乡规划法》第十八条明确规定乡村规划要"尊重村民意愿"。目前

尊重村民意愿的做法很多，其中之一是尝试让村民自己编制规划，由规划专业人员提供技术支持，以确保政策和法规底线，让村民参与编制规划最接近"尊重"的本意，而不仅仅是按手印和投票。

乡村规划的几点思考

第一，乡村规划需要正确处理产业经济、社会文化与空间环境的关系。产业经济发展是乡村自身"造血"的根本，是持续发展的动力源泉。社会文化是乡村发展的灵魂。乡村地域的地方传统文化，以及村民自治的地方模式等，都应该作为社会文化建设的主体。空间环境是乡村产业经济和社会文化发展的物质载体，支撑着产业经济和社会文化的可持续发展，保证了村民宜居生活的水平。

第二，乡村规划要提倡"三适原则"，即：适合环境、适用技术、适宜人居。"适合环境"原则是乡村规划的根本出发点。各地乡村地域的地形地貌差别大，村民经济收入和乡村文化差异也大，所以规划应注重分类指导。尤其是要注重符合地方经济发展水平的适用技术的应用，即注重采用地方材料、地方工艺、符合地方自然气候条件的技术。"适宜人居"原则强调要"以人为本"，要以满足乡村居民的合理需求为目标。

第三，乡村规划要提倡因地制宜地"创造性"工作，避免模式化的规划建设。通过创新的规划工作来增添环境价值，为乡村可持续发展建设做出贡献。对于乡村规划师而言，要尽可能地提升业务素质，多向自然规律学习，提高对地方传统文化的认知水平，避免破坏性的规划建设。

---

2. 乡村发展是实现乡村规划目标与乡村有效治理的重要支撑

乡村发展是一个全面的发展体系，既包括传统的经济与产业发展，又包括当前普遍注重的人才兴旺、组织振兴、生态宜居等。党的"十九大"提出的乡村振兴战略，特别是"产业兴旺、生态宜居、乡风文明、治理有效、生活富裕"的战略总要求是对新时期乡村发展的明确解读。

首先，乡村规划目标体系的实现需要乡村发展作为强力支撑。乡村规划目标体系，既包括近期、中期与远期目标，又包括经济、社会、环境等具体目标。无论是近、中、远等阶段目标的实现，还是经济、社会、环境等各具体目标的实现，均要以乡村全面发展为前提，即需要以乡村发展作为强力支撑。

其次，乡村有效治理目标的实现需要乡村发展作为坚实保障。乡村有效治理的重要标志是实现法治、德治、自治的有机结合。而乡村法治、德治以及自治水平的提高，也均要以乡村发展为前提。离开乡村发展，乡村法治难以实施，乡村德治难以为继，乡村自治更是无从谈起。

3. 乡村治理是支撑乡村规划与乡村发展的重要保障

首先，科学、高效、有序的乡村治理是支撑乡村规划实施的重要保障。从乡村规划的编制，乡村规划的实施，到乡村规划目标的实现，无一不需要乡村居民的支持与全面积极参与，更离不开科学、高效、有序的乡村治理。一定程度上讲，乡村治理水平越高的乡村，乡村规划编制遇到的阻力越小，乡村规划实施越顺利，乡村规划目标越容易实现。

其次，法治、德治、自治的乡村治理是支撑乡村全面发展的重要保障。法治、德治、自治水平高的乡村，乡村投资环境与人文环境较好，乡村居民素质较高，容易吸收外商投资和外出务工成功人士回乡创业，从而进一步推动乡村全面发展。

思考题

1. 请结合某一具体乡村，分析乡村的内涵是什么？
2. 请结合实际，论述乡村治理的内涵是什么？
3. 请结合实际，简述乡村规划一般包括哪些专项规划？
4. 请简述乡村规划、乡村发展与乡村治理的有机联系。

参考文献

[1] 王洁钢. 农村、乡村概念比较的社会学意义 [J]. 学术论坛，2001（2）：126-129.

[2] Keith Hoggart, Henry Bulier. "Concept" Rural Development: A Geographical Perspective [M]. London: Croom Helm, 1987.

[3] 罗西瑙. 没有政府的治理 [M]. 南昌：江西人民出版社，2001：5.

[4] 俞可平. 全球治理引论 [J]. 马克思主义与现实，2002（10）：11-15.

[5] 徐勇. GOVERNANCE：治理的阐释 [J]. 政治学研究，1997（1）：7-11.

[6] 付艳. 乡村治理结构困境及其完善路径研究——以山东省巨野县为例 [M]. 泰安：山东农业大学，2017.

[7] 贺雪峰. 乡村治理研究的三大主题 [J]. 社会科学战线，2005（1）：219-224.

[8] 徐勇. 挣脱土地束缚之后的乡村困境及应对 [J]. 华中师范大学学报（人文社会科学版），2000，39（2）：5-11.

[9] 党国英. 我国乡村治理改革回顾与展望 [J]. 社会科学战线，2008（12）：1-17.

[10] 张润泽，杨华. 转型期乡村治理的社会情绪基础：概念、类型及困境 [J]. 湖南师范大学社会科学学报，2006（4）：11-13.

[11] 袁金辉. 中国乡村治理的回顾与展望 [J]. 云南行政学院学报，2016（1）：112-117.

[12] 郭正林. 乡村治理及其制度绩效评估：学理性案例分析 [J]. 华中师范大学学报，2004（4）：24-31.

[13] 李西珺. 我国传统乡村治理方式的当代价值及运用 [M]. 济南：山东师范大学，2018.

[14] 蒋永甫. 乡村治理：回顾与前瞻——农村改革三十年来乡村治理的学术史研究 [J]. 宝鸡文理学院学报（社会科学版），2009，（1）：30-36.

[15] 苏敬媛. 从治理到乡村治理：乡村治理理论的提出、内涵及模式 [J]. 经济与社会发展，2010（9）：73-76.

［16］刘荣增．城乡统筹理论的演进与展望［J］．郑州大学学报（哲学社会科学版），2008，41（4）：63-67．

［17］夏安桃，许学强，薛德升．中国城乡协调发展研究综述［J］．人文地理，2003，18（5）：56-60，33．

［18］许颜杰，马维鸽．民国以来的乡村发展理论综述［J］．安徽农业科学，2008，36（33）：14811-14814．

［19］李裕瑞，刘彦随，龙花楼．黄淮海地区乡村发展格局与类型［J］．地理研究，2011，30（9）：1637-1647．

［20］姚龙，刘玉亭．乡村发展类型与模式研究评述［J］．南方建筑，2014，2：43-49．

第二章　国内外乡村治理实践与经验

"他山之石，可以攻玉。"当前，国外发达国家形成了几种比较成熟的乡村治理模式，国内的乡村治理也历经了几个发展阶段。在此基础上，对国内外现有乡村治理实践进行系统梳理，有助于不同乡村扬长避短，进而为我国乡村治理提供实践参考。

本章为乡村治理篇的第二章，主要介绍国外发达国家的乡村治理模式与发展历程以及国内的乡村治理的发展实践，并在此基础上提出乡村治理的实践经验总结。

第一节　国外乡村治理历程

一、英国乡村治理模式

作为18、19世纪世界上最发达的农业国，在工业革命后，英国进入了大力发展工业而轻视农业的经济发展时期，直接导致英国在第二次世界大战时期经历了前所未有的粮食危机。这次危机让英国政府认识到农业发展和耕地保护对一个国家安全稳定的重要性。也正是在这一背景下，英国政府开始积极调整经济发展战略。1947年，英国颁布了第一部《农业法》，以应对战后国内农产品储备不足的问题。与此同时，英国还颁布了《城乡规划法》，在很长一段时间内通过"绿化带"等城镇发展政策控制城市蔓延，强化了对农业耕地和粮食生产的保护。如图2-1所示。

图 2-1　英国农业高度机械化

20世纪40~50年代，针对乡村农业现代化程度低、农民收入不稳定、就业门槛高、乡村基础设施匮乏等问题，英国政府成立了调查委员会，并"自上而下"地制定了相应的乡村方案，但效果并不十分明显。因此，从20世纪80~90年代起，英国政府开始注重当地需求，重视村民意见，乡村政策制定开始转向"自下而上"型。

1965年，英国政府发布了政府白皮书，明确鼓励小型农场的合并和农产品市场的扩大，提高了农民的积极性。紧随其后的是，在1967年农业法案中，政府承诺合并过程中的半数开支由英国政府承担，为农场提供一定数量的赠款用于整理土地、提高生产力，同时为土地收购提供额外贷款。在政府的帮助下，英国农民的农场不断发展扩大，政府的农业补贴使得农民的粮食产量稳定增长，达到自给自足并且富余，农民的收入和生活水平稳步提高[1]。

20世纪70年代以后，"逆城市化"现象导致农村环境及承载力面临极大压力。政府在加强保护乡村生态环境的同时，注重扶持乡镇企业发展，着力创建有活力的农村社区。此外，还在乡村小城镇建设公租房、发展基础设施、提供公共服务设施等方面给予较为宽松的自主决策权，赋予了乡村更大的发展空间。

自90年代起，包括英国在内的欧洲主流的乡村政策由原先强调不同经济部门的相互协作，转为强调其与乡村经济、社会和环境之间的相互依存，乡村政策向综合性转变。这一转变在英格兰和威尔士推行的乡村验核制度中得到进一步升华，该制度要求政府在制定新政策时必须评价其对乡村环境和需求的可能影响[2,3]。

综合来看，英国的乡村治理模式提倡的是"自下而上"的政策制定与宽松的自我决策有效结合，这较好地解决了其在工业化进程中所出现的农业农村问题，为其他国家的乡村治理模式提供了有益借鉴。与此同时，英国在应对乡村发展时制定的一系列乡村发展政策，也为我国乡村治理提供了模式和实践参考。

二、韩国乡村治理模式

较长一段时间，韩国由于重点发展工业经济，导致了城乡两极分化、农村人口大量外流、贫富差距悬殊等严峻问题。20世纪70年代，韩国政府为了改善城乡关系，推动农村发展，增加农民收入，决定在全国实行"勤勉、自助、协同"的新村运动（图2-2）。

图2-2 韩国新村运动

韩国倡导、实施的新村运动模式具有科学的发展策略。在乡村治理方面，首先，培育和发展互助合作型的农协，通过对各类农户提供专业服务和生产指导，以促进城乡实现共赢。其次，在各个乡镇和农村建立村民会馆，用于开展各类文化活动，激发农民的参与性和积极性。同时，政府在农村中开展国民精神教育活动，提高乡民的知识文化，创造性地让农民自己管理乡村和建设农村。

综合来看，韩国通过政府支持与农民自主发展相配合共同推动并实现了乡村治理的目标。新村运动的实施改变了韩国落后的农业国面貌，使乡村重新焕发出活力，实现了农业现代化的目标，成为创造低成本推动农村跨越式发展的典型模式。客观来看，新村运动模式能够成为城乡差距十分大的国家或地区非常实用的一种乡村治理模式。

三、瑞士乡村治理模式

随着社会化和城市化的发展，瑞士的乡村和农民不断减少，但是瑞士政府依旧将乡村发展作为推动国家前进的重要组成部分，努力实现乡村社会的繁荣。

从瑞士政府对于乡村治理的主要做法上来看，其十分重视自然环境的美化和乡村基础设施的完善。瑞士政府通过制定相关激励政策，对农业发放资金补助，向农民提供商业贷款，帮助其改善农村环境。通过国家财政拨款和民间自筹资金的方式，政府为乡村建设学校、医院、活动场所以及修建天然气管道、增设乡村交通等基础设施，以此完善农村公共服务体系，缩小城乡之间的差距。在政府的持续性改造下，乡村呈现出风景优美、生机盎然、环境舒适宜人的景象。现阶段，瑞士乡村与周边的自然环境协调起来，以环境优美著称，有着独具特色的田野风光，因而成了人们休闲娱乐和户外旅行的好去处（图2-3）。

图 2-3　瑞士田园风光增加休闲旅游收益

综合来看，瑞士治理模式是以绿色、环保理念为依托，强调将乡村社会的生态价值、文化价值、休闲价值、旅游价值以及经济价值相结合，从而改善乡村生活质量，满足地方发展需求。这种模式在工业发达、城市化水平较高以及乡村治理已经达到领先地位的发达国家比较适用，也是乡村现代化的样板。

四、法国乡村治理模式

法国作为经济高度发达的资本主义国家,既是一个工业强国,又是一个农业富国。法国在较短时间内实现了农村现代化建设,主要得益于法国政府采取了适宜的发展策略,积极有效地推进农村改革。

法国农村改革主要包括两方面内容,其一是发展"一体化农业"。所谓"一体化农业",就是在生产专业化和协调基础上,由工商业资本家与农场主通过控股或缔结合同等形式,利用现代科学技术和现代企业方式,把农业与同农业相关的工业、商业、运输、信贷等部门结合起来,组成利益共同体。实行"一体化农业"能够将农业和其余相关部门集合起来,通过其他部门和机构提供资金和技术指导带动农业建设,实现对农业的支持和反哺。其二是开展领土整治,通过国家相关法律法规帮助和支持经济欠发达地区的乡村,实现乡村社会资源的优化配置,以此加快乡村社会的现代化建设。法国在进行农业一体化改革和开展领土整治工作中,政府都非常强调应用财政扶持、技术保障以及教育培训等综合的方式来支持乡村治理建设,助推乡村社会的善治。这些措施最终加快了乡村地区的发展,使得城市和乡村地区的发展速度、经济水平和预期目标趋于平衡。如图 2-4 所示。

综合来看,法国的乡村治理模式是在国家整体规划和科学指导的精神下,通过有效协同的方式,加强了各部门之间的联系,更好地整合了社会中各个部门的优势资源,使其共同致力于推动乡村社会的发展。综合发展型模式非常强调完善的合作机制,以融合和互促的手段建设利益共同体,形成工农共同发展的良性经济循环,从而加快了农业现代化目标的实现。

图 2-4　法国农业高度机械化

第二节　国内乡村治理历程

一、我国古代的乡里制度

"乡"作为地方行政区划名称始于周。中国从周朝开始,以乡作为农村地方最高行政组织。六乡为周朝的制度,按户口计算划分间、州、乡。《周礼》对古代乡的建制进行了如下论述[4]:

比:五家为比,使之相保。

间:五比为间,使之相受。

族:四间为族,使之相葬。

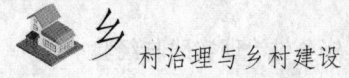

党：五族为党，使之相救。

州：五党为州，使之相赒。

乡：五州为乡，使之相宾。

但秦、汉以后，乡时废时立。至隋唐时，乡管地位已大不如前。

宋以后，乡不再作为基层行政组织，不复设乡官。县以下基层组织中的"长""首"，均以"役"的形式由乡民充任。

我国古代的乡，作为基层组织，其职能主要是劝导乡里、掌民教化、改善民风、维护统治秩序。

从长官任命及职能可以看出，古代的乡不是国家官僚体制中的一部分，而是国家管理社会的一种类似于行政组织的社会组织，即所谓"皇权止于县政"，县为最基层的政权组织，县以下实行自治。

传统乡村社会的自治，是以家族制为基础的士绅自治。以皇权为中心的国家权力对乡村社会而言更多是实施一种间接的统治方式。

在乡村社会内部，乡村政治的中心是非正式的地方权威，如乡绅、族长和地方名流，他们也不具有官员的身份，这些权力者并非国家直接任命，而是在乡村社会内部生长出来的，这些族长、乡绅把行政权、自治权、家族权融为一体，带有很强的家族自治性质，往往不需要依靠王朝行政机构的命令就能自行整合乡村社区。

二、近代乡里制度的变迁

近代以来，国家权力逐步向乡村社会渗透，乡村治理中行政化倾向逐渐压倒了自治化倾向，国家曾试图通过一系列机构设置和委托，变地方权威为国家的基层政权分支机构，使地方权威服务于国家目标的组织机构，并进入国家官制的控制范围。

20世纪初的清王朝进行了一场乡村改革，试图将国家的行政权力向下延伸，以重新整合日益涣散的乡村社会。1909年，清政府颁布《城镇乡地方自治章程》。该法是西方政治制度和中国封建制度的直接综合体，其目的是强化皇权，开启了以官方名义接受和引入了现代政治制度和理念。北洋政府和民国政府受其影响继承了这一理念，先后颁布了多条条例。例如，1914年12月颁布的《地方自治试行条例》，于1919年9月颁布的《地方自治条例》，于1921年7月颁布的《乡自治制》等法规条例。

伴随着乡村政权建设过程，曾经是有效联系国家与乡村社会纽带的乡村精英，其来源和性质发生了根本变化。传统精英无法也不愿承担这一职能，于是，企业型的、行政分支型的"国家经纪人"应运而生，他们逐渐取代了传统的精英，成为地方上的新权威。这些"经纪人"利用国家的名义巧取豪夺、中饱私囊，使得乡村社会陷入国家和政客的双重盘剥之中。

三、新中国成立初期的乡村组织制度

1949年新中国成立后，国家开始了对乡村社会大规模的改造。农业集体化改造和人民公社化运动彻底打破了乡村社会固有的结构和乡村社会的传统，在此基础上重新构建了一种崭新的社会控制和治理模式，这就是以生产队—生产大队—公社为基础的

"人民公社"制度。

强制性的公共生活和集体生产方式取代了农民的传统生活方式，乡村社会和农民的生存方式被彻底改变。传统的血缘和地缘关系及家族组织大大弱化，多数乡村宗教组织也停止了活动，从而从根本上改变了传统乡村社会的组织机制和组织状态。

四、20世纪80年代后的乡村治理

自20世纪80年代以来，对乡村治理影响最大的莫过于村民自治这一伟大创举。

村民自治，作为一种有中国特色的基层民主形式，是在乡村经济体制改革深入发展中产生和形成的，也是我国政治体制改革和民主政治建设的重要成果之一。

村民自治的形成和发展

1980年年底，广西壮族自治区河池地区的宜山、罗城两县一些乡村出于社会管理的实际需要，自发成立了村民委员会。村民委员会成立之初的主要功能是维持社会治安和维护集体的水利设施，而后逐步扩大为村民对基层社会、政治、经济生活中诸多事物的自我管理。村民委员会的性质也逐步向群众性自治组织演变。图2-5所示为村民自治第一村——合寨村。

图2-5 村民自治第一村——合寨村

为解决公社制度改革后形成的乡村治理"真空"所带来的问题，国家开始着手重构乡村社会的治理模式。1982年，宪法用国家根本大法的形式，确立了村民委员会的法律地位，明确规定村民委员会是乡村基层社会的群众性组织，进而指出乡村管理实行村民自治的基本形式。由此，全国乡村绝大部分地区逐步建立村民委员会，村民自治制度初步形成。其基本内容包括民主选举、民主决策、民主管理和民主监督四个方面。

村民自治的逐步展开，极大地释放了乡村生产力，并推动了"乡政村治"的乡村治理格局逐步形成。所谓"乡政村治"是指"在乡镇建立基层政权，对本乡镇事务行使国家行政管理职能，但不直接具体管理基层社会事务；乡以下的村建立村民自治组织——村民委员会，对本村事务行使自治权"。

> **"乡政村治"治理格局的意义**
>
> 一方面,"乡政村治"是国家基层管理体制的重大变革,在"乡政村治"的体制框架下,国家体制性权力开始退出农村社会,乡村政治实现了国家政权组织和农村经济社会组织的分离。另一方面,村民自治委员会是国家法定的群众性自治组织,它开启了我国农民自我管理、自我服务和自我教育的新时代,在农村民主的培育和发展中具有深远的意义。

五、税费改革以来的乡村治理

1993年的分税制改革直接导致基层财政特别是乡镇政府财政严重不足——乱收费、乱摊派等现象加剧了"三农"问题的发生,乡村关系日益紧张,乡村治理也陷入了涣散甚至瘫痪与半瘫痪状态。为了改变这一严峻现状,有效缓解"三农"问题,国家进行了税费改革,之后又全面取消农业税。农村税费改革推动了新时期乡村关系的转型,乡村关系发展进入了新的历史时期。

综合来看,在农村税费改革之前,国家对乡村社会的整合,主要是通过征收税收的方式进行,而在乡村税费改革之后,国家对乡村社会的整合,主要是通过提供公共服务的方式进行。即国家的整合由"汲取式整合"向"供给式整合"转变[5]。

第三节 国内外乡村治理实践经验总结

回顾国内外乡村治理实践与演进历程,对新时代我国推进乡村治理改革创新具有重要意义。对于乡村治理而言,乡村治理的内涵已从过去的"管理民主"过渡到"治理有效",可以说,新时代我国乡村治理的内涵发生了深刻的变革,这一变革突出强调了国家的整合作用,以期通过国家整合作用,推动乡村实现有效治理,进而为乡村全面振兴提供根本保障。

一、确立有限政府的原则,提升乡村治理水平

从国外发达国家乡村治理的经典模式来看,政府在农村公共事务中主要承担着为乡村社会制定法律法规和提供财政资金支持两大职能,从中体现出政府在乡村治理中的角色虽然是有限的,但却是有效的,推动着乡村社会实现有序、和谐、健康的发展。反观我国,政府由于长期受计划经济时代"全能型"政府角色的影响,对农村公共事务大包大揽,统管一切,乡村治理经常陷入政府越位、缺位、选择性治理以及碎片化创新等角色误区,进而出现偏离有限政府原则的行为,影响甚至阻碍了乡村社会的和谐稳定发展。

乡村治理是一门科学,更是一门艺术。政府实现乡村社会的良善治理,迫切需要从当下的"全能型政府"模式转变为"有限政府"模式,这实则是涉及政府体制机制、各项制度安排、法律法规跟进、职能机构调整的一场大范围政府改革。有限政府是政

府在乡村治理中的正确角色定位，要想实现这个目标，就需要转变政府职能，厘清政府权力和责任清单，强化问责制度，发挥乡村社会组织作用以及实现乡村社会的整体性治理。只有在乡村治理中充分发挥好地方政府、乡村社会组织、乡村宗族、村民群体等多元主体的协同治理作用，才能有效提升乡村治理水平。

二、提高村民的主体地位，完善乡村治理机制

通过对我国乡村治理的发展历程分析发现，尽管村民是乡村发展的重要利益相关者，是乡村治理的主体，但是其地位和作用一直得不到社会的承认和尊重。尤其是封建社会所遗留下来的小农意识至今依然严重影响着农民的价值观念，较大程度上主导着村民的行为方式。

因此，首先需要确立农民的主体性，提高村民的主体地位，切实维护农民权益，以此完善和健全乡村治理机制。农民作为乡村建设主体、社会和经济发展的受益主体、权利主体以及市场主体，应当具有在与客体的相互作用中发挥出来的功能特性，包括自觉性、自主性、能动性和创造性。乡村是村民的家乡，乡村的健康有序发展，要依靠广大农民的支持与参与，国外乡村治理的成功在很大程度上依赖于村民，尤其是乡村精英积极参与到农村发展的过程中来。

与此同时，对广大乡村居民来讲，还应发挥自身的主观能动性，以主人翁的心态更加积极地投入乡村治理中去，为创造繁荣富强的美丽乡村贡献自己的聪明才智。在乡村治理过程中，农民主体性的获得除了需要其自身不断提高公民素质、培养民主意识、自觉履行好村民的权利与义务外，还需要政府部门构建畅通的利益表达机制、参与机制、决策机制等，切实维护和实现农民的利益，最终促进乡村的健康发展。

三、充分依托和发挥自治合作组织作用，实现乡村治理的整体效益

西方发达国家乡村治理的成功实践证明，其之所以能够推动乡村社会的繁荣，往往离不开自治合作组织的功能和作用发挥。自治合作组织对于维护农民权益，提高农民收入，促进农业现代化，实现国家与社会的稳定具有重要的作用。

当前，在乡村振兴战略背景下，在推进乡村治理与乡村建设的关键时期，我们提倡建立的自治合作组织既不是新民主主义革命时期的农会，也不是建国初期的传统农协，而是以"农有、农治、农享"为原则，在以属地为组织体系和议行分立为治理结构的基础上建立起来的农民共同体。自治合作组织的核心价值是将分散化的农民和农户通过农协这个平台组织起来，以农民共同体的形式更好地面对市场的挑战和社会的变迁，维护农民的利益，实现乡村社会的善治。

在构建具有中国特色的乡村治理模式进程中，我们也应正确认识到自治合作组织的作用，依托和发挥好农民协会的力量，将自治合作组织建设成为表达和实现农民利益、化解社会矛盾的有效组织，以此促进乡村社会的稳定有序发展。自治合作组织也需要明确自身的角色定位，通过更好地发展和壮大自身的实力，充分发挥好各项服务功能，最终推进乡村治理的现代化，实现乡村治理的整体效益。

四、调动城市、学校、企业、金融机构等主体,共同致力于乡村现代化建设

纵观我国乡村治理演变历程,可以看到国家作用对我国乡村治理实践成效起着极其重要的影响。改革开放以来,我国乡村治理改革实践进程中的国家作用主要表现为国家高位推动。这一作用的发挥主要源于中国特色的政治体制优势,而这一优势集中体现在国家对社会的整合作用,在尊重民意的基础上形成推动政策举措落地的强大动力。中国乡村治理诸多改革实践探索,正是通过国家高位推动,在较短时间内得以精准实施,有效规避了"社会撕裂",进而最大限度地维护了农民群众的根本利益[6]。当然,国家高位推动作用的发挥也有其前置条件,即政策科学,任何一项涉及民生的重大决策必须要保障其科学性和规范性,如此才可以保证政策惠民,而保障政策科学性就要畅通民意上升渠道[7]。改革开放以来,中国乡村治理改革重大举措主要是底层民意上升到国家意志,最大限度地保证了决策的科学性。

与此同时,国外多个乡村治理模式表明,乡村社会的善治除了需要发挥好政府机构、村民群体和农民协会的作用外,还需要充分调动城市、学校、企业、金融机构等乡村社会主体的积极性共同致力于乡村现代化建设,而这方面在当前我国乡村治理中是极其缺乏的。因此,现阶段在构建我国乡村治理模式中,尤其要积极调动城市、学校、企业、金融机构等主体共同致力于乡村现代化建设。

在具体做法上:首先,通过加强城乡之间的交流合作,形成城市带动农村发展、城乡互利合作的模式,以此发展和壮大乡村的经济实力,实现城乡一体化目标。其次,高等院校是培训新型农民的有效平台,各高校要积极响应《高等学校乡村振兴科技行动计划(2018—2022年)》,着力培养一支"懂农业、爱农村、爱农民"的乡村振兴人才队伍。再次,政府推动和鼓励大型企业在乡村兴办各类项目、产业基地和工业园区,为农民就业、创业开拓新渠道,创造新机会,防止村民大量外流,出现"富人转村、能人弃村、穷人留村"的现象,并且企业应通过创新农业运营模式,优化乡村产业结构,致力于乡村新型生产结构的形成,以此带动乡村的经济发展。最后,乡村金融机构,包括农村信用合作社、农村商业银行、农村保险公司等,能够最大限度地整合社会经济资源,因地制宜地发挥功能优势,实现乡村社会的稳定有序。

思考题

1. 简述英国"乡村发展政策"演变的阶段。
2. 简述法国农村改革的主要内容。
3. 简述"乡政村治"治理格局的意义。
4. 论述新中国成立以来的乡村治理出现了什么问题。
5. 通过国内外乡村治理的历程,请结合实际,论述从中得出了哪些历史经验。

参考文献

[1] 沈费伟,刘祖云. 发达国家乡村治理的典型模式与经验借鉴[J]. 农业经济

问题，2016（9）：93-102.

[2] 龙花楼，胡智超，邹健. 英国乡村发展政策演变及启示 [J]. 地理研究，2010，29（8）：1369-1378.

[3] 龙晓柏，龚建文. 英美乡村演变特征、政策及对我国乡村振兴的启示 [J]. 江西社会科学，2018，38（4）：216-224.

[4] 季恒.《周礼·大司徒》一则郑注质疑 [J]. 山西大学学报（哲学社会科学版），1984（3）：67+66.

[5] 邓廷涛. 乡村治理与新农村建设 [M]. 兰州：西北师范大学，2007.

[6] 贺东航，孔繁斌. 公共政策执行的中国经验 [J]. 中国社会科学，2011，(5)：61-79.

[7] 彭真. 通过群众自治实行基层直接民主，彭真文选 [M]. 北京：人民出版社，1991.

第三章 我国乡村治理现状与难点

当前,随着国家对农村工作的高度重视,特别是伴随着"乡村振兴"战略的深入实施,从整体上看,我国乡村治理取得了长足的发展,乡村治理能力与治理水平得以显著提升,但也存在诸多问题。

本章为乡村治理篇的第三章,主要总结了近年来我国乡村治理领域的相关政策,梳理了我国乡村治理进程中存在的主要问题,提出了我国乡村治理面临的难题与前景。

第一节 我国乡村治理的政策梳理

一、近年来我国乡村治理相关政策回顾

21世纪以来,党和国家一直高度关注乡村基层治理和乡村建设工作,有针对性地制定了一系列相关政策。

2006年中央一号文件《中共中央国务院关于推进社会主义新农村建设的若干意见》提出注重农村社会治理,落实建设社会主义新农村的重大历史任务[1]。同年,中共十六届六中全会通过的《关于构建社会主义和谐社会若干重大问题的决定》提出"积极推进农村社区建设,健全新型社区管理和服务体制,把社区建设成为管理有序、服务完善、文明祥和的社会生活共同体"[2]。

2014年,中央一号文件提出"探索不同情况下村民自治的有效实现形式,农村社区建设试点单位和集体土地所有权在村民小组的地方,可开展以社区、村民小组为基本单元的村民自治的试点,允许和鼓励各地结合具体情况进行村民自治形式的探索与创新"[3]。

2015年5月,中共中央办公厅、国务院办公厅印发《关于深入推进农村社区建设试点工作的指导意见》,旨在创新农村基层社会治理,提升农村公共服务水平,促进城乡一体化建设[4]。

2016年8月,国家民政部下发《关于开展全国农村社区建设示范创建活动的通知》,要求充分发挥典型指导和辐射带动的作用,推动新形势下农村社区建设治理再上新台阶。

2017年6月,中共中央、国务院印发《关于加强和完善城乡社区治理的意见》,这是我国以中央名义颁布的第一份关于城乡社区治理主题的纲领性文件,明确部署了未来一段时期内城乡社区治理工作(重点),对新时代村民自治发展具有重要的指导意

义。《意见》强调了城乡社区治理在国家现代化治理中的重要意义和社会治理中的特殊地位，明确了群众自治在基层治理工作中的基础性地位和重要作用，要求要以农村与社区治理的基础为出发点，根据现实情况探索基层自治的有效形式，在与行政管理高效衔接、与社会力量良性互动的过程中，有效推动基层地区治理模式[5]。

2018年，《中共中央国务院关于实施乡村振兴战略的意见》和十九届三中全会进一步提出了"治理有效"的工作方针，坚持"自治、法治、德治相结合""推动乡村治理重心下移，尽可能把资源、服务、管理下放到基层"建设"简约高效的基层治理体制"等重要指示。总之，进入新时代以来，党和国家就村民自治和农村基层治理提出了一系列新要求，形成了基层治理的新的政策导向，为新时代村民自治的发展确定了新的方位和新的发展空间[6]。

2019年，中央一号文件《中共中央国务院关于坚持农业农村优先发展做好"三农"工作的若干意见》（以下简称《意见》）指出，要完善乡村治理，开展乡村治理体系建设试点和乡村治理示范村创建，开展新时代文明实践中心建设试点。全面落实村党组织书记县级党委备案管理制度，规范村级组织协助政府工作事项，防止随意增加村级组织工作负担等。《意见》为打造新时期充满活力、和谐有序的善治乡村又迈出坚实一步。

> 《中共中央国务院关于实施乡村振兴战略的意见》在"加强农村基层基础工作，构建乡村治理新体系"方面提出五点工作内容：
> （一）加强农村基层党组织建设
> （二）深化村民自治实践
> （三）建设法治乡村
> （四）提升乡村德治水平
> （五）建设平安乡村

二、新时代国家乡村治理政策——《乡村振兴战略规划（2018—2022年）》

2018年9月，中共中央、国务院印发了《乡村振兴战略规划（2018—2022年）》（下文简称《规划》），部署了新时期扎实推进乡村振兴的一系列重大工程、重大计划和重大行动，这是科学谋划和统筹推进乡村振兴战略的行动纲领，也是我国为全面推进乡村振兴战略颁布的第一个五年计划。其中第八篇"健全现代乡村治理体系"等篇章详细部署了新时代我国乡村治理的新决策[7]。

《规划》提出"把夯实基层基础作为固本之策，建立健全党委领导、政府负责、社会协同、公众参与、法治保障的现代乡村社会治理体制，推动乡村组织振兴，打造充满活力、和谐有序的善治乡村"。

《规划》要求加强农村基层党组织对乡村振兴的全面领导，以农村基层党组织建设为核心主线，提升组织能力，强化政治功能，把农村基层党组织建成宣传党的主张、贯彻党的决定、领导基层治理、团结动员群众、推动改革发展的坚强战斗堡垒。

《规划》提出要健全以党组织为核心的组织体系，坚持农村基层党组织领导核心地位，大力推进村党组织书记通过法定程序担任村民委员会主任和集体经济组织、农民合作组织负责人，创新党组织设置；加强农村基层党组织带头人队伍建设，实施村党组织带头人整体水平优化提升行动，加大从本村致富能手、外出务工经商人员、本乡本土大学毕业生、复员退伍军人中培养选拔村带头人力度，通过本土人才回引、院校定向培养、县乡统筹招聘等渠道，每个村储备一定数量的村级后备干部；加强农村党员队伍建设，加强农村党员教育、管理、监督，扩大党内基层民主，推进党务公开；强化农村基层党组织建设责任与保障，加强基本组织、基本队伍、基本制度、基本活动、基本保障建设，加强农村基层党风廉政建设等。

《规划》在健全乡村治理体系方面提出要"促进自治、法治、德治有机结合"。要坚持自治为基、法治为本、德治为先，健全和创新村党组织领导的村民自治机制，强化法律权威地位，以德治滋养法治、涵养自治，让德治贯穿乡村治理全过程。

《规划》要求深化村民自治实践，加强农村群众性自治组织建设，完善农村民主选举、民主协商、民主决策、民主管理、民主监督制度，全面建立健全村务监督委员会，健全务实管用的村务监督机制；推进乡村法治建设，提高农民法治素养，引导干部群众尊法、学法、守法、用法，深入推进综合行政执法改革向基层延伸，加强乡村居民调解组织建设，健全农村公共法律服务体系；提升乡村德治水平，深入挖掘乡村熟人社会蕴含的道德规范，结合时代要求进行创新，强化道德教化作用，积极发挥新乡贤作用。深入推进移风易俗，开展专项文明行动；建设平安乡村，健全农村社会治安防控体系，深入开展扫黑除恶专项斗争，健全农村公共安全体系，持续开展农村安全隐患治理，加强农村警务、消防、安全生产工作等[8]。

在基层政权建设与夯实方面，要求科学设置乡镇机构，构建简约高效的基层管理体制，健全农村基层服务体系，夯实乡村治理基础。加强基层政权建设，面向服务人民群众合理设置基层政权机构、调配人力资源，整合基层审批、服务、执法等方面力量，统筹机构编制资源，整合相关职能并设立综合性机构，实行扁平化和网格化管理，推动乡村治理重心下移，尽可能把资源、服务、管理下放到基层；创新基层管理体制机制，改进乡镇财政预算管理制度，推进乡镇协商制度化、规范化建设，创新联系服务群众工作方法，推进直接服务民生的公共事业部门改革，改进服务方式；健全农村基层服务体系，制订基层政府在村（农村社区）治理方面的权责清单，推进农村基层服务规范化、标准化，整合优化公共服务和行政审批职能，打造"一门式办理""一站式服务"的综合服务平台，在村庄普遍建立网上服务站点，逐步形成完善的乡村便民服务体系等[9-10]。图3-1所示为现代乡村治理体系主要内容。

除"健全现代乡村治理体系"篇章外，《规划》在强化乡村振兴人才支撑、促进城乡融合发展、完善农村民生与公共服务体系建设等治理与服务层面也提出了具体政策与要求。其中，在人才培育中着重提出了要培育新型职业农民，全面建立职业农民制度，鼓励各地开展职业农民职称评定试点；加强农村专业人才队伍建设，加强农技推广人才队伍建设，加强涉农院校和学科专业建设，大力培育农业科技、科普人才；鼓

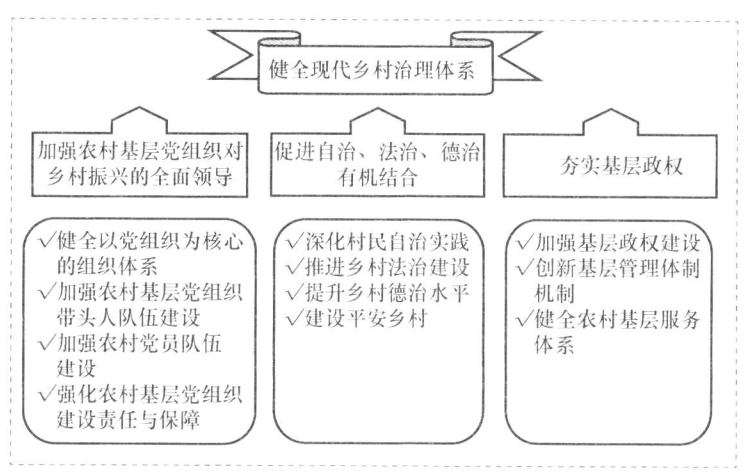

图 3-1 现代乡村治理体系主要内容

励社会人才投身乡村建设，引导和支持企业家、党政干部、专家学者、医生教师、规划师、建筑师、律师、技能人才等通过下乡担任志愿者、投资兴业、行医办学、捐资捐物、法律服务等方式服务乡村振兴事业，允许符合要求的公职人员回乡任职，推动乡村人才振兴，让各类人才在乡村大施所能、大展才华、大显身手[11-12]。如图 3-2 所示。

图 3-2 加强乡村人才培养，是乡村振兴的关键一步

三、地方乡村治理标准——安吉县《乡村治理工作规范》

安吉县《乡村治理工作规范》主要包括正文（11 章）和附录（6 个）两部分内容。规范明确了乡村治理基本原则、组织架构、工作方法、运行流程、负面指标等具体工作要求和 16 项量化指标，在"余村经验"基础上构建了"八村治理"路径主体框架，即"支部带村、发展强村、民主管村、依法治村、道德润村、生态美村、平安护村、清廉正村"。在大量实践的基础上回答了"谁来治理、怎么治理、治理什么内容、如何考评治理成效"四个乡村治理的基本问题，通过理念的引领、具体的做法、量化的指标和细化的考评细则，为行政村这个社会治理最基本单元如何开展乡村治理提供了科

学规范、切实有效的标准指导[13]。

安吉县《乡村治理工作规范》体现出的六大特点，有效保证了标准实用性和先进性。

一是注重乡村振兴战略整体布局。以"着眼于乡村振兴的整体布局及五个目标的实现"为基本，不局限于"三治"（自治、法治、德治）结合的"小治理"，而将标准规范定位为"大治理"，即将传统的"三治"结合的治理理念和做法应用于乡村治理的各个领域和环节。

二是注重党建引领的重要性。始终以村党组织建设引领乡村治理体系建设的全过程，充分发挥村党组织的领导核心功能和政治影响，发挥思想引领、组织带领与党员带头作用，强化服务群众、凝聚人心、化解矛盾、促进和谐的战斗堡垒作用。

三是注重强调群众的主体作用。《规范》中特别强调要引导和激发群众的主体意识和主观能动性，提出广泛参与议事、监督协商和互助互利等内容，构建"遇事大家议、决策大家定、有事大家干"的共建、共治、共享格局，提高村民对集体治理的认同感，提高群众满意度和幸福感。

四是注重继承发展与创新引领相结合。总结凝练"枫桥经验""余村经验"等有效经验，系统阐述了乡村治理的基本内容，以及智慧治理等创新理念、创新方法、创新体制机制，突出发展方式的现代化、群众的广泛参与度和治理方式的智慧化。

五是注重共性提炼和特色凸显相结合。在提炼乡村治理共性内容时，将余村支部"两山议事会"和建设"学、议、做、评、带"五步法、高禹村"五个所有"和村民"点题公开"等在实践中反映良好的安吉经验与特色做法融入标准之中。

六是注重理论引导与实际操作相结合。标准规范根据安吉实际情况，首创提炼出"安吉乡村治理的静态结构模型"与"安吉乡村治理的系统动态学模型"，明确以乡村治理的结构关系、工作体系和层级关系为主体，提出以"农民幸福感"为核心目标和导向的乡村治理机制关联，为乡村治理提供理论引导。同时，深化对"八村治理"方案的具体做法和要求等，使标准兼具理论价值和实用价值，为乡村治理在发展目标和方向、实际操作与应用实现方面提供方向性引导。如图3-3所示。

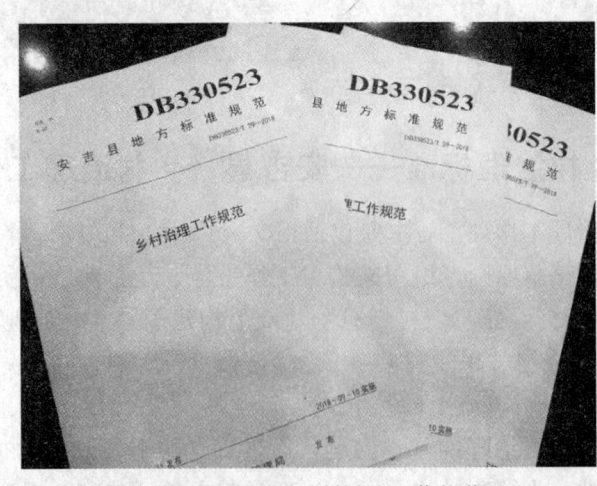

图3-3　安吉县《乡村治理工作规范》

乡村治理工作标准化是实现乡村振兴战略的重要方式和操作指引。要用标准化的手段持续探索乡村治理的新模式。安吉县《乡村治理工作规范》中的"八村治理""余村经验"等是乡村治理中各具特色的有益经验的总结归纳，深刻体现了"自治、法治、德治"三治结合的乡村治理体系。通过制定标准，不断地固化升级"产业兴旺、生态宜居、乡风文明、治理有效、生活富裕"乡村振兴总要求，为全国现代化乡村治理体系建设过程积累宝贵经验、提供成功样板，将更加深化全国乡村治理标准化工作，全方位推进乡村治理能力现代化提升和战略实现。

全国首个乡村治理地方标准规范正式发布实施

2018年9月12日，《乡村治理工作规范》地方标准规范新闻发布会（图3-4）在湖州市安吉县召开。该标准规范由浙江省标准化研究院、美丽乡村标准化研究中心等7家单位共同起草，是全国首个系统、综合、全面的乡村治理地方标准规范[13]。

图3-4 《乡村治理工作规范》地方标准规范新闻发布会

第二节 当前我国乡村治理存在的主要问题

近年来，我国的乡村治理取得了较为明显的成效。然而，不可否认的是，受传统观念、历史传统以及新时期社会发展出现的挑战等因素影响，我国乡村治理也存在诸多问题。新时期，推进乡村治理水平的科学化、高效化，就需要着力破解这些问题。

一、乡村治理理念有待提升

从理论上讲，乡村居民应作为乡村治理的核心部分和村民自治的主体，但在当前较普遍存在的乡村治理（体系）中，村委会行政化现象越发严重，各级政府职能不清，在一元化治理模式与传统管制思想的影响下乡村治理过程中官本位思想依然很浓厚。自古以来，乡村自治在"自下而上"的自发治理过程中更多地受到上级政权"自上而下"的干预，这导致很多乡村无法真正实现非国家形态下的自我治理，且由于经济水平、文化表达、社会风俗等各方面的差异，不同乡村在现代化的发展进程中的乡村自治呈现出不同的实践效果，主要表现在一些地区村民选举形式大于实际、选举箱成为摆设，村民自治渠道不畅通、利益诉求平台不健全，致使村民在自治过程中参与积极性不高、反馈意愿薄弱，只有当主管部门做出与村民切身利益息息相关的决策和部署时，才会激发村民主动参与到村民自治的过程中来。

部分村民委员会或其上级领导机构将乡村的发展目标简单地认为是经济发展水平的提高，试图单纯以经济发展带动地方富裕和社会繁荣，却很大程度上忽略了村民本身除经济发展外的如环境治理、权利保障等其他诉求。这种治理观念严重违背了"以人为本"的科学发展观念，未能履行好"为人民服务"的根本原则和"从人民中来、到人民中去"的工作方法，忽略了乡村治理工作过程中最根本的治理主体的利益，从根本上违背了可持续发展理念[14]，而且单向的、粗暴的、命令管制式的"领导治理"模式进一步将村民主体与治理机构割裂为对立的双方，不但不利于促进农业政策的推行普及与农村社会的安定和谐，反而会导致乡村发展路径走入歧途。

村民本身对乡村治理参与的"无意识"也导致了乡村治理整体理念较低。我国于20世纪80年代初期开始实行村民自治制度以来，很大程度上实现了村民自我管理、自我服务和自我教育，有效推动了基层民主建设和农村社会的发展。特别是近几年来，在乡村振兴战略等国家政策的引导下，村民自治的形式和内容都有了更多的创新和丰富，也涌现出一大批可供借鉴的案例和发展模式，但受乡村社会总体发展水平和村民受教育程度等因素制约，现代化民主自治素养和执行能力不足、民主意识不强也成为乡村治理的重点症结[15]。大部分村民只在关乎自身利益的具体事务上才愿意或敢于发声，在高速发展的现代化进程中尤其是城乡统筹发展的机遇中往往缺乏主动参与或具体行动的远见与科学意识。可以说，我国乡村居民的现代化政治参与与民主自治意识正在逐步觉醒且初见成效，但还远没有形成完整的民主意识。

二、乡村社会治理体制不健全

一方面，主要是村民决策参与机制的不健全。通常科学合理的集体决策能够呈现良好的治理效益。从集体决策的整体流程来看，衡量公共决策科学性的重要标准在于能否建立起一套规范的决策机制，也就是能否建立起一套"参与—整合—反馈"的完整机制。一些乡村地区由于没有健全的村民集体决策参与机制，当地政府或领导人基本垄断了公共事务的决策权，使乡村治理缺乏其他民主和专业的社会力量参与进来共同决策。在乡村的决策代言人"唱独角戏"的治理机制下，乡村社会中的基础民意尤其是处于政策弱势的农民声音无法上传至上级管理机构，从而造成只有政府缺少现实基础的下达输出，没有村民参与性的反馈输入，使基层政权与乡村社会纽带断裂，乡村公共事务的民意被政府内部的自我封闭系统所过滤，进而导致乡村的许多关键性事务没有纳入政府公共决策的议程，造成政策决策与实施过程中单向盲目的弊端，缺乏科学性和民主性，很难体现农民的真实意愿、反映乡村社会的切实需求，继而失去农民的支持而难以执行。另外，乡村事务的积压也致使农民对政府产生不信任感，迫使农民采取非制度化方式参与替代性制度化的决策表达，导致乡村治理陷入困境。

另一方面，在于乡村权力监督机制的不健全。由于目前我国乡村法制和权力监督机制的不健全，加之村委及相关政府权力过于集中，以权谋私、滥用职权等腐败现象在乡村决策过程中时有发生[16]。权力监督可以分为体制内监督和体制外监督两种形式，作为体制内监督的上级政府对乡镇政府权力监督存在鞭长莫及、同级乡镇人大监督难以施展、司法监督力所不及的现象，整体导致乡镇政府处于弱监督的处境中。而体制外的乡村民众、社会团体和舆论媒体等虽然也有民主监督的权利，但因信息的不对等、势力的不均衡，也使得社会对乡镇政府和村委会的监督力量薄弱，无法全面有效抑制乡镇权利的滥用和乡村治理过程中的不作为。权力内外监督机制的缺位将导致村镇权力的膨胀、滥用职权破坏乡村社会民主治理、损害乡村民众利益的行为难以形成有效的问责机制，从而致使乡镇政府和村委失去民主治理的主动性、科学性和公平性，影响民众对政府和自治代表的满意度和信任感，乡镇管理机构也会因此在乡村治理过程中更加困难重重。如图3-5所示为村民监督委员会培训。

图3-5　村民监督委员会培训

三、乡村社会组织治理作用有限

一是乡村自治组织行政色彩浓厚。目前我国农村自治民间组织更多地源自政府机构、服务于政府职能，未能真正成为连接农民和政府、市场的桥梁及纽带，这就使得现有的大多乡村自治组织不可避免地具有行政色彩。当前我国乡村因受限于相比城市较落后的市场发展水平，在城乡一体化发展过程中始终处于被动的弱势地位，集体民主意识也较为滞后，乡村居民的自我管理和监督的意识往往处于被动地位，跟随且服务于城市发展，乡村自治组织也受相关管理部门管理较多。长期的行政化干预，往往将乡村自治组织演变为政府的附属机构，致使乡村自治组织功能错位，违背了"民办、官管、民受益"的基本原则[17]。

二是乡村社会组织多呈松散型结构，稳定性差。乡村组织内部成员一般以某一共同利益而纽带，但一旦共同利益目标消失或者出现冲突或分歧，就容易使部分成员离开组织或导致组织解体，较为脆弱的组织体系难以持久稳定运行，而且在乡村自治组织中也往往依赖于个别组织者或领导者的个人能力或权威，个人意志在事务管理和决策方向上都具有较大的决定性，当个人能力或意识发生失误时往往会导致整个组织遭到亏损甚至解体。这种自治组织也通常会有自我封闭性，一般以地缘关系或者血缘关系为基础建立,没有足够的包容性和开放程度。大多乡村自治社会组织拒绝外部以股权资本形式的投资和外来人口迁入,以保障本组织内人员最大限度地获取历年来集体积累的资产利润。另外,因为组织股份合作以拥有本地户口为前提,许多成员为确保享受原有的福利,除非能有偿转让否则均不轻易迁出户口,甚至出现许多引狼入室、不远招工、招干、农转非等现象,这样更加造成人口无序扩张且危害到本地区既得利益,违背了城乡一体化资源互动的基本要求[18]。

第三节 新时期我国乡村治理的难题与前景

一、新时期乡村治理难题

1. 农民权益保护难题

在城镇化进程加速推进的背景下,部分乡村土地也逐渐被城市用地侵蚀,由于监管不力等因素使得原有基本农田或农村建设用地被改造为城市建设用地,或用来改建各类工业园区以招商引资,主管部门不断的"卖地"行为并未完全满足农村人群的需求甚至极大损害到农民合法权益,这样的做法使国家土地和环境蒙受损失,更直接触动了农民的维权意识,在与政府的"拉锯战"中加剧了与主管部门的矛盾,也渐渐加深对政府的不信任感,威胁到地区安全与稳定发展。

如何有效地维护农民(包括财产权、社会保障权、土地收益权、平等参与权等)基本权益,是新时代乡村治理进程中面临的最直接也是比较突出的难题。因而在新型城镇化过程中,不但要更加注重对农民的维权诉求和途径引导,切实保护村民的合法收益和私人财产,保障广大农民尤其是农民工和城郊农民依法享有基本公共服务权利,如医疗、教育、社会保障等,而且更要维护农民的基本政治权利,如对公共事务的参与权、表达权和监督权等[19]。

2. 乡村空心化难题

乡村空心化问题也是伴随城镇化衍生出的重要问题且日渐突出。乡村空心化是一个由农村人口流动引起的农村整体经济社会功能综合退化的过程[20]。有研究表明,人口外流现象较少的乡村其非制度化的管理体系如村规民约和宗法约束能有效发挥作用,维系较为紧密的社会关系;有部分人口外流的乡村则需要村民自治制度等法定规范约束村庄社会的行为规范;对于人口外流严重的乡村,正式的法律规范和非正式的本土制度都无法维持村庄良性运转,乡村治理行为易于僵化。如图3-6所示。

在城镇引力驱动下,乡村青壮年劳动力大规模地进入城市,导致乡村人口数量和结构不断变化,一批有能力、懂技术、善于管理的人才逐渐流失,使多数乡村只剩下无法承担起农业生产的老人、妇女和儿童,使乡村治理决策缺少必需的智力支持,导致乡村治理更加乏力,阻碍了村民自治的正常进行,也对国家治理能力和基层治理体系提出了新的挑战。

图 3-6　空心村现象已成为现今社会的巨大难题

3. 乡村基础设施和公共事业发展难题

进入 21 世纪，我国乡村的给排水、电网道路等基础设施建设取得了极大的进步，但与城镇发展速度相比还有很大差距；一些必要的公共服务设施和休闲服务设施如医疗卫生、教育文化等和公园广场等比较缺少；乡村自然环境也逐渐恶化，比如乡村水土污染严重、垃圾和污水处理方式落后等问题不仅对农产品质量安全构成巨大隐患，也极大危害到乡村居民的生活环境与身体健康。如图 3-7 所示。

图 3-7　部分乡村的生活基础设施还有待改善

多数乡村在长期的历史发展过程中并不具有统一的规划建设思想，而是处于一种自觉自定、放任自建的状态，乡村的住房建设一般有较大的随意性，并未系统考虑整体的基础设施安排；对地方政府而言，由于基础设施建设与运营的综合效益低，且乡村中实际常住人口流动性较大、数量不稳定，也没有对乡村基础设施和公共服务设施进行大规模投入，使村中相关的设施建设更加恶性循环，越来越成为乡村治理中矛盾的集中爆发点。

4. 乡村治理主体参与难题

第一，由于政治利益诉求的相关性和传统思想观念的滞后性，很多村民对民主自治并没有较强的意识觉悟和参与积极性，民主选举、民主决策、民主管理、民主监督很多时候还是流于形式[21]。

第二，作为农村地区基层政府管理部门的乡镇政府，还没有完全将服务职能转变到位，社会管理与公共服务的职能还没有落到实处。

第三，乡村党支部、村民委员会往往也未能充分发挥其作用，尤其是村民委员会作为村民的乡村自治组织，未能有效组织村民进行自我管理和决策，个别地方还有村委与党委不和继而影响组织整体工作的情况，这些现象都极大抑制了乡村治理的效果。

第四，就非政府的村民社会自治合作组织来说，当前乡村基本只有合作社等经济组织发展较快且推动了乡村治理积极发展，其他乡村自治组织的发展相对落后甚至形同虚设，难以满足乡村经济社会发展和城乡一体化发展的时代需要。

二、新时代乡村治理前景

1. 乡村治理主体多元化

新时代乡村治理要充分吸收国家、市场、社会等多方力量共同参与，拓展农民广泛参与的空间，构建上下互动的治理格局。在构建治理格局的基础上，乡村基层党组织建设与领导能力进一步加强，领导方式进一步改善；基层政府从管理到服务的职能转变进一步加速；社会力量参与空间进一步放大；社区居民参与活力进一步释放，新型乡村社会生活共同体将逐步形成。

2. 乡村治理手段多样化

新时代乡村治理既要遵循现代文明，又要尊重农民选择。法治是现代文明的标志，自治是中国农民的创举，德治是乡村社会的传统。新时期，我国乡村将通过加强乡村的公共事务、公共行政、公共生活等方面治理，着力构建自治为基、法治为本、德治为先的融合机制，以德治滋养法治、涵养自治，让德治贯穿乡村治理全过程[22]。

3. 乡村治理目标明确化

新时代乡村治理要坚持农民主体地位，发挥农民主体作用，不断提升农民的获得感、幸福感和安全感。促进农民群众共同富裕，最终实现乡村发展是新时代乡村治理的基本目标[23]。新时期，基层政府通过着力优化机构设置，将进一步形成科学合理、精干高效的管理和服务体系，同时加快构建"三社联动"机制，搭建政府购买服务、公益创投、幸福邻里等联动平台，以有效推进乡村治理。

4. 乡村治理格局合理化

新时代乡村治理要遵循城乡融合的理念，塑造城乡融合的格局。一方面，要激发乡村内部活力，优化乡村外部发展环境，推动人才、土地、资本等要素双向流动，为乡村治理注入新动能。另一方面，要加快城市反哺农村机制建设，促进经济要素畅通、利益分配均衡、城乡空间优化，推动城乡共建共治共享，实现乡村社会的可持续发展（图3-8）。

第三章 我国乡村治理现状与难点

图 3-8 新时代乡村美好愿景

思考题

1. 现代乡村治理体系包括哪些内容？
2. 从安吉县《乡村治理工作规范》中可以得到哪些启示？
3. 除文中所述外，我国乡村治理还存在哪些问题？
4. 为什么乡村空心化会影响乡村治理？
5. 请结合实际，简述新时期我国乡村治理的前景。

参考文献

[1] 邓世豹. 全面落实农民公民权利的行动纲领——《中共中央国务院关于推进社会主义新农村建设的若干意见》的宪政解读[J]. 法学论坛，2007（2）：95-100.

[2] 中共中央关于构建社会主义和谐社会若干重大问题的决定[J]. 时政文献辑览，2007（2）：33-47.

[3] 中共中央 国务院关于全面深化农村改革加快推进农业现代化的若干意见[J]. 中国农民合作社，2014（3）：8-13.

[4] 中共中央办公厅、国务院办公厅印发《关于深入推进农村社区建设试点工作的指导意见》[J]. 农村工作通讯，2015（12）：7-10.

[5] 陈幽泓. 中共中央、国务院出台《关于加强和完善城乡社区治理的意见》[J]. 住宅与房地产，2017（34）：25-26.

[6] 中共中央 国务院关于实施乡村振兴战略的意见[J]. 理论参考，2018（4）：4-15.

[7] 中共中央 国务院印发《乡村振兴战略规划（2018—2022年）》[J]. 农村工作通讯，2018（18）：8-35.

[8] 沈小平. 组织振兴是乡村振兴的根本保证[J]. 当代党员，2018（10）：51-52.

[9] 中共中央国务院关于实施乡村振兴战略的意见[J]. 理论参考，2018（4）：

4-15.

　　[10] 中共重庆市委党校课题组. 沙坪坝区回龙坝镇以基层党建引领乡村振兴 [J]. 当代党员，2018（10）：52-54.

　　[11] 冯海发. 推动乡村振兴应把握好的几个关系 [J]. 农业经济问题，2018（5）：4-7.

　　[12] 罗丹，刘涛，李文明. 夯实乡村振兴体制机制保障 [J]. 中国农民合作社，2018（5）：11-12.

　　[13] 全国首个乡村治理地方标准规范正式发布实施 [J]. 中国标准化，2018（19）：45.

　　[14] 简芳. 城乡统筹视域下中国农村治理研究 [D]. 长春：东北师范大学，2017.

　　[15] 竹铃. 中国农民政治参与研究 [D]. 杭州：浙江工业大学，2013.

　　[16] 汤志强. 协同治理视野下的乡村治理研究 [D]. 西安：陕西师范大学，2015.

　　[17] 简芳. 城乡统筹视域下中国农村治理研究 [D]. 长春：东北师范大学，2017.

　　[18] 诸葛鹏. 农村社区变迁与新型农村社区建设研究 [D]. 泰安：山东农业大学，2011.

　　[19] 覃翠生，庄严. 如何发挥农村基层党组织在乡村振兴中的引领作用 [J]. 当代广西，2018（12）：54-55.

　　[20] 马亮. 人口外流、制度选择与农村治理变迁——评《中国治理的多样性》[J]. 国外理论动态，2017（1）：114-119.

　　[21] 李友谊. 我国新农村建设中的民主法治建设的现状与改进对策 [J]. 前沿，2013（7）：36-39.

　　[22] 周梅芳，陈建新，王正华等. 嘉兴助推自治、法治、德治建设的实践与思考 [J]. 中国司法，2018（7）：45-48.

　　[23] 湖州市：加快推动乡村治理体系和治理能力现代化 [J]. 中国民政，2018（10）：15.

第四章　乡村基层党组织建设

党的十七届四中全会指出："党的基层组织是党全部工作和战斗力的基础，是落实党的路线方针政策和各项工作任务的战斗堡垒。"在扎实推进乡村振兴战略进程中，通过分析乡村基层党组织在乡村治理中的重要作用及面临的挑战，梳理党组织在乡村治理中的重点，有助于进一步巩固基层党组织在乡村治理中重要的带头引领作用，从而有助于加快乡村规划、建设进程，同时有助于促进乡村振兴战略目标的落实。

本章为乡村治理篇的第四章，主要讲述了基层党组织在乡村地理中的重要作用与角色，分析了基层党组织在乡村治理进程中面临的挑战，在此基础上，提出了基层党组织在乡村治理中的重点。

第一节　基层党组织在乡村治理中的重要作用

乡村基层组织是设在村一级的各种组织，包括基层党组织、基层政权和其他组织三个方面，主要有村党组织、村民委员会、村团支部、村妇代会、村民兵连及"两新"组织（"新的经济组织"和"新的社会组织"）[1]。其中，乡村基层组织的领导核心是基层党组织。可以说，乡村基层党组织是党在农村工作的基础，是贯彻落实党的方针政策、推进农村改革发展的战斗堡垒，是领导农民群众振兴乡村的核心力量[2]。

在乡村治理体系中，党的基层组织居于中心地位，发挥着核心作用，是实现新时期乡村治理现代化的关键。乡村基层党组织的地位和职责，在我国宪法和法律中有明确规定，其作为党的基层组织，按照宪法、党章、党的组织原则和规章制度，领导基层各经济社会组织依法开展工作，指导并支持基层人民群众开展各项活动，行使宪法以及法律所规定的基本民主权利。可见，基层党组织在乡村社会治理中处于领导核心地区，是党凝聚民心、发动群众、引领发展的重要村级组织，是乡村建设的领导者、农业发展的推动者和实践者，更是落实党的目标任务、实施党的方针政策、保障农民利益的代表者。可以说，农村基层党组织是推进基层治理最重要、最活跃的力量。从这个层面上讲，加强基层党组织建设，也是实现基层治理现代化的必然要求[3]。如图 4-1 所示。

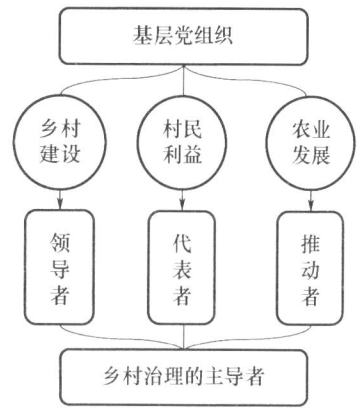

图 4-1　乡村基层党组织在乡村治理中的地位和作用

一、乡村建设的领导者

坚持和加强党组织对乡村工作的全面领导，确保和强化党组织在乡村工作中举旗定向、总揽全局、协调各方的作用，健全和完善党管农村工作的领导体制及运行机制，这是我国乡村振兴坚强有力的组织保证和政治保障。

从政治方向看，基层党组织熟知党的路线方针政策，依据宪法和党内法规开展各项活动，并受宪法和党章的双重约束，能动地发挥主心骨的作用，保证农村的政治、经济、社会发展不偏离党和国家的发展方向和奋斗目标。

从党群关系看，基层党组织坚持党"从群众中来、到群众中去"的群众路线，利用自身及村委会、村集体经济组织、共青团、妇代会等群团组织的影响力，教育群众、发动群众、依靠群众，形成合力，实现全民共同参与乡村建设。

从社会管理看，作为党的基层组织，服从党的决议，执行党的政策，以党的奋斗目标将农民组织起来，确立发展目标、制定工作制度、完善规划方案，解决农业问题、满足农民需要、促进农村发展，成为农村事务的有效管理者。如图 4-2 所示为乡村基层党组织宣传材料。

图 4-2 乡村基层党组织宣传材料

二、村民利益的代表者

乡村振兴，村民是主体。如何调动广大乡村居民的积极性、主动性、创造性，维护乡村居民根本利益、促进乡村居民共同富裕，是我国乡村治理的出发点和落脚点。毫无疑问，利益关系是乡村最重要、最复杂的社会关系，是形成乡村社会结构和建立乡村社会关系的基础，利益实现是农村社会组织和农村发展的动力所在。

从性质和宗旨看，基层党组织是党在基层的先锋队，是广大人民群众的利益代表者，保护着农民群众的合理、合法利益，谋求的是农民群众根本利益和长远利益，这是践行党全心全意为人民服务宗旨的必然要求。

从基础和结构看，在农民之间、农民与村委之间、干群之间、干干之间形成了一张错综复杂的利益网。基层党组织是国家、集体、个人利益关系的调控者和整合者。一方面，创造利益表达的渠道和条件，充分了解村民的利益诉求，积极反映农民的愿望和意见；另一方面，以党的政策为指导，在求同存异的原则下形成基本共识，调整利益关系，化解利益冲突，实现利益整合，成为农民根本利益的代言人、维护者、实践者。

三、农业发展的推动者

乡村振兴，发展是关键。农业全面升级、农村全面进步、农民全面发展是新时代乡村振兴的基本要求，而坚持质量兴农、绿色兴农，以农业供给侧结构性改革为主线则是农村产业发展的基本原则。农村经济社会的全面发展，农村群众的增收致富，关键依靠党的基层组织带领、发动和组织；党的惠民利民政策、农村秩序的和谐稳定，关键靠党的基层组织落实、服务和保障。基层党组织是贯彻以人民为中心的发展理念、落实党中央"精准扶贫"攻坚战略的执行者，通过宣传党的方针政策，制订和倡导科学发展计划，推动农村农业的发展。

具体在农村农业发展方面，基层党组织是重要的领导力量和组织力量，确定经济发展方向，构建农业产业体系，开展指导以及帮扶工作，不断提高农业的竞争力、生产力以及创新力，不断促进农村农业的创新发展。俗话说，"村看村、户看户，群众看干部"，基层党组织发挥党员的示范引领作用，通过咨询、带领、合作等，以"一带一""一帮多"等形式对村民进行帮扶、帮助、援助，解决发展困难问题，搭建发展平台，创造发展机遇，推进农民共同富裕目标的实现[1]。

四、乡村治理的主导者

乡村振兴，治理是基础。"农业强、农村美、农民富"的乡村振兴战略目标依赖乡村有效治理来实现。农村基层党组织作为领导村民自治的核心力量，一边连接国家权力，一边连接人民群众，是党的战斗力、凝聚力和号召力充分发挥的最终落脚点，是实现乡村社会充满活力、和谐有序的主导力量。

基层党组织以法治为保障，把乡村治理纳入法治轨道，形成群众办事依法、遇事找法、解决问题用法、化解矛盾靠法的法治氛围，动员依法、理性、有序参与社会管理和公共服务，实现乡村治理和谐有序。

基层党组织以德治为引领，以伦理道德规范为准则，移风易俗，培育文明乡风、良好家风、淳朴民风，让社会主义核心价值观落地生根、开花结果，形成潜移默化的"软治理"。

基层党组织以推动自治为核心，"让村民群众当家作主是乡村治理的本质和核心，是乡村治理的出发点和落脚点，这是以人民为中心的根本政治立场所决定的"。保证和支持广大基层村民群众实行自我教育和自我管理，形成乡村治理的强大动力（图4-3）。

图 4-3 乡村基层党组织领导乡村振兴与治理漫画

《中国共产党农村基层组织工作条例》

2018年11月26日，中共中央政治局召开会议，审议《中国共产党农村基层组织工作条例》。

会议认为，修订《中国共产党农村基层组织工作条例》，是坚持和加强党对农村工作的全面领导、提高党的农村基层组织建设质量的重要举措，对于打赢脱贫攻坚战、深入实施乡村振兴战略，推动全面从严治党向基层延伸、巩固党在农村的执政基础，具有十分重要的意义。

会议强调，村党组织要全面领导隶属本村的各类组织和各项工作。凡是农村的重要事项和重大问题都要经党组织研究讨论，村级重大事项决策实行"四议两公开"，加强村务监督。

第二节 基层党组织在乡村治理进程中面临的挑战

一、与乡村治理结构的协同性问题

农村基层社区本质上是一个多元、特殊的社会领域，在这个复杂的社会领域里，如何处理好基层党组织、村民自治组织、乡村社会组织、村民之间的关系是一个治理难题。

从乡村治理实践来看，基层党组织与其他治理主体之间的关系还有待于进一步厘清，不同主体间存在能力差异，社会参与也呈现出一种非均衡态势，这种非均衡集中体现在各基层组织和党组织在人员配置、组织机构、资源支持等方面的不平衡。

从乡村治理实践过程来看，基层党组织强大的领导力和基层社会组织的软弱性形成鲜明的力量对比，所以两者在农村实践活动中无法构成平衡的治理结构以及协同的互动关系[2]。尤其是农村基层党组织和村民自治委员会的"二元权力结构"问题，有效协调农村基层"两委"的互动关系亟待解决。

从乡村治理的实效来看,农村社会组织、经济组织和民间力量等社会自治的多元主体力量发挥作用的制度空间有限;各种社会自治组织是农村各个利益群体的直接代表,直接反映群众的利益需要,与基层群众联系紧密,在农村治理中有着独特的优势,也是基层治理体系中不可或缺的主体,但是农村基层党组织在社会治理实践中存在对农村治理事务"直接包办"和"直接替代"趋势,弱化了基层社会自治组织功能的发挥,这不利于农村社会治理的多元、健康、持续发展。

因此,如何在保持基层党组织的领导基础上,增强与多元主体的协同,在治理秩序和治理活力之间找到平衡点,是必须要解决的乡村系统治理问题[5](图4-4)。

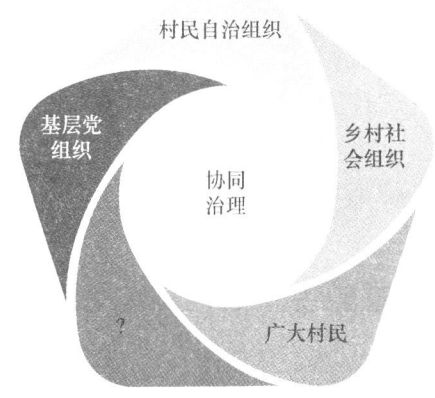

图4-4 乡村治理的协同性问题

二、与乡村治理主体的融合性问题

尽管在乡村基层治理实践中,创新出现了"基层党组织+互联网""基层网格化管理""乡村多元联动"等诸多成功的经验与模式,但是总体而言,我国乡村社会治理各主体尚未有效整合,融合性不强,各主体存在"选择性参与"的问题,即乡村治理参与的范围、广度和深度各不相同:

一是农村基层自治组织职能发挥不足,基层群众性自治组织规范化建设、管辖范围规模、社区创新发展以及与网格化服务管理有效衔接等方面需要完善和整合。

二是农村社会组织整体发育不完善,乡村要进一步提高自治的能力,得益于农村社会组织的成长,但是当前存在农村社会组织自身的组织能力较弱、参与治理的主动性不强等比较突出的问题。

三是村民有效参与农村基层社会治理的空间和渠道有限,大多数农民在心理和情感上不愿积极、主动参与农村基层社会治理事务。

四是基层政府履行乡村社区治理主导性不强,对乡村社区治理的政策支持、财力物力保障和能力建设指导有限[6]。基层政府作为基层的主要治理主体,对于基层治理结构构建和功能发挥有着积极的引导和保障作用,但是当下基层政府本身在部门职责、职能配置、思想意识等方面存在诸多问题,这影响着基层政府主导作用的实现。

因此,加强乡村基层党组织社会治理创新,从治理主体方面,就要最大限度地实现基层党组织与乡村治理主体的有效融合[7]。

三、与乡村治理体系的法治化问题

改革开放以来，乡村基层治理的法治化稳步推进，治理规范逐步健全，治理制度不断完善，村民依法自治不断发展。但是，农村基层社会在依法治理方面仍旧存在诸多问题：

一是农村基层党组织的法治精神和法治观念亟待加强，决策的盲目性和随意性较大，多元主体缺乏法治规范与约束机制，村民的知情权、参与权和监督权保障不力；

二是农村基层党组织依法治理能力较弱，不善于运用法律思维以及法治方式来处理基层社会中发生的各种矛盾、纠纷和冲突；

三是保障民生民权的法律体系不全，法律教育、法律服务、法律援助供给不足；

四是乡村办事依法、遇事找法、解决问题用法、化解矛盾靠法的法治环境尚需完善。

所以，加强农村基层党组织社会治理，必须健全农村治理的法治体系[8]。要在建立健全农村治理法治体系的基础上，做到有法可依，有法必依，执法必严。

四、与乡村治理方式的创新性问题

农村治理是一项复杂的系统工程。从整体上看，当前我国乡村治理方式有所创新，体现在对传统农村基层治理模式、方式、方法进行了变革和发展，逐步形成了中国特色的农村治理体系。但是农村基层党组织社会治理方式创新、社会治理环境优化不够，治理方式上重管制轻协调、重堵轻疏的现象仍然普遍存在[9]。

一是农村基层党组织应对突发状况的能力不足，尤其针对当下频发的社会矛盾和冲突，其有效处理依赖于方式方法的合理合法、时间时机的及时恰当，而这些也正是基层党组织处理社会矛盾时所匮乏的，最终可能引发关联性社会冲突、突发性社会矛盾、聚合性利益纠纷、对抗性权益诉求日益增多；

二是农村基层党组织社会治理方式不够多样、方法不够完善。乡村治理的显著特征就是多元化，但是当前基层党组织在沟通、参与、协商、执行等方面还没有形成相应的运作、保障、监督等一系列的社会治理体系，所以无法应对当前治理中的各种问题；

三是大部分农村基层党员干部在思想认知以及能力素质方面不足。基层党员干部的工作对象是农民，这一群体有着独特的群体特征，但是基层党员干部对于他们的思维习惯、行为方式、生活习惯、民族宗教习性等方面不够了解，不善于以"柔性"方式进行治理；

四是乡村治理呈现出动态化、利益化、多元化等多种特征，使得治理面临的困难和挑战越来越大，对基层党组织也提出了更高的要求。

因此，新形势下，加强农村基层党组织治理，必须进一步加快农村治理模式、治理方法等不同领域的创新改革。

第三节　基层党组织在乡村治理中的重点

一、树立乡村基层党组织的乡村治理理念

习近平总书记指出"治理和管理一字之差，体现的是系统治理、依法治理、源头治理、综合施策"。以乡村基层党组织为中心的乡村治理，必须树立系统治理、依法治理、综合治理和源头治理的新理念，提高社会治理社会化、法治化、智能化、专业化水平。

一要坚持系统治理的方略，基层党组织把乡村治理作为系统工程，系统规划、全面部署、持续推进[10]。

二要坚持依法治理的方式，基层党组织带头学法、普法、守法、用法、依规治党、依法治村。

三要坚持综合治理的方针，基层党组织要强化道德约束、规范社会行为、调节利益关系、协调社会关系，依靠人民群众和社会各方面的力量，分工合作，形成治理合力。

四要坚持源头治理的观念，基层党组织要以问题为导向，追根溯源、标本兼治，从源头上解决影响农村社会发展稳定的各种深层次问题，确保乡村社会充满活力、和谐有序[3]。如图4-5所示为乡村基层党组织治理新概念。

图4-5　乡村基层党组织治理新理念

二、优化乡村基层党组织的乡村治理体系

党的农村基层党组织，只有扎根农村社会，通过党组织服务功能再生产，让村民共享改革发展成果，才能吸引村民参与村务合作共治，进而推进农村社会治理能力和治理水平现代化。《关于实施乡村振兴战略的意见》明确指出："必须把夯实基层基础作为固本之策，建立健全党委领导、政府负责、社会协同、公众参与、法治保障的现代乡村社会治理体制，坚持自治、法治、德治相结合。"[11]

一要始终坚持党在基层社会治理中的领导核心地位，发挥好乡村基层党组织领导和协调的作用，形成党委领导、政府负责、社会协同、公众参与、法治保障的基层治理体制，发挥多元治理主体的强大合力。

二要始终坚持"三治结合"的乡村治理体系。法治是基础，是一种"硬治理"，坚持法治为本，树立依法治理理念，强化法律在维护农民权益、规范市场运行、农业支持保护、生态环境治理、化解农村社会矛盾等方面的权威地位。德治是灵魂，大力加

强乡村思想道德建设，培育社会主义核心价值观，融入时代元素和新风尚，推进农村精神文明建设，不断丰富乡村文化生活。自治是核心，"正是村民自治研究的深化，乡村治理作为一个沉寂多年的问题重新为学者所提及并关注"，坚持自治为基，加强农村群众性自治组织建设，健全和创新村党组织领导的村民自治机制，形成多元协作互动、优势互补、共建共享的基层治理新格局[12]。

三、提升乡村基层党组织的乡村治理能力

基层党员干部的工作能力是党执政能力的重要体现，对于党的执政能力建设具有重要的意义。提升基层党组织治理能力，关键在人，关键在基层党员干部。

一要优化乡村党员发展工作。实现党员总量的有效控制、结构的优化提升以及质量的提高，民主、公开和公正地吸收优秀青年、致富能人、返乡工人等加入党组织，优化乡村党员的结构素质，夯实乡村治理的基础。

二要实施"农村带头人"整体优化提升行动。提升基层党组织组织力的主体支撑，吸引高校毕业生、机关企事业单位优秀党员干部到村任职，选优配强村党组织书记；健全从优秀村党组织书记中选拔乡镇领导干部、考录乡镇机关公务员、招聘乡镇事业编制人员制度，积极为基层干部的实践和成长搭建平台。

三要加强村干部的教育培养工作。注重组织培养，强化党性教育、法治教育、公仆意识教育，加大选拔和培养基层干部的力度，激发基层干部干事的活力，培养党员干部乡村治理的综合能力和素质[13-14]。

四、创新农村基层党组织的乡村治理方式

党的组织形式与工作方法是根据党的政治任务和主客观环境与时俱进的，必须要有创造性和灵活性。

一要加强乡村治理的信息化和网络化建设。充分运用"互联网+"，利用新媒介、新技术、新传播手段和新沟通手段，用现代科技元素创新治理方式，增强吸引力和影响力[15]。

二要坚持以基层党组织为核心，构建规范化、制度化和常态化的利益表达、利益保护、利益诉求化解机制，形成完善的乡村治理的组织框架，构建完备的群众利益维护体系。

三要创新并完善服务载体、服务方式，完善乡村党员干部服务联系群众工作机制，使党员、党组织潜移默化地贴近群众、深入群众，在服务的过程中团结群众、引导群众、赢得群众，实现党对社会的领导[16]。

五、营造农村基层党组织的乡村治理环境

为了巩固乡村党组织在乡村治理中的核心地位，营造基层党组织为领头羊的治理环境是必然之举，要着力提高基层党组织治理能力和治理水平。

一要健全和完善现有的基层党组织治理网络。不断创新基层党组织的设置方式，依托村民会议、村民代表会议、村民议事会、村民理事会、村民监事会等，形成民事

民议、民事民办、民事民管的多层次基层协商格局,实现基层党建工作的纵深发展和广度延伸,增量组织网络,逐步形成多元协作互动、优势互补、共建共享的基层治理新格局[16]。

二要建立健全乡村监督机制。把村务监督纳入制度化轨道,通过开展常态化、规范化的监督,实行村级小微权力清单制度,加大基层小微权力腐败惩处力度。严厉整治惠农补贴、集体资产管理、土地征收等领域侵害农民利益的不正之风和腐败问题,推进村级反腐的制度化建设。在完善和健全基层党组织治理网络和监督机制的基础上,逐渐打造理念创新、过程规范、结构合理、制度优化的乡村治理环境。

> 2018年中央一号文件指出,扎实推进抓党建促乡村振兴,要突出政治功能,提升组织力,抓乡促村,把农村基层党组织建成坚强战斗堡垒。强化农村基层党组织领导核心地位,创新组织设置和活动方式,持续整顿软弱涣散村党组织,稳妥有序地开展不合格党员处置工作,着力引导农村党员发挥先锋模范作用。建立选派第一书记工作长效机制,全面向贫困村、软弱涣散村和集体经济薄弱村党组织派出第一书记。实施农村带头人队伍整体优化提升行动,注重吸引高校毕业生、农民工、机关企事业单位优秀党员干部到村任职,选优配强村党组织书记。健全从优秀村党组织书记中选拔乡镇领导干部、考录乡镇机关公务员、招聘乡镇事业编制人员制度。加大在优秀青年农民中发展党员力度。建立农村党员定期培训制度。全面落实村级组织运转经费保障政策。推行村级小微权力清单制度,加大基层小微权力腐败惩处力度。严厉整治惠农补贴、集体资产管理、土地征收等领域侵害农民利益的不正之风和腐败问题。[14]

基层是党的力量之源。只有乡村基层党组织坚强有力,党员发挥应有作用,党的根基才牢固,党才能有战斗力。乡村基层党组织的社会号召力既依赖于政治领导力、思想引领力和群众组织力的作用和效能发挥,又依赖于基层党组织发展推动能力、社会治理能力、自我革新能力的不断提高[17]。在乡村治理中,要真正把基层党组织建设成为党的主张的宣传者、党的决定的贯彻者、基层治理的领导者、团结群众的动员者、改革发展的推动者,就必须增强社会号召力。实施乡村振兴战略,需要最大限度地把群众组织起来,最广泛、最有效地动员一切力量,形成乡村建设的合力。

思考题
1. 基层党组织在乡村治理中有什么作用和地位?
2. 基层党组织为什么是农民利益的代表者?
3. 新时代乡村振兴的基本要求是什么?
4. 如何理解乡村基层党组织与乡村治理结构的协同性问题?
5. 新时期乡村基层党组织有哪些乡村治理新理念?

参考文献
[1] 徐铮. 当前农村基层党组织建设面临的问题及对策研究[D]. 保定:河北大

学，2015.

［2］黎力．农村基层党组织社会治理创新研究［D］．湘潭：湖南科技大学，2016．

［3］蔡文成．基层党组织与乡村治理现代化：基于乡村振兴战略的分析［J］．理论与改革，2018（3）：62-71．

［4］符开玉．党建促脱贫攻坚工作中存在的问题及对策［J］．理论与当代，2017（8）：31-32．

［5］尹杰钦，甘信芝，黎力．农村基层党组织社会治理创新面临的挑战及其归因［J］．当代世界与社会主义，2016（6）：149-154．

［6］闻捷．深入学习习近平总书记关于基层社会治理的新理念新思想新战略［J］．中国民政，2017（19）：15-19．

［7］黄树贤．加强和完善城乡社区治理 夯实国家治理现代化基础［J］．中国社会工作，2017（21）：8-10．

［8］张岩．转型时期中国法治特点研究［D］．北京：中共中央党校，2013．

［9］龚晨．脱贫攻坚中主体协同治理的实践困境与角色规范［J］．攀登，2017，36（01）：54-58+87．

［10］易艳华．政党与社会：创新社会治理体制改进社会治理方式［J］．理论学习，2014（08）：18-19．

［11］扶永生．关于推进乡村治理现代化的思考［J］．农家参谋，2018（13）：34．

［12］王华华．大数据时代农村党组织的社会治理能力研究——信息裂变与合作共治［J］．理论与改革，2017（5）：119-129．

［13］李祖杰．新时代乡村振兴面临的问题及对策［J］．法制与社会，2018（13）：129-131．

［14］中共中央国务院关于实施乡村振兴战略的意见［J］．理论参考，2018（4）：4-15．

［15］夏行．略论基层党组织活动方式创新［J］．党建研究，2010（8）：35-37．

［16］董文兵，李寿峰，孙昌帅．乡村治理现代化进程中农村基层党组织功能定位面临的挑战及对策［J］．青岛农业大学学报（社会科学版），2017，29（2）：55-60．

［17］沈小平．组织振兴是乡村振兴的根本保证［J］．当代党员，2018（10）：51-52．

第五章 乡村治理体系建设

党的十九大报告提出健全自治、法治、德治相结合的乡村治理体系，这是在乡村治理方面提出的新要求。建设"三治结合"的乡村治理体系，既是在全面推进依法治国进程中加强基层民主法治建设的题中应有之义，也是乡村经济社会发展的必然要求，更是推进国家治理体系和治理能力现代化的重要方面。图5-1所示为乡村治理体系"三治结合"。

党的十九大报告还首次提出"智慧社会"这一概念，强调提高社会治理智能化水平。2019年5月，中共中央办公厅、国务院办公厅印发《数字乡村发展战略纲要》，指出"要将数字乡村作为数字中国建设的重要方面，加快信息化发展……注重建立灵敏高效的现代乡村社会治理体系……到2035年，乡村治理体系和治理能力现代化基本实现。"这意味着在信息化和智能技术不断发展的新背景下，乡村治理体系还需不断与时俱进，特别是构建智慧化的乡村治理体系。

图5-1 乡村治理体系"三治结合"

健全乡村治理体系既要传承发展我国农耕文明中的优秀传统，形成文明乡风、良好家风、淳朴民风，又要走中国特色社会主义乡村振兴道路，让农业成为有奔头的产业，让农民成为有吸引力的职业，让农村成为安居乐业的美丽家园。在乡村振兴战略背景下，从乡村社会所处发展阶段的实际出发，遵循乡村社会发展的规律，着力构建以党的基层组织为核心，以村民自治组织为主体，以乡村法治为准绳，以德治为基础，以智慧治理为支撑的乡村治理体系。

本章为乡村治理篇的第五章，主要从构建"三治结合"、智治为辅的乡村治理体系出发，阐述了如何整合治理资源，构建村民自治管理体系，如何加强依法治理，提升乡村治理法治化水平，如何培育社会价值，塑造乡村德治秩序，如何创新治理模式，探索乡村智治途径等四个层面来加快建立健全乡村治理体系。

第一节 整合治理资源，构建村民自治体系

一、乡村自治的地位

乡村自治，亦称村民自治，简而言之就是广大农民群众直接行使民主权利，依法

办理自己的事情，创造自己的幸福生活，实行自我管理、自我教育、自我服务的一项基本社会政治制度。乡村自治是健全乡村治理体系的核心。

村民自治制度是中国特色社会主义政治制度的主要组成部分，村民委员会的公开透明选举保障了村民行使民主权力的途径，村务公开、民主评议等畅通了村民表达利益诉求的渠道。

坚持和完善村民自治制度，必须坚持党的领导，密切党同广大农民的血肉联系，巩固党在村民当中的威信，加强村务监督委员会建设，健全务实管用的村务监督机制，开展以村民小组、自然村为基本单元的村民自治试点工作，发挥好村规民约在乡村治理中的积极作用，确保亿万农民在稳定有序的基层民主实践中逐步提高民主素养[1]。

《中华人民共和国村民委员会组织法》

为了保障农村村民实行自治，由村民群众依法办理自己的事情，发展农村基层民主，促进农村社会主义物质文明和精神文明建设，根据宪法所制定。经第九届全国人民代表大会常务委员会第五次会议于1998年11月4日修订通过。

村民委员会是村民自我管理、自我教育、自我服务的基层群众性自治组织，实行民主选举、民主决策、民主管理、民主监督。村民委员会办理本村的公共事务和公益事业，调解民间纠纷，协助维护社会治安，向人民政府反映村民的意见、要求和提出建议。

二、乡村自治影响因素

1. 国家宏观政策取向和基层治理政策的调整

村民自治是国家治理的基础，其发展势必要遵循国家的法律制度以及宏观政策导向，紧紧围绕国家治理体系和治理能力现代化的总体目标，特别是要以党和国家当前的基层治理政策为指导。

党的十八届三中全会提出了推进国家治理体系和治理能力现代化的改革目标，十八届四中全会提出了推进依法治国的总目标，十八届五中全会提出"创新、协调、绿色、开放、共享"的新发展理念作为引领新时期改革发展的指导思想[2]，十九大明确提出中国特色社会主义进入新时代，我国主要矛盾已经转化为人民日益增长的美好生活需要和不平衡不充分的发展之间的矛盾，并进一步部署了乡村振兴战略。

综合来看，在近年来党和国家提出的宏观战略和政策的指导下，以宪法和法律为基本规范，以新发展理念为引领，村民自治通过创新发展，必将推动农村基层治理体系的重构。

2. 农村社会的流动性、开放性日益增强，农村社会结构正在经历深刻转型

改革开放以来，特别是1990年以后，农村人口出现了大规模、持续性、多元化的

流动。据统计,"2017年全国乡村人口比2010年减少了9081万,比2000年减少了3.127亿"[3]。

这种大规模的人口流动从根本上打破了传统村落的封闭性,重构了村落社会成员的结构,形成了农村社会的开放性格局。一方面,在农村人口流出地,因青壮年劳动力大量外出,形成了村庄空心化、村民老龄化以及家庭分离和"三留守"问题;另一方面,在一些人口流入地,因大量创业、务工人员和房租客的进入,村落社会不再由原来的村籍人口构成,形成了本村人、本地人、外地人等同时并存的局面。传统的均质性"熟人社会"演变为异质化的"半熟人社会",甚至是"陌生人社会"(图5-2)。

图5-2 乡村民宿的兴起使乡村更加具有开放性

客观来看,村落社会成员结构的根本性改变,致使基于户籍制度的、封闭性的村民自治难以运转,对突破村民自治的封闭性,逐渐走向开放性的村民自治提出了要求。

3. 农村经济社会发展的不平衡导致了农村治理环境的多样化

改革开放以来,农村经济社会的发展具有典型的不平衡性,各地不同村庄的产业结构、人口结构、收入结构、利益结构、需求结构等差异日益明显,形成了多样性的村民自治环境。

在这种背景下,统一性的村民自治制度输入多样化的治理环境中,在实践中势必需要采用多元化的治理形式,从而对积极探索不同情况下村民自治的有效实现形式提出了新的要求。

4. 农民群体的多元分化导致意愿诉求、行为方式、组织形式的多元化

农村经济社会的多元性发展造成了农村社会成员的多元性分层、分派。在此背景下,原来同质化的农民群体产生了明显的职业分化、产权分化、收入分化、利益分化的现象,使农民的美好生活需求多元化,意愿诉求和行为方式多元化,组织形式多样化,以普遍平等为原则的村民自治由此遭遇了空前的挑战。不仅人人平等参与的民主选举、民主决策、民主管理、民主监督难以落实,而且对于村民多元化的美好生活需求也难以有效满足。

因此，这些现实情况不仅要求积极探索新时代基层民主和村民自治的有效实现形式，而且需要积极拓展新时代村民自治的内容，由重在推进以民主为导向的自我管理，转向探索在民主管理基础上提供更多、更好的自我服务与自我教育。

三、乡村自治主要表现

乡村自治的核心内容是"四个民主"，即民主选举、民主决策、民主管理、民主监督。因此，全面推进村民自治，也就是全面推进村级民主选举、村级民主决策、村级民主管理和村级民主监督[4]。

1. 全面推进村级民主选举，把干部的选任权交给村民

民主选举，就是按照宪法、村委会组织法、实施村委会组织法办法和村委会选举办法等法律法规，由村民直接选举或罢免村委会干部。村委会由主任、副主任和委员3~7人组成，每届任期3年，届满应及时进行换届选举。选举实行公平、公正、公开的原则，把"思想好、作风正、有文化、有本领、真心愿意为群众办事的人"选进村委会班子。也就是说，选出一个群众信赖、能够带领群众致富奔小康的村委会领导班子（图5-3）。

图5-3 乡村民主选举

2. 全面推进村级民主决策，把重大村务的决定权交给村民

民主决策，就是凡涉及村民利益的重要事项，如享受误工补贴的人数及补贴标准，从村集体经济所得收入的使用，村办学校、村建道路等公益事业的经费筹集方案，村集体经济项目的立项、承包方案及村公益事业的建设承包方案，村民的承包方案，宅基地的使用方案等，都应提请村民会议或村民代表会议讨论，按多数人的意见做出决定。

3. 全面推进村级民主管理，把日常村务的参与权交给村民

民主管理，就是依据国家的法律法规和党的方针政策，结合本地的实际情况，全体村民讨论制订村民自治章程或村规民约，把村民的权利和义务，村级各类组织之间的关系、职责、工作程序以及经济管理、社会治安、村风民俗、计划生育等方面的要求规定清楚，加强村民的自我管理、自我教育、自我服务。村民自治章程是村民和村

干部自我管理、自我教育、自我服务的综合性章程，也是村内最权威、最全面的规章。村规民约一般是就某个突出问题，如治安、护林、防火等做出规定，作为村民的基本行为规范[5]。

4. 全面推进村级民主监督，把对村干部的评议权和村务的知情权交给村民

民主监督，就是通过村务公开、民主评议村干部和村委会定期报告工作等形式，由村民监督村中重大事务，监督村委会工作和村干部行为。民主监督的重点是村务公开，凡是村里的重大事项和村民普遍关心的问题，都应向村民公开（图5-4）。

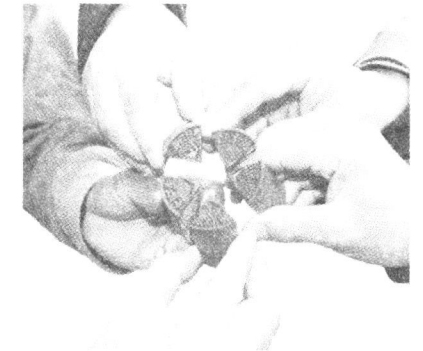

图5-4　村民民主决策与监督

四、新时代乡村自治重点

在新时代，面对乡村政治结构、经济结构、社会结构的深刻变革，乡村治理的经济基础、政治基础、社会基础及思想基础的显著改变，构建乡村治理体系，关键是整合乡村治理资源，搭建参与平台，强化村民自治管理体系建设，引导农村基层组织、社会组织和村民个人有序参与农村发展事务，进一步提升农民群众自我管理、自我服务水平[6]。

村民自治不是放任不管，而是应发挥农村基层党组织的领导核心作用，推进村务公开。发挥社会各类人才、新乡贤等群体在乡村治理中的作用。厘清农村基层自治组织职责，对符合条件的公益类农村社会服务组织给予政策、技术、资金等方面的支持（图5-5）。

图5-5　乡村志愿者自治自助

1. 尊重农民的主体性，提升农民参与乡村治理的积极性

在乡村治理实践中，将农民群体的主体性权利置于乡村治理逻辑中，从农民的主体性需求出发改善当前乡村治理的困境，是确保国家与农民、农民与基层政权之间良性互动关系的基本前提，也是构建乡村治理体系的必要条件[7]。

2. 加强农村自治组织建设和管理

面对乡村空心化、农民个体化、社会组织松散化的困境，应当重视乡村社会中"自下而上"的内生性自治组织的培育，并通过自治组织的建设，来提升乡村社会的治理能力、重建乡村社会团结。当前，重点是整合现代乡贤和宗族组织，凝聚乡民对于乡村社会的认同感和归属感，达到传统与现代的连接，重构乡村社会伦理，最终实现乡村治理和谐有序进行[8]。

3. 加强自发社会组织和合作经济组织建设

鼓励农民自愿结合组成各种社会组织和合作经济组织，使之成为公共服务的提供

者、乡村治理的参与者、利益协调的当事人。要加大社会组织培育和管理体制改革力度，激活社会组织活力，发挥社会组织的群众动员优势。建立健全村务监督委员会，推行村级事务阳光工程。依托村民会议、村民代表会议、村民议事会、村民理事会、村民监事会等，形成民事民议、民事民办、民事民管的多层次基层协商格局，把村级事务的决策权交给群众，推动村民自治向制度化、规范化和程序化方向发展[9]。

"一约两会三团"——浙江桐乡三治融合实践

"一约"即村规民约（社区公约），桐乡通过村规民约和社区公约树起了基层文明新风，使乡风民风逐渐好起来，人居环境逐渐美起来。

"两会"是指百姓议事会和乡贤参事会。百姓议事会由两部分组成：固定的和非固定的，固定成员人数一般控制在15人左右，要求有一定的代表性和权威性，比如两代表一委员、"三小组长"、有威望的老党员等，以聘任的方式无偿开展工作，两年一聘；非固定成员主要由利益相关者组成，给他们充分的利益表达权，人数一般控制在固定成员的50%左右。成员就便民服务、停车难、电瓶车偷盗、楼道清洁、绿化保养、安全出行等与自己生活息息相关的问题为议题展开讨论，并提出建议和意见。图5-6所示为"三治融合"展示馆。

图5-6 "三治融合"展示馆

乡贤参事会与百姓议事会一样，也在乡村治理中起到了"四两拨千斤"的作用。乡贤参事会一般由村里有较高威望的人组成，他们或是德高望重的老党员、老干部，或是热心家乡建设的商界精英、文化能人，又或是教育工作者、道德模范等。作为一种新型农村社会组织，乡贤参事会通过激活乡贤资源，发挥乡村精英在社会治理、公共服务中的作用，在新农村建设方面有着独特的优势。

"三团"指百事服务团、法律服务团、道德评判团。百事服务团成了解决村民燃眉之急的首选，帮助村民处理修水管、办宴席等服务。一部分是红色义工服务队，由村里的党员带领村民为村里的贫困户、独居老人、残疾人等困难群体提供免费帮助，让他们感受到社会的温暖；另一部分是以便民利民为轴心的专业性服务，适当收取劳务报酬。法律服务团以法律服务咨询、矛盾纠纷化解、困难群众维权、法治宣传教育为重点。而道德评论团是在法律之外的一些问题，以村民公约为依据，以道德评判的形式来解决。

> 可以说是一约"聚民智"，两会"汇民意"，三团"化民忧"。三治融合"桐乡经验"的创新之处和最大生命力在于将自治、法治、德治三者融合、合力增效，共同构成社会善治的"三脚架"。而百事服务团、法律服务团、道德评判团正是体现这三者的有效载体，成为了拉动桐乡三治融合深入发展的"三驾马车"，也走出了一条具有桐乡特色的基层社会治理新路子[10]。

第二节　加强依法治理，提升乡村法治水平

一、乡村法治的地位

法治是健全乡村治理体系的保证。乡村治理体系能否平稳运行取决于乡村治理法治化程度与法治化水平。目前，我国乡村治理基本做到有法可依，但还存在法不全、普法难、用法难、执法难、监督难等问题，"遇事找关系、办事讲人情、信官不信法、信权不信法"的现象还比较突出。

当前阶段，巩固和进一步加强乡村法治的地位，既要加快涉农立法速度、提高立法质量，更要加快完善乡村法律服务体系，加强农村司法所、法律服务所、人民调解组织建设，推进法律援助进村、法律顾问进村，加大普法力度，大幅度地降低干部群众用法成本，用一个个公正的判决，推动基层干部群众形成亲法、信法、学法、用法的思想自觉，强化法律在化解矛盾中的权威地位[11]（图5-7）。

图5-7　乡村法治深入人心

二、近年来乡村法治取得的成果

近年来，我国乡村法治取得了较为显著的成效，主要表现为乡村治理能够基本做到有法可依、以农业法为核心的农业农村法律体系逐步完善、以综合执法为重点的农

业行政执法体系基本建立等。主要表现在：

1. 以农业法为核心的农业农村法律体系逐步完善

据不完全统计，截至2018年，农业领域共有法律15部、行政法规29部、部门规章148部，基本涵盖农业基本法、农村基本经营制度、农业生产资料管理、农业资源环境保护、农业产业发展、农业支持保护、农业产业和生产安全、农产品质量安全等主要内容的农业农村法律法规体系基本建立并趋于完善，农业农村治理总体上实现了有法可依。这些法律法规将中央强农惠农富农政策举措和改革成果法定化，稳定和完善了农村基本经营制度，巩固了农业基础地位，为规范、引领和推动"三农"工作提供了根本性、全局性、战略性制度保障，在促进现代农业发展、维护农村和谐稳定、保护农民合法权益等方面发挥了重要作用。如图5-8所示。

图5-8　部分乡村农业法规

2. 以综合执法为重点的农业行政执法体系基本建立

农业执法体系经历了一个执法机构从无到有、执法力量从弱到强、执法范围从小到大的发展历程。据不完全统计，截至2018年，全国有30个省、区、市开展了农业综合执法工作，共成立2458个县级、286个市级农业综合执法机构，县级覆盖率达到99%，初步形成了上下贯通、运行有效的农业综合执法体系。农业执法已经涉及种子、农药、兽药、肥料、饲料、动植物检疫、渔政渔港监督、农机监理、农产品质量安全等二十多个领域，基本实现了农业农村各行业的全覆盖[12]（图5-9）。

图5-9　乡村综合执法检查

3. 以尊法守法为基础的农业农村法治文化日益形成

持之以恒地制定实施农业农村系统普法七个五年规划后，当前阶段，我国已日益健全完善了普法五年规划与年度计划相结合、日常宣传与主题宣传相结合、面向农民与抓好重点对象相结合的工作机制，实现了农业农村普法教育点面结合、突出重点、全面推进[13]。如紧紧围绕"三农"工作全局，谋划和开展了法治宣传教育，推进法治宣传教育工作，更好地服务了农业农村经济发展；推进了农业农村领域依法治理和法治创建活动，使普法宣传始终与法治实践同步推进，提高农业农村系统干部依法行政能力；广泛开展了群众性法治文化活动，采取寓教于乐的形式，使农民群众在法治文化氛围中受到法律知识和法治理念的熏陶，增强了农民群众依法维护权益的意识；通过多种形式的普法宣传活动，传播法律知识，弘扬法治精神，培育法治信仰，推动法治实践，在农业农村系统形成尊法、学法、守法、用法的浓厚氛围，为建设法治乡村营造了良好环境。

三、深入推进乡村法治

目前，我国乡村治理基本做到了有法可依，运用法治思维构建了社会行为有预期、管理过程公开、责任界定明晰的乡村治理制度体系，提高了乡村治理法治化水平。

未来一段时期，深入推进我国乡村法治建设，就要着力加强农村法治建设，推进平安乡镇、平安村庄建设（图5-10），开展突出治安问题专项整治，引导广大农民群众自觉守法、用法，用法律维护自身权益，就要着力进一步建立基本公共法律服务体系，为农民群众提供优质高效的法律服务[14]。

1. 进一步加快乡村法治建设

加快土地制度改革、农业绿色发展、乡村建设治理等领域的立法建设，积极推进乡村振

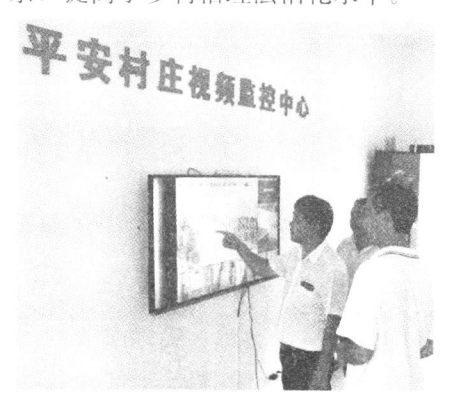

图5-10 平安村庄建设

兴促进法、农村集体经济组织法、农村土地承包法、土地管理法、农产品质量安全法等法律法规的修订，同时加强配套规章制度建设，增强法律法规的及时性、系统性、针对性、有效性。

2. 加大普法宣传力度，引导广大干部群众自觉守法、用法

相较于城市区域，乡村依然是熟人社会，大多遵循熟人社会规律。结合乡村这种特性，在乡村加大普法宣传力度的重点就要针对乡村干部群众知识结构和认知特点，创新乡村法治宣传教育，加强农村法治教育阵地建设，开展专题法治教育培训，组织文艺团队、宣传志愿者深入"法律进乡村"宣传教育，鼓励村民积极参与基层司法、法律监督等法治实践活动，提高乡村基层干部群众的法治意识，使之形成信法守法的行为习惯（图5-11）。要处理好农村中软法与国家法律法规之间的关系，系统梳理和修改完善有关规章制度和行为准则，特别是结合经济转型升级、生态环境整治、实施乡村振兴战略等工作，指导修订村规民约，切实引导广大农民群众的日常行为[15]。

图 5-11　乡村普法专项活动

3. 促进基层政府和基层干部依法行政

县、乡党委政府及有关部门应带头尊法、学法、守法、用法，依法加强对村务治理的指导，对农村各类问题的预防和监管，让广大农民群众感受法律力量、认知法律尊严、增强法律信仰。要强化对乡村基层政府和基层干部的法律约束，依法行使职权，依法依规处理事务，依法加强对村务治理的指导以及对农村各类问题的预防和监管。

4. 降低干部群众用法成本，加快完善乡村法律服务体系

加强农村司法所、法律服务所、人民调解组织建设，推进法律援助进村、法律顾问进村，大幅度地降低干部群众用法成本，引导群众以正当的途径、以法律的手段、以理性的态度，合理合法地解决矛盾纠纷[16]。加快建立健全乡村调解、县市仲裁、司法保障的农村土地承包经营纠纷调处机制。抓好抓实农村公共法律服务站点和志愿点建设，加强对农民的法律援助和司法救助，逐步实现城乡公共法律服务均等化[17]。

5. 推进平安乡村建设，加强农村公共安全治理

实施"派出所建设三年行动计划"，推行"一村一辅警"，不断提升农村治安管理水平。推进平安乡镇、平安村庄建设，开展突出治安问题专项整治，让广大农民群众感受法律力量、认知法律尊严、增强法律信仰。深入开展"扫黑除恶"专项斗争，严厉打击农村黑恶势力、宗族恶势力，严厉打击黄赌毒盗拐骗等违法犯罪行为。依法加大对农村非法宗教活动和境外渗透活动打击力度，依法制止利用宗教干预农村公共事务，持续整治农村乱建庙宇、滥塑宗教造像等乱象。完善县、乡、村三级综治中心功能和运行机制。健全农村公共安全体系，持续开展农村安全隐患治理。加强农村警务、消防、安全生产工作，坚决遏制重特大安全事故。探索以网格化管理为抓手、以现代信息技术为支撑，实现基层服务和管理精细化、精准化[18]。

第三节 培育社会价值,塑造乡村德治秩序

一、乡村德治的地位

德治是健全乡村社会治理体系的重要支撑,在乡村社会治理中具有重要作用。乡村是人情社会、熟人社会,而人情与道德、习俗等相连,善加利用引导便可形成与法治相辅相成的德治。

实际上,德治在我国古代基层治理中有着较为丰富的借鉴资源,所谓"无讼"即是依靠乡土社会的礼治秩序对人们形成规范。进入新时代,我们更要传承弘扬农耕文明的精华,塑造乡村德治秩序,培育弘扬社会主义核心价值观,形成新的社会道德标准,有效整合社会意识,并注重树立宣传新乡贤的典型,用榜样的力量带动村民奋发向上,用美德的感召带动村民和睦相处,提倡推广移风易俗,营造风清气正的淳朴乡风[16]。

培育良好村风民风、丰富村民精神文化,德治也具有重要作用。在此层面,要注重以文树人、以文养德,实施文化惠民工程,可以丰富群众的精神文化生活;建立道德讲堂、文化主题公园、文化礼堂等阵地(图5-12),可以引导人们讲道德、守道德;开展"道德模范""最美家庭"等评选活动,可以发挥身边榜样示范带动作用;发挥乡贤道德感召力量,促进农村社会和谐稳定,培养守望相助、崇德向善的文明乡风。持续推进农村精神文明建设,可以弘扬中华优秀传统文化和文明风尚,依托村规民约等褒扬善行义举、贬斥失德失范,推进乡村移风易俗,唱响主旋律,育成新风尚[19]。

图 5-12 乡村德育讲堂

二、加强乡村德治德育建设

1. 加强乡村思想道德建设

要以社会主义核心价值观为引领,坚持教育引导、实践养成、制度保障三管齐下,采取符合乡村特点的有效方式,深化中国特色社会主义、中国梦、乡村梦宣传教育,大力弘扬民族精神和时代精神。加强爱国主义、集体主义、社会主义教育,深化民族团结进步教育,加强农村思想文化阵地建设。深入实施公民道德建设工程,挖掘农村

传统道德教育资源,推进社会公德、职业道德、家庭美德、个人品德建设。推进诚信建设,强化农民的社会责任意识、规则意识、集体意识、主人翁意识[17]。

2. 传承发展提升乡村优秀传统文化

立足乡村文明,吸取城市文明及外来文化优秀成果,在保护传承的基础上,创造性转化、创新性发展,不断赋予时代内涵、丰富表现形式。既要切实保护好优秀农耕文化遗产,推动优秀农耕文化遗产合理适度利用,也要深入挖掘农耕文化蕴含的优秀思想观念、人文精神、道德规范,充分发挥其在凝聚人心、教化群众、淳化民风中的重要作用。对于传统村落来讲,还要划定乡村建设的历史文化保护线,保护好文物古迹、传统村落、民族村寨、传统建筑、农业遗迹、灌溉工程遗产。同时要支持农村地区优秀戏曲曲艺、少数民族文化、民间文化等非物质文化遗产的传承发展[20](图5-13)。

图5-13 湖南张谷英村——优秀的乡村文化遗产

3. 加强乡村公共文化建设

按照有标准、有网络、有内容、有人才的要求,健全乡村公共文化服务体系。发挥县级公共文化机构辐射作用,推进基层综合性文化服务中心建设,实现乡村两级公共文化服务全覆盖,提升服务效能[21]。深入推进文化惠民,公共文化资源要重点向乡村倾斜,提供更多、更好的农村公共文化产品和服务。支持"三农"题材文艺创作,鼓励文艺工作者不断推出反映农民生产生活尤其是乡村振兴实践的优秀文艺作品,充分展示新时代农村农民的精神面貌。培育挖掘乡土文化、本土人才,开展文化结对帮扶,引导社会各界人士投身乡村文化建设(图5-14)。活跃繁荣农村文化市场,丰富农村文化业态,同时加强农村文化市场监管。

图5-14 乡村文艺

4. 开展移风易俗行动

广泛开展文明村镇、星级文明户、文明家庭等群众性精神文明创建活动。遏制大操大办、低俗婚俗、厚葬薄养、人情攀比等陈规陋习。重点加强无神论宣传教育，丰富农民群众的精神文化生活，坚决抵制信奉邪教等封建迷信活动，深化农村殡葬改革，加强农村科普工作，提高农民科学文化素养。

5. 注重树立、宣传先进典型

坚持正确的价值取向和舆论导向，开展各种模范的评选活动，用榜样的力量带动村民奋发向上，用美德的感召带动村民和睦相处，营造良好的社会氛围，提升人民群众感受美好生活的能力，增强社会的价值认同和凝聚力，推动形成向善向好的社会风尚。

三、自治、法治、德治之间的关系

基层社会的三治模式充分体现了以人为本、系统治理、依法治理、综合治理、源头治理的理念，三者功能作用相辅相成、相互支撑、合力共治。

1. 自治是法治、德治的目标

基层社会自治重点是解决治理的具体形式和载体问题及加强乡村集体治理能力。要正确处理好三治主体之间的内部协同关系，在乡村党组织的全面领导下，增强乡村居民参与能力、议事协商能力、自我服务能力、心理咨询干预能力、信息化应用能力、资源优化能力，村支部和村委会联动与资源优化能力。

2. 法治是自治、德治的保障

基层社会法治重点是解决治理的现实依据和手段问题，加强乡村依法办事能力。要有效发挥社会组织的优势，发挥驻村派出所、乡村公证员、基层法律服务工作者、志愿者的作用，推进覆盖乡村公共法律服务体系建设，提升基层协商能力、乡村矛盾预防能力、乡村矛盾化解能力、利益意愿表达能力。

3. 德治是自治、法治的基础

基层社会德治重点是解决治理主体思想精神层面的素质修养问题，以弘扬中华传统文化为载体。要突出强化乡村文化的引领能力，讲好乡村成员身边的故事，践行社会主义核心价值观，增强居民对乡村的社会文化认同感、归属感、责任感和荣誉感，形成乡村是我家的集体意识，打造乡村文化的凝聚力、影响力和价值推动力[22]。要着力凸显乡贤文化在乡村文化建设、乡村治理中的重要作用，要以"贤"作为乡贤文化的核心，科学阐释和积极培育当代新乡贤观念。

新乡贤文化

乡贤文化是中华优秀传统文化的重要组成部分，具有见贤思齐、崇德向善、诚信友爱等特点。新乡贤是中华优秀传统文化在当代乡土的守护者，是社会主义核心价值观在新农村的倡导者和践行者。习近平总书记强调，"要认真汲取中华优秀传统文化的思想精华和道德精髓，大力弘扬以爱国主义为核心的民族精神和以改革创新为核心的时代精神。

深入挖掘和阐发中华优秀传统文化讲仁爱、重民本、守诚信、崇正义、尚和合、求大同的时代价值，使中华优秀传统文化成为涵养社会主义核心价值观的重要源泉"。在乡村治理与新农村建设进程中，我们应积极发挥新乡贤文化的作用，推进乡村治理水平的不断提升，引领社会主义新农村文化建设，弘扬和践行社会主义核心价值观。

要以"贤"作为乡贤文化的核心，科学阐释和积极培育当代新乡贤观念。"新乡贤"不局限于家世出身、籍贯居所，只要在人文、社会、科技等领域取得突出业绩，且具有一定影响力，愿意为农村、社区建设尽力的人，都可认定为新乡贤。在过去，由于地域信息的封闭性，一个人要在乡里维持地方风习、救助孤寡贫弱、推动地方公益事业，往往要借助自己的经济实力和宗族势力才行。而在今天，便捷的交通、发达的通信，凭借人格魅力、学识修养、名人效应、创意点子，都可以吸引大量资源造福乡里，赢得乡里社区声望。当今，互联网使地域不再是一种限制，乡居成为一种生活方式，很多人主动选择生活在农村，这就打破了传统乡贤多为告老还乡的官宦或终老乡里的士绅这样的人员结构。一个意气风发的大学生"村官"，一个活力四射的回乡创业青年，一个潜心创作的艺术家，还有退休回乡的干部、教师、工人、服务人员等，只要能服务群众，自觉践行社会主义核心价值观，起到引导示范作用，则可不论其身份、官职、教育背景、年资阅历，其影响力甚至超过传统乡贤。只要个人的德行威望与能力成正比，且有热爱乡梓、护佑乡亲的赤子情怀，始终以德为先、以德为上，敢于担当，勇于奉献，就都能归入新乡贤之列。这种观念的革新，摆脱了传统封建等级制度，挣脱了等级制度所伴生的官本位、权力依附、人身依附与宗族依附，在平等、民主、法治的环境下，依托党的基层组织，转变形成一股新的乡贤文化力量[23]。

总体来看，自治、法治加德治的"三治"模式借鉴了新中国成立以来人民当家做主的群众自治实践的有益经验，正确处理了基层社会"三治"之间的协同关系，有利于打造共建、共治、共享的社会治理格局，形成政府调控同社会协调互联、政府行政功能同社会自治功能互补、政府管理力量同社会调节力量互动的新型社会共治模式，是创新基层社会治理的有效途径。当前，我国正处于扎实推进乡村振兴，加快建设美丽乡村发展的关键时期，要更进一步健全乡村"三治"模式，有效发挥"三治"功能，以全面提升我国乡村治理水平。

第四节 创新治理模式，探索乡村智治途径

一、乡村智治的地位

乡村智治，也称乡村智慧治理。乡村智慧治理是指依托于现代化信息技术手段对乡村各项内容进行科学管理，以提高乡村治理水平，使得乡村治理更加智能化、公共服务更加精准化、村民生活更加便捷化[24]。乡村智治是乡村治理体系中的重要内容，

是乡村治理方式的创新与探索，是促进乡村建设现代化的主要模式，是提高乡村自治、法治、德治实施效率的有力举措。

当前，随着信息技术的不断更迭升级，智慧化、智能化已然成为现代化社会的新名片与社会建设发展的新趋势。因此，大家也普遍认为，智慧社会也将成为继农业社会、工业社会、信息社会之后的新社会形态。在此背景下，乡村治理模式理应与时俱进，特别是通过运用智慧技术手段以提高乡村治理的效率，有利于丰富并健全集自治、法治、德治于一体的现有乡村治理体系，探索出乡村数字治理新途径，更好更快地形成共建共治共享的现代化乡村治理新格局。

梳理各类乡村智慧治理的具体实践案例可知，乡村社会治理中的智慧治理源于村务公开的需要，用创新的思路和办法解决存在的村务公开、村民参与难题，推进乡村善治。乡村智慧治理基于当今科技手段和技术条件，先进的智能设备为乡村社会治理中智慧治理创造了技术基础，网络时代的到来为乡村智慧治理、乡村数字治理体系的实现奠定了基础[24]。乡村智慧治理的推动实施有利于推动乡村内生发展，打造形成多样化的智慧乡村，从而促进农业农村高质量发展，实现乡村振兴。

智慧乡村——苏州高新区（虎丘区）通安镇树山村

树山村是全国文明村、国家级生态村、全国农业旅游示范点。近年来，树山村加快乡村数字化建设，初步构建了以效益为导向、以数据为基础、以数字赋能旅游为着力点、以智慧共享为落脚点的智慧农村建设"树山"模式。

树山智慧农村以数据为核心，构建了从数据采集、归集、汇聚、共享、开放到应用的全生命周期的乡村数据平台和数字治理框架。如通过三维管理平台实现房屋、土地和人口数据互通，展示村内基础数据，根据属性标记不同房屋，实现以人找房，以人找地，以房查人。结合出租房管理系统管理外来人口，助力新冠肺炎疫情防控。三维数据采集平台如图5-15所示。

图5-15 三维数据采集平台

智慧乡村（树山）系统完成了与"E阳光"村务公开系统对接，实现了党务、村务、财务等公开信息的共享；完成了与苏高新党建智慧管理服务平台对接，实现了党员信息、党员事迹、支部活动等信息的共享；完成了与苏州高新区行政审批中心数据库对接，获取了便民服务事项信息。

建设公共服务平台，实现信息公开、村务互动等信息的集成化管理。建设网上办事处，办事流程全程公开，便于村民办事，同时为村民提供参事、议事通道。网上党员活动室展现村内党员的先锋事迹和支部动态，对外传递正能量。"乡村云物业"为村民提供物业服务体系，包含通知、报修、绿化与保洁服务、出租房管理、装修管理、投诉建议等功能，大大提高了乡村治理的速度和效率。"乡村云物业"服务平台如图5-16所示。

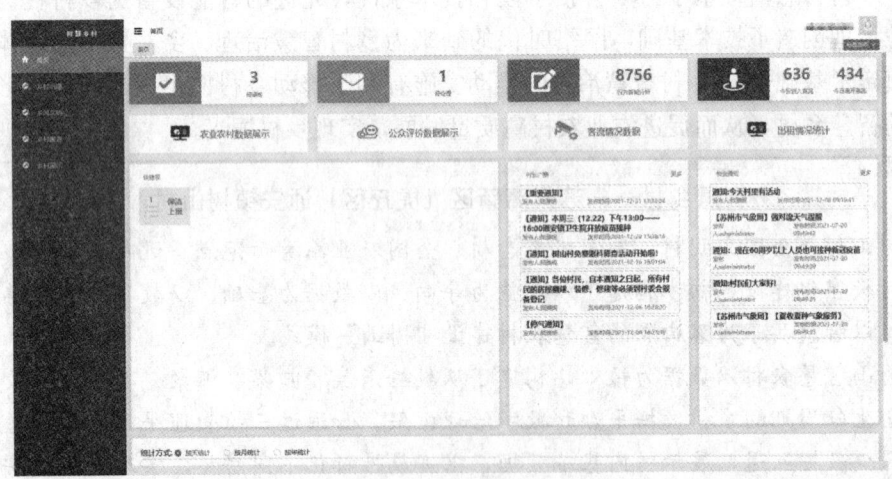

图5-16　"乡村云物业"服务平台

二、乡村智治的特点

1. 借助现代信息技术实现乡村治理手段智慧化

乡村智慧治理的基础是智慧基础设施，即现代信息技术设施，主要可分为以智能设备为代表的硬件设备与以大数据为代表的信息资源两项。智能设备包括能够感知划定范围内特定内容的感知设备与能够输送相关信息的传感器网络设备等。感知设备主要用于识别、监控乡村内各项基础设施、环境状况变化，将所识别、监控的画面转换成数据信息通过传感器网络设备输送至终端设备进行存储，以供乡村建设人员依据数据对乡村变化进行分析与管理。

信息资源是指通过网络、智能设备等工具采集到的以人为中心的用户行为信息、用户业务活动信息和用户社交信息等数据资源。信息资源是乡村智慧治理中进行大数据分析的基础，包括：（1）地图投影兴趣点数据，是乡村各功能单元的基本信息，最基本的空间数据；（2）GPS数据，是指安装有GPS接收芯片的移动设备，可以收集乡村中人、车等流动物体活动信息；(3) LBS 位置服务数据，即通过 LBS 应用所收集到的数据，具有明确的地理位置坐标并兼具传统 WEB 服务的语义特性；(4) 视频监控数据，即视频监控设备所采集的海量视频数据；(5) 交互性数据，农户在网络上进行的交互评价和互动信息，反映人们的价值偏好和对所使用的服务的印象[25]。阿党镇葡萄寨智慧联防视频监控如图 5-17 所示。

图 5-17 阿党镇葡萄寨智慧联防视频监控

2. 构建智慧治理平台实现乡村治理过程便捷化

智慧治理平台主要依据村民生产、生活两方面的需求进行构建，依据"网格化＋信息化"的建设思路，应用地理信息技术，将居民房屋、重点人群、重点区域等基础信息，以"多图层地图叠加"的模式，实现"一张图"的乡村治理综合管理。并应用视频处理技术、事件流处理技术和 APP 等技术，实现视频资源和网格资源的多元整合，通过"基础数据＋动态数据"的大数据分析技术，构建社会治理大数据应用，有效地为乡村治理工作提供强有力的业务和技术支撑。智慧治理平台包括但不限于村民基本信息数据板块、教育技术板块、基层自治板块、智慧农业板块、智慧监控板块等。

村民基本信息数据板块：主要记录村民房屋位置、户口信息、家庭收入、家庭成员及受教育程度、就业情况等信息，有利于管理者清晰、动态了解乡村居民人口变化状态，是乡村智慧治理的基本环节与内容。

教育技术板块：主要用来公布农业种植技术、各种相关技能学习地点与培训方式等信息，为有需要的村民进行培训。公布村内外优秀事例与优秀村民，宣传身边正能量。

基层自治板块：通过公众号、网站、沟通软件等设施完善村民自治体系，实现村内部事务、相关政策法规、通知公告等信息功能及时传达、共享，实现信息公开透明化；通过建设公共服务平台，健全线上线下办事流程，为村民提供便捷的办事、申述、提议等渠道。

智慧农业板块：负责对村内农作物的种植程度、市场买卖信息、农作物产量情况、作物病虫害及治理等信息进行管理，并对村内主要的农作物播种与生长情况进行视频监控等。

智慧监控板块：负责对乡村各区域进行监控，保障乡村居民生活安全；同时监控乡村环境污染程度与卫生保护程度，并及时进行预警、反馈。莫干山镇（度假区）综合治理智慧平台如图5-18所示。

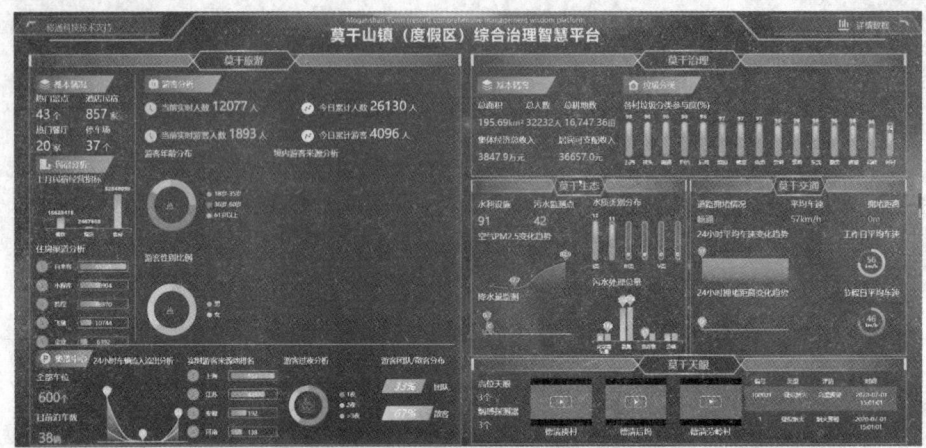

图5-18　莫干山镇（度假区）综合治理智慧平台

3. 通过政府积极引导实现智慧治理主体多元化

乡村智慧治理涉及到政府、企业、村民等多方利益，强调在发挥政府职能的同时，将建设中心由以政府为中心转向以村民、企业为中心，政府依托智慧治理平台实行简政放权，村民、企业、公益组织等主体通过公共服务平台、村务公开系统等平台所公布的相关信息，积极主动对接、整合乡村资源，发展乡村旅游，打开乡村农作物市场，促进乡村现代农业发展。

一方面，政府积极鼓励和引导社会资本参与智慧乡村建设，吸引旅游开发商、房地产开发商、农业相关企业、互联网技术团队、软件设备供应商等企业在乡村进行办公，为智慧治理提供资金、技术支撑。

另一方面，乡村智慧治理强调乡村共建共治共享，政府通过公共服务平台将乡村中存在的问题或决策进行公示，通过积累积分形式呼吁村民集体参与解决自己身边问题，为问题或决策建言献策，对乡村中不文明、违法现象进行监督举报，减少"人情社会"所导致的乡村治理不善问题，积极调动和激发村民参与乡村治理的积极性，发挥其主体作用。乡村多元主体智慧治理模式如图5-19所示。

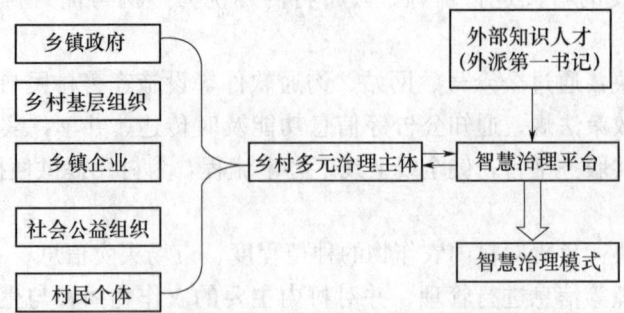

图5-19　乡村多元主体智慧治理模式

三、提高乡村智治水平

乡村智慧治理不仅仅是指依靠现代信息技术，运用智能设备进行数字化治理，还指在乡村治理过程中根据具体乡情，选择适合本乡村发展的治理方法与路径，尽可能做到决策合理化、科学化、实用化、智慧化。基于此，提高乡村智慧治理水平主要可从硬件设施与参与者两方面进行。

1. 完善智治工具箱，优化智治平台

随着互联网技术的发展，虽然智能设备在日常生活中已较为常见，但是在乡村治理中使用却相对不足，大部分乡村治理方式依旧为线下的村民议事会、村民代表大会等，其方式多受时间与空间的限制，特别在新冠肺炎疫情的影响下，该弊端愈加明显，村民实际参与率较低，缺乏反馈建议等有效渠道。而构建一个可行、便捷、及时、灵活、透明的智慧治理平台有利于提升乡村治理效率。

基于"互联网＋"技术思维，充分利用大数据、云计算、人工智能、区块链等技术手段，完善智慧治理流程，建立包括信息采集与数据录入、数据的安全传输、信息整合与分类存储、数据的深度挖掘与分析、数据输出与信息共享在内的系统化处理流程[25]，并基于智能化技术手段搭建乡村智慧治理平台。乡村智慧治理平台内容的构建应与时俱进，依据各乡村建设实际要求创建、优化相应的模块内容，在满足不同主体的基本参与需求下，对不同参与主体设置不同的访问权限。乡村智慧治理平台应包括村情监管、公共服务、政务公开、决策支持、互动交流 5 项基本功能。乡村智慧治理数据信息处理流程如图 5-20 所示。

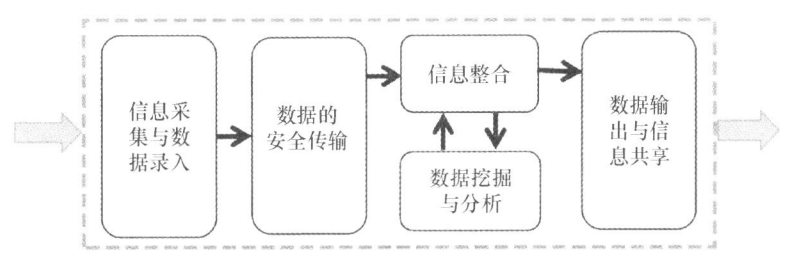

图 5-20 乡村智慧治理数据信息处理流程

村情监管主要用于通过智能监控设备实时监管、分析乡村内环境、秩序以及舆情变化情况；公共服务主要面向不同参与主体提供相应的需求服务，包括但不限于为村民行使监督权、选举权，企业纳税、申报提供便捷通道；政务公开主要面向乡镇政府、村委会等主要管理者公布相关政策文件，促进乡村治理透明公开化；决策支持主要基于智能设备将所收集整理的相关数据资源，如农作物买卖数据、产量、公共服务设施数量等数据进行统计分析，反映当前村内治理过程中的情况及趋势，为相关人员提供决策依据；互动交流则是为不同主体提供参政议政的渠道，促进乡村治理主体多元化，满足共治共建共享的乡村治理要求。乡村智慧治理平台基本功能如图 5-21 所示。

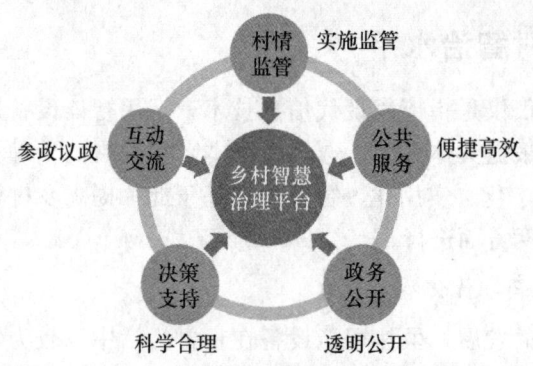

图 5-21　乡村智慧治理平台基本功能

2. 强化基层组织建设，引导多元主体共治

加强基层政权建设，要坚持党组织领导的自治、法治、德治相结合的乡村治理体系，村级重要事项、重大问题由村党组织研究讨论，进一步完善基层群众自治制度、村民代表大会制度，建立基层自治监督机制，形成乡村治理与经济社会协同发展的机制。通过吸纳广大群众、社会组织和社会力量积极投身乡村公共管理和服务的方式，着力突出村民在乡村治理中的主体地位，实现政府治理、社会调节、乡村居民自治的良性互动，推动构建共建共治共享的乡村治理格局。

政府是促进多主体乡村智慧治理的推动者，也是实行过程中的指导者和监管者。政府不仅需要立足于乡村发展情况与利益，制定切实可行的治理方案，解决乡村治理过程中的问题，管理智慧治理平台，更应主动推进政务信息公开，积极动员社会组织和村民参与乡村治理，并提供必要的支持。

村民在乡村智慧治理中既是参与者也是管理者。乡村智慧治理平台为村民参与乡村治理提供了更为便捷的途径。通过乡村智慧治理平台，村民在乡村治理中可以从单向参与转化为双向互动，充分发挥其参政议政的权利与义务。村民可以不受时间、地点、人员数量的限制，及时向村组、乡镇等报送安全隐患、矛盾纠纷信息，提出合理村务建议，表达正当、合法利益诉求，监督乡村组织和干部，真正推动乡村社会治理的全民参与。

经济组织与其他组织也是乡村智慧治理中重要的参与者与投入者。经济组织者包括但不限于农村合作社、乡贤、专业农场、乡村企业等，是乡村建设的重要资金、市场来源；其他组织包括但不限于乡贤会、公益性组织等。随着乡村振兴和农业农村现代化建设的深入推进，越来越多的人才、企业投入到乡村建设中，成为乡村建设主体之一，为乡村经济、文化、管理组织等方面的治理建言献策。乡村智慧治理多元主体间的联系图如图 5-22 所示。

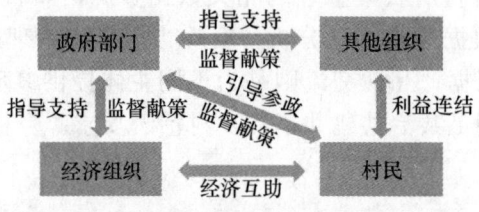

图 5-22　乡村智慧治理多元主体间的联系图

思考题

1. 为什么要构建村民自治管理体系？
2. 请结合实际，简述村民自治实现的影响因素。
3. 浙江桐乡的"一约两会三团"是指什么？有什么特点？
4. 如何深入推进乡村法治建设？
5. 怎样加强乡村德治德育建设？
6. 如何正确理解自治、法治、德治之间的关系？
7. 请简述乡村智治的特点。
8. 如何提高乡村智治水平？

参考文献

[1] 中共中央国务院关于深入推进农业供给侧结构性改革加快培育农业农村发展新动能的若干意见[N]．人民日报，2017-02-06（001）．

[2] 韩洪涛，高娟．试论新常态下的社会治理创新[J]．学习论坛，2015，31（7）：12-14．

[3] 符青峰．欠发达地区乡村振兴战略背景下的农村空置房处置思考——以大河坝镇桃子桠村为例[J]．知行铜仁，2018（3）：30-33．

[4] 郑应平，邵会廷，潘登．中国农村选举研究的现状与展望[J]．经济研究导刊，2010（31）：66-69．

[5] 关振国．中国村民自治视阈下的协商民主研究[D]．长春：吉林大学，2016．

[6] 彭澎．经济社会转型期农村基层治理变革之宪政研究[D]．长沙：湖南大学，2012．

[7] 马良灿．中国乡村社会治理的四次转型[J]．学习与探索，2014（9）：45-50．

[8] 赵戊辰．基层社会组织参与乡村治理模式研究[D]．舟山：浙江海洋大学，2016．

[9] 戴军．新时代农民负担监管工作要有新思维新方式[J]．农村经营管理，2018（7）：20-22．

[10] 应丽斋，杨秀娟，杨薇．
"三治合一"：桐乡的治道变革[J]．浙江人大，2016（8）：34-37．

[11] 张宁蓉．提升引领能力促进乡村善治的路径思考[J]．农村经济与科技，2018，29（12）：200＋202．

[12] 张天佐．做好新形势下农业法治工作[J]．理论视野，2017（7）：58-60．

[13] 吴爱英．坚持以习近平总书记重要指示精神为指导 科学谋划深入推进司法行政工作改革发展[J]．中国司法，2014（8）：6-15．

[14] 韩长赋．大力实施乡村振兴战略[J]．中国农技推广，2017，33（12）：69-71．

[15] 李后强．以"区块链"思维创新乡村治理方式[J]．当代县域经济，2018（6）：11-17．

[16] 尚东红.深入领会乡村振兴"五句话"内涵 [J].社会主义论坛,2018 (7):48-49.

[17] 中共中央国务院关于实施乡村振兴战略的意见 [J].理论参考,2018 (4):4-15.

[18] 祝卫东,张征,刘洋,等.统筹推进乡村全面振兴 [J].中国农民合作社,2018 (5):9-10.

[19] 姚思远,张文政.陇南市农村社区建设问题研究 [J].河南农业,2018 (11):73-74.

[20] 冯柯,王美达,吴存华.文化引领的美丽乡村建设研究——以秦皇岛市北戴河村艺术村落为例 [J].城市发展研究,2018,25 (7):128-133.

[21] 杨仪青.城乡融合视域下我国实现乡村振兴的路径选择 [J].现代经济探讨,2018 (6):101-106.

[22] 周天勇,卢跃东.构建"德治、法治、自治"的基层社会治理体系 [J].西部大开发,2014 (9):76-78.

[23] 张永军,王菲菲.新农村呼唤新乡贤 [J].西部大开发,2016 (6):32-36.

[24] 高其才.以智慧治理助推乡村"善治"目标实现 [J].国家治理,2019 (19):29-33.

[25] 文雷,王欣乐.国家治理现代化视域下乡村智慧治理体系构建与实现路径 [J].陕西师范大学学报(哲学社会科学版),2021,50 (02):72-81.

第六章　乡村振兴人才队伍建设

乡村振兴的关键是人才振兴。党的"十九大"以来，习近平总书记多次论述实施乡村振兴战略，强调推动乡村产业振兴、人才振兴、文化振兴、生态振兴和组织振兴。农村经济社会发展，归根到底，关键在人。人才振兴是乡村振兴的关键因素。习近平总书记同时指出："要推动乡村人才振兴，把人力资本开发放在首要位置，强化乡村振兴人才支撑，激励各类人才在农村广阔天地大施所能、大展才华、大显身手，打造一支强大的乡村振兴人才队伍，在乡村形成人才、土地、资金、产业汇聚的良性循环。"只有推进人才振兴，才能有序进行产业发展、文化建设、生态建设、组织建设等，才能有效推进农村各项改革，才能真正实现乡村全面振兴的目标[1]。

本章为乡村治理篇的第六章，主要分析了当前乡村人才现状和面临的困境，提出了人才振兴机制构建思路，在此基础上进一步提出了促进乡村人才振兴的相关措施，以求在新的战略机遇期有效促进乡村人才的繁荣，推动乡村人才振兴战略目标的落实。

第一节　乡村人才队伍现状与困境

近年来，随着我国经济社会的快速发展，乡村人才队伍建设成效显著，乡村人力资源和人才素质均有了一定的提高。但是，与全面推进乡村振兴的人才需求相比，现阶段我国乡村人才队伍的素质、结构、效能等仍和城镇存在较大的差距，已经成为全面推进乡村振兴的一个明显短板。

一、乡村人力资源发展现状

整体来看，当前我国乡村人力资源数量大，但整体素质偏低。近年来，随着城镇化进程的加快，乡村人口逐年减少。国家统计局的数据显示，乡村人口从2010年的67113万人减少到2017年的57661万人；从乡村人口占全国人口比重看，从2010年的50.04%下降到2017年的41.48%。从乡村就业人口数来看，截至2016年年底，就业人数为35178万人，占乡村总人口的61%。我国乡村人力资源是以其庞大的人口资源为基础，尽管乡村人口逐年减少，但乡村人力资源数量依然巨大。

然而，在诸多方面乡村与城市相比仍有较大的差距，如城乡二元结构体制差异明显、乡村教育供给长期不足、农村义务教育投资水平较低、农村义务教育的生均仪器设备值和教学设施等办学条件较差等，这种从起点、过程的差距逐渐转为教育质量和升学机会等结果的差距，最终造成乡村劳动力受教育年限较短，人力资源整体文化素质偏低。据2016年第三次农业普查数据显示（图6-1），在全国农业生产经营人员中，小学及以下文化程度的占44%；初中文化程度的占48%；高中或中专文化程度的为7%；大专及以上的为1%；农业生产经营人员只有初中及以下文化程度占比高达92%。西部和东北地区接受高中及以上教育的农业从业人员比重不超过7%。由此可见，我国乡村人力整体素质偏低，难以满足乡村振兴所需要的智力支持。

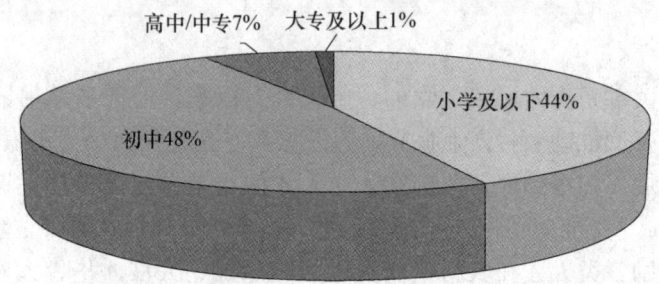

图6-1　2016年全国农业经营人员文化程度占比

二、当前乡村人才队伍发展困境

近年来，我国不断加强乡村人才队伍培养力度，在乡村实用人才、新型职业农民、大学生村官等方面取得了阶段性成果。但从总体上看，我国农业农村人才仍面临总量不足、质量欠佳、结构不合理、培养模式不完善等问题，农业农村人才发展依然不平衡、不充分。客观来讲，农业农村人才瓶颈已成为影响乡村振兴的主要障碍。

1. 农业农村人才总量不足

一是人才存量不足。农业农村经济发展对于人才的需求越来越大，当前培养规模及较长的培养周期难以满足持续增长的人才需求，造成我国农业农村人才总量不足的问题越发突出。农业部调查数据显示，2016年年末全国乡村实用人才总量接近1900万人，占乡村就业人员总数的比例不足5%[2]。

二是后备力量不足。城市化进程、高校扩招等原因让农村人有了更多的选择机会，乡村劳动力特别是青壮年不断流向发达城市，农业农村人才向非农领域流失现象严重，农业农村后备人才不足。2015年年底，我国新型职业农民总数约为1272万人，其中41～50岁新型职业农民人数占总数四成以上，而35岁及以下的新型职业农民人数只占总数的17.1%[3]。

三是乡村人口流失严重。由于城乡的公共设施和公共服务投入存在较大差距，乡村的农业生产发展和农村经济发展程度大大低于城市。城乡经济社会发展客观存在势差，城市资源集聚，拥有比较完善的公共设施、配套服务和更多发展机会，因而人才从乡村向城市集聚的态势依然。大批有文化、懂技术、会经营的中青年农民纷纷进城务工，使乡村人口呈现出"妇女化""儿童化""老龄化"和"空心化"现象。《2017年农民工监测调查报告》数据显示，2017年农民工总量达到28652万人，农民工平均年龄为39.7岁，从年龄结构看，40岁及以下农民工所占比重为52.4%[4]。乡村中青年人力资源流失严重，造成乡村发展的后备力量不足，乡村人才严重短缺，成为制约乡村振兴的主要因素。

2. 农业农村人才队伍结构不合理

农业农村人才队伍结构不合理主要体现在结构不科学和分布不均衡两个方面。首先，结构不科学主要表现为农业农村人才梯队存在断层，即高层次、高素质人才普遍短缺，中级、初级专业技术人才相对数量较多；传统学科人才较多，新兴学科人才较少；单一生产型、技术型人才较多，集生产、技术、经营和管理为一体的复合型、创新型人才数量较少。从新型职业农民受教育程度分析，呈总体文化程度不高、以初中文化程度为主的特征。在2015年农村实用人才队伍中，农民高级技师只占总量的0.2%，有90.51%的实用人才没有评定职称。

其次，分布不均衡主要体现在东部地区及大中城市农业农村人才资源相对丰富、素质较高，中西部地区人才资源较少。在全国乡村实用人才区域分布方面，2015年年底东部地区农村实用人才较总数占比约为46.9%，中部地区占比为26.3%，西部地区占比为26.8%。同时，从事农业科研开发、技术推广和经营管理的高层次农业农村人才主要集中于行政机关、事业单位、企业或高校，这类人才在乡村基层极度缺乏。

3. 乡村创业环境和人才培养欠缺

目前我国乡村道路、水电和网络等基础设施以及教育、就业、医疗和卫生等公共服务不完善，人才薪酬待遇和职称晋升等政策措施向乡村倾斜力度不够，以能力和业绩为导向的乡村人才分类评价机制不完善，受主观和客观等多方面因素的制约，人才、技术、管理下乡通道不顺畅。

农业农村人才的培育能力欠缺，表现在培养投入不足、力度不够。数据显示，参加农业技术推广、农业广播电视学校和农业职业学校等渠道培养的农业农村人才数量仅为17.7%。农业农村人才培育工作繁杂，需要人力、物力、财力等多方面持续性投入。2016年，中央财政用于加快培育新型职业农民的投入增加至13.9亿元，但仍有较大缺口，部分地区对财政资金的使用效率较低[3]。

同时，教育目标和价值取向偏失，在我国教育特别是乡村教育中存在不同程度的"离农"倾向，培养出来的学生对农业农村农民越来越陌生、嫌弃，而更向往城市生活，高校特别是农业高校的人才培养与农业农村现代化和乡村振兴的需求相脱节，缺少到乡村基层的实践锻炼。一方面，升学无望的初、高中毕业生都单向输入城市或经济发达地区；另一方面，高等院校特别是高等农业院校的毕业生又"下不去""用不上""留不住"，在很大程度上加剧了乡村人才短缺，这也成为新时期加强新农科教育的重要因素之一。

三、乡村人才振兴的必要性

1. 乡村人才振兴是缓解农村空心化问题的必然要求

在快速推进的工业化、城镇化进程中，中国部分的乡村空心化不可避免，但是当前大量的农民虽然转移就业，然而并未真正融入城市，没有真正成为市民，所以乡村在一定程度上出现的是暂时的空心化，而并非真正的空心化，但即使是大量的暂时性空心化现象，也已经对乡村发展造成了较大的影响，导致产业、文化的相对衰落以及资源闲置等问题，是乡村发展不充分的重要原因之一。引导未融入城市的部分农民工返乡创业，盘活农村资源，促进乡村发展，是乡村振兴的重要支撑。

2. 乡村人才振兴是解决谁来种地问题的必然要求

与大规模优质农村劳务力转移就业相对应，农业生产经营的主体已经转换成为以留守老人、妇女为主。农民兼业化趋势日益明显，这种现象在较大程度上导致农业生产经营以粗放经营为主，对农业的投入意愿降低，短期行为普遍。由于中国农业人口的减少是一个缓慢的过程，即使在新型农业经营主体蓬勃发展的今天，仍然有大规模的小农生产存在，谁来种地、谁来养猪依然在较长的时间内会成为农业发展的关键性问题。因此，加快人才向农村流动，是解决谁来种地问题的当务之急。

3. 乡村人才振兴是促进城乡要素双向流动的必然要求

应该说，具有能动性的人是众多要素中最关键、最具带动力的要素。在长期以来的城镇化进程中，农村要素向城市的单向流动，使农村成为城镇化的牺牲品，这是农村发展的不可承受之痛。而其中最重要的仍然是农村优质人力资源单向向城市输出，和由此带动的其他要素的单向输出。要解决这一问题，促进城乡融合发展，就必然要从人这一关键要素着手，只有促进人力资源的城乡双向流动，才能从根本上促进其他要素的城乡双向流动。因此，从这个层面上讲，强化乡村振兴人才支撑，是促进城乡要素双向流动的最大动力。

第二节 乡村人才振兴的机制构建

推动乡村人才振兴，需要坚持政府引导与市场推动相结合，人才服务与智力服务相结合的原则，构建内生性与强制性相结合的制度体系，探索创新型人才服务乡村的多元模式，并在此基础上，构建系统有效的激励机制。

一、构建人才服务乡村的激励机制

首先，应着力健全乡村人才职称评审与评价激励机制。要遵循乡村人才的职业特点和成长规律，注重根据不同职业、专业、岗位的差别，探索建立以产业发展贡献为导向的分层分类评价标准。引导乡村人才进行接地气的研究，把论文写在大地上，把科研成果应用在乡村振兴的伟大事业中，在服务乡村振兴中实现自我价值。

其次，应制定约束性、激励性、考核性措施相结合的专业人才、党政人才下乡服务的政策。对于企事业单位专业人才下乡服务，与职称评定、工资、津（补）贴、社会保障等相挂钩，支持离岗创业、兼职兼薪；对于党政干部、公职人员下乡任职，与干部交流、职务晋升、工资套改、体检休假等相挂钩，尤其注重在同等条件下优先提拔在基层一线和困难艰苦地区锻炼成长的干部。

二、构建乡村创新人才培育与引进机制

首先，要建立自主培养与人才引进相结合，学历教育、技能培训、实践锻炼等多种方式并举的乡村人力资源开发机制。建立城乡、区域、校地之间人才培养合作与交流机制。全面建立城市医生、教师和科技文化人员等定期服务乡村机制，研究制定鼓励城市专业人才参与乡村振兴的政策[5]。按照不求所有、但求所用的原则，引导智力下乡，鼓励各类企事业单位和社会各界人才为乡村发展提供有针对性的技术服务、培训服务、咨询服务、产品流通服务等。政府应根据不同服务主体及其服务方式、服务成效实行不同的激励政策。

其次，健全培育机制，着力培育一批新型职业农民和新型人才。大力发展乡村教育事业，明确乡村教育目标定位和价值取向。切实扭转"离农"乡村教育倾向，倡导知农、为农、爱农教育，着力培养和努力增强学生对农业、农村、农民的情感。乡村教育既要为城市和非农产业培养输送人才，又要注重培养学生回馈农业、建设农村、感恩农民的情怀，进而承担起培养发展农业、建设农村的优秀人才的重任。

最后，积极发展高等农业教育。积极按照教育部乡村振兴人才行动计划，发挥农业高校和学科自身优势，培养更多的高素质农科人才，为乡村振兴提供人才保障与智力支持。可开展的工作主要有：要完善农科生政策，在农业院校农科类专业中开展农科生专项培养，实施招收农科生优惠政策，规定在乡村或农业企业的服务期限，以吸引更多学生报考农业院校农科类专业，培养高素质农科专业人才；要优化学科专业结构，农业院校要紧紧围绕实施乡村人才振兴战略的要求，进一步优化学科专业结构，修订涉农专业人才培养方案，完善课程体系，主动参与高校毕业生基层成长计划，加强大学生到乡村基层实践实习，培养一批有技术、懂农业、爱农村、爱农民的农科专业人才；要完善协同培养模式，农业院校依托自身学科优势，紧密结合乡村产业振兴要求，积极推进校地、校企等多种形式合作，构建以协同创新为特征的产学研用组织模式，以此带动农业科研人才队伍整体实力提升。

以乡村规划教材为主线，培养乡村建设人才

《乡村规划原理》：主编李京生，2019年2月由中国建筑工业出版社出版，入选高等学校城乡规划学科专业评估委员会推荐教材。教材分三篇讲述了乡村规划的基本知识、乡村规划的构成和乡村规划的编制；详细阐述了乡村与乡村发展，乡村空间的解读，乡村规划的理论与历史，乡村的产业与乡村的类型，乡村居住与选址，乡村公共空间与设施配置，乡村遗产保护，乡村规划的定位与法规，以及乡村规划的编制方法。

《生态乡村规划》：主编赵先超、鲁婵，2018年6月由中国建材工业出版社出版，为普通高等院校"十三五"规划教材。该教材由湖南工业大学美丽乡村建设与发展研究中心组织专家团队编写而成，教材第一章至第三章回顾了乡村的概念与乡村划分，提出了生态乡村规划的学科支撑与理论基础，简述了生态乡村规划及发展历程，介绍了生态乡村规划的方法和程序；第四章至第十章重点围绕生态乡村战略规划、产业布局与发展规划、居民点布局与节地控制规划、景观规划、基础设施与公共服务设施规划、环境规划、旅游规划等主题逐一介绍了生态乡村规划的主要专题规划内容；第十一章

围绕生态乡村规划的编制依据、成果形式与要求、"多规合一"对生态乡村规划编制的"新"要求、"乡村振兴"对生态乡村规划实施的"新"要求、生态乡村规划建设模式等进行了阐述。

《乡村规划与设计》：主编陈前虎，2018年7月由中国建筑工业出版社出版，为高校城乡规划专业规划推荐教材。教材主要内容包括乡村与乡村发展、乡村规划与设计概述、乡村调查与分析、村域规划、居民点规划、村庄设计等。

三、构建城乡一体与城乡互助服务机制

第一，进一步深化户籍制度改革，着力推进城乡公共服务均等化，加快剥离依附在户籍上的福利，着力构建城乡标准统一、有效衔接和转移方便的社会保障、教育、就业等公共服务制度，为城乡人才双向流动提供制度支撑。

第二，加强城市人才下乡相关保障制度建设。根据城市人才在农村居住时间与创业创新情况，探索保障参与自治、住房使用、土地流转经营及相关公共服务权益的制度安排。

第三，提高城市人才服务乡村的针对性。借鉴区域对口扶贫的经验，倡导构建起城市与乡村之间、区域与区域之间的人才对口服务机制，双方政府构建起相应的协作机制、人才下乡创业服务的保障机制，使人才服务乡村的目的明确、工作条件有保障（图6-2）。

图6-2 乡村发展要树立人才意识

四、优化乡村创新创业环境体制

第一，制定人才振兴规划。注重将乡村人才规划与乡村发展规划、建设规划、治理规划同步规划，注重多规合一，并将项目、资金与人才捆绑，确保项目、资金、人才同步落地，同步实施，实现项目链、资金链、人才链的无缝对接和深度融合。要针

对各类人才特点，在政策上予以精准扶持。

第二，完善回乡创业制度。为解除回乡下乡人才后顾之忧，更好地吸引城市企业家、干部、科研技术人员、城市居民和回乡创业者到乡村创新创业，应进一步完善城乡通用的就业、教育、医疗和养老等公共服务制度，逐步实现城乡基本公共服务均等化，保证各类人才创新创业、乐业。整理农村闲置宅基地后新增的耕地和建设用地指标，重点用于鼓励和支持乡村人才创业创新。

第三，健全人才激励机制。结合农村集体产权制度改革，把集体经济股权作为吸引、留住人才的激励机制，允许农村留乡人才、返乡人才、下乡人才持有股份，以改革的红利增强人才下乡的动力。

第四，完善创业扶持政策。鼓励和吸引返乡、下乡人员以入股、合作、租赁、协作的方式，开发闲置农房发展乡村旅游、休闲民宿、文化创意、农村养老或经营性活动。以适当的政策机制动员全社会参与推进乡村振兴战略实施，吸引支持专业技术人才利用自身专业优势，推进农村现代化建设。同时要在市场准入、财政税收、金融服务、用地用电、教育培训、社会保障等方面给予政策上的高度支持。

《湖南省乡村人才振兴行动计划（2018—2022年）》

一是实施农业高端人才引培计划

围绕吸引农业高端人才，重点加强引进农业科技领军人才、农业优势特色产业创新团队的支持手段和力度，支持企业发挥培养引进人才的主体作用。比如，对依托重点实验室、农业科技园区、战略性新兴产业企业引进的海内外农业科技领军人才，给予50万～100万元一次性补助。聘任农业领域芙蓉学者特聘教授、讲座教授、青年学者，按聘期每人每年资助10万～20万元。

围绕产业链、价值链、创新链，布局人才链，以粮食、油料、棉麻丝、茶叶等十大特色产业链为重点，每年引进10个国内外农业顶尖人才创新团队。对依托顶尖人才创新团队开展农业科技成果转化、产业化投资项目和创新创业技术投资项目，按"一事一议"方式，给予最高200万元人才津贴，打造具有国际影响力的农业创新创业团队。

二是实施乡村人才队伍提升计划

围绕解决乡村人才资源短缺问题，培育好乡村本土人才，重点培育：新型职业农民队伍、基层农技推广和农村经营管理队伍、农村技能人才队伍、农村社会事业人才队伍、农村基层党组织人才队伍。

《湖南省乡村人才振兴行动计划》（以下简称《行动计划》）提出，实施新型职业农民培育工程，建立健全以"教育培训、认定管理、定向扶持"为主要内容的新型职业农民培育服务体系。开展新型职业农民（林农）职称评定试点。构建"政府主导+专门机构+多方资源+市场主体"的农民教育培训体系，重点打造14个新型职业农民培育教育示范基地，每年培育认定新型职业农民10万人以上。启动实施"千名优秀农民境外培训计划"，组织新型农业经营主体带头人或骨干赴境外培训。

实施基层农技推广人才定向培养计划，每年公费培养农技特岗人员500名。建立乡镇农村经营管理人员专项编制，实行"实名编制、人走编收"，打造一支适应农村改革发展需要的基层经营管理人才队伍。探索制定"乡村工匠"评价办法，建立"乡村工匠"认定发证制度，每年培育1000名以上有一技之长、带动能力强的"土专家""田秀才"。加强"农村订单定向医学生"和基层卫生人才本土化免费培养等工作，毕业后由县级编制管理、人社和卫生健康部门落实编制和岗位聘用。选优配强村党组织带头人，持续加大优秀年轻干部培养力度，确保每村配备1~2名优秀年轻干部。

三是实施支农助农人才聚力计划

通过引导科技人才上山下乡，引导城市专业人才服务乡村，引导青年人才回乡下乡创业创新，引导第一书记更好地发挥"一线尖兵"作用，形成支持乡村振兴的人才合力。

《行动计划》提到，依托科技专家服务团队，引领带动1万名左右科技人员服务农业农村发展，每个科技专家服务团队每年支持20万元。推进义务教育学校教师"县管校聘"改革，建立健全县域内义务教育学校校长、教师交流轮岗制度。依托县域医共体，推进基层卫生人员"县管乡用、乡管村用"。支持企业家、党政干部、专家学者、规划师、建筑师、律师、技能人才、乡村旅游人才等，通过下乡担任志愿者、投资兴业、捐资捐物、法律服务等方式服务乡村振兴事业。

每年乡镇级公务员招录中，专门面向村（社区）党组织书记、村（居）委员会主任设置职位，原则上不低于考录职位总数的2%。对取得执业（助理）医师资格、中级及以上职称、全日制医学本科及以上学历的，可由县级人社、卫生健康部门采取直接考核或面试方式招聘到基层医疗卫生机构，并由同级编制管理部门落实编制。

四是实施人才发展环境创优计划

《行动计划》重点从人力资源开发、基层人才选拔、基层人才评价、人才激励、人才服务保障等方面，创新体制机制，激发人才动力，释放人才活力。

坚持把乡村一线作为培养、锻炼干部的主阵地，对政治过硬、实绩突出、群众公认的优秀年轻干部，优先提拔使用。允许市（州）、县（市、区）拿出一定数量的职位面向本地户籍或在本地长期生活工作的人员招考。

《行动计划》提出，全面推行基层卫生专业技术人才职称制度改革。适当放宽长期在贫困县和基层一线工作的专业技术人才职称评定条件。实施"扎根基层优秀人才支持计划"和"农村实用人才创业兴业支持计划"，每年各评选支持100人，每人支持2万元。设立"湖南省十佳农技推广标兵""湖南省十佳农民"资助项目，每人每年资助5万元。

乡镇事业单位对聘用的高层次人才，可实行协议工资、项目工资、年薪制等方式，所需经费在绩效工资总量内单列。探索建立符合条件的新型职业农民参加城镇职工基本养老保险、基本医疗保险等社会保障制度。鼓励有条件的乡镇、村（社区）建设乡村人才公寓。

第三节 乡村人才振兴的思路与举措

一、提升乡土人才素质

第一，构建科学培育体系。培训对象要重点向新型职业农民和新型农业经营主体倾斜，全面建立职业农民制度，培养一批农业经纪人、职业经理人和乡村工匠，建设知识型、技能型、创新型农业劳动者大军；培训区域要着重向贫困地区倾斜，培训内容着重向农业发展理念、绿色发展、农业文化、创业创新和农场管理等重要主题集中，突出培训内容的时代性、精准度和实效性。

第二，大力培育新型职业农民。全面建立职业农民制度，完善配套政策体系。实施新型职业农民培育工程，支持新型职业农民通过弹性学制参加中高等农业职业教育。创新培训机制，支持农民专业合作社、专业技术协会、龙头企业等主体承担培训，着力将农业企业和农业园区等建成新型职业农民的实习实训基地和创业孵化基地。引导符合条件的新型职业农民参加城镇职工养老、医疗等社会保障制度，鼓励各地开展职业农民职称评定试点[6]。

第三，重视发挥乡村本土人才的作用。加大对优秀乡土人才的奖励、表彰力度，扩大乡土人才的影响力和知名度，增强其荣誉感，努力营造尊重本土人才的良好氛围；对有突出贡献的给予奖励，如优先提干或纳入村后备干部；要鼓励乡土人才自己带头致富，并给予政策、奖金及技术倾斜和扶持，为乡土人才的发展解决后顾之忧，同时充分发挥乡土人才带头致富的优势，为乡土人才作用的发挥搭建舞台。

二、引进农业高端人才

随着现代农业的发展，农业新技术、新形态持续涌现，其所产生的经济效益远远高于传统农业。在这种形势下，引入农技专业人才，对农民日常生产进行指导，不仅可以解决传统农业中遇到的问题，还可以为他们带来新的农业发展理念，进而根据个人意愿，开展试点，提高农民生产生活水平。

第一，发挥科技人才支撑作用。全面建立高等院校、科研院所等事业单位专业技术人员到乡村和企业挂职、兼职和离岗创新创业制度，保障其在职称评定、工资福利、社会保障等方面的权益。深入实施农业科研杰出人才计划和杰出青年农业科学家项目。健全农业等领域科研人员以知识产权明晰为基础、以知识价值为导向的分配政策。探索公益性和经营性农技推广融合发展机制，允许农技人员通过提供增值服务合理取酬。全面实施农技推广服务特聘计划。

第二，加强农村专业人才队伍建设。建立县域专业人才统筹使用制度，提高农村专业人才服务保障能力。推动人才管理职能部门简政放权，保障和落实基层用人主体自主权。推行乡村教师"县管校聘"。实施好边远贫困地区、边疆民族地区和革命老区人才支持计划，继续实施"三支一扶"、特岗教师计划等，组织实施高校毕业生基层成长计划。支持地方高等学校、职业院校综合利用教育培训资源，灵活设置专业（方向），创新人才培养模式，为乡村振兴培养专业化人才。扶持培养一批农业职业经理人、经纪人、乡村工匠、文化能人、非遗传承人等[1]。如图6-3所示。

图6-3　农业专业技术人才引进

> 让大学生甚至海归人才主动回乡务农，使得农业成为有奔头的产业。
> ——习近平

三、汇聚社会力量投身乡建

鼓励社会各界投身乡村建设。建立有效激励机制，以乡情乡愁为纽带，吸引支持企业家、党政干部、专家学者、医生教师、规划师、建筑师、律师、技能人才等，通过下乡担任志愿者、投资兴业、包村包项目、行医办学、捐资捐物、法律服务等方式服务乡村振兴事业[7]。

研究制定管理办法，允许符合要求的公职人员回乡任职。吸引更多人才投身现代农业，培养造就新农民。加快制定鼓励引导工商资本参与乡村振兴的指导意见，落实和完善融资贷款、配套设施建设补助、税费减免、用地等扶持政策，明确政策边界，保护好农民利益。发挥工会、共青团、妇联、科协、残联等群团组织的优势和力量，发挥各民主党派、工商联、无党派人士等的积极作用，支持农村产业发展、生态环境保护、乡风文明建设、农村弱势群体关爱等。加强对下乡组织和人员的管理服务，使之成为乡村振兴的建设性力量。

乡村治理是国家治理的基层基础，是综合治理、源头治理的重要组成部分。乡村治理水平关系党和国家的政策能否得到有效落实，也关系农民切身利益。在推进乡村治理的具体实践中，湖北省恩施土家族苗族自治州以更大的视野拓展工作思路，在实行村"两委"负责人"一肩挑"的基础上，推行村医村教进班子、法律顾问进乡村、农民办事不出村等举措，有效提高了乡村治理水平。

村医村教进班子，促干部来源多元化。农村工作头绪繁多，提升乡村治理能力，关键在人、在干部。然而，长期以来，农村人才外流现象严重，年轻的、有能力的大都"孔雀东南飞"，导致有的村干部不得不长期留任，缺乏新鲜血液补充。近年来，恩施州拓宽选用村干部视野，实行"村医村教进班子"。按照个人自愿与群众认同、岗位需要与业务对接、组织引导与依法进入原则和双向选择、组织考察、选举任命程序,将政治素质较高、群众基础较好、服务能力较强的村医村教及农村兽医、电工、致富带头人等选进村"两委"班子。这样,可以充分发挥村医村教文化素质较高、联系群众广泛等优势,优化班子结构,增强队伍活力,有效解决基层组织干部队伍年龄老化、能力弱化等问题。

法律顾问进乡村,促进治理秩序法治化。治理的核心在于协调各方利益。法治体现公平正义理念,具有权威性、规范性,是协调各方利益最有效的方式之一。在法治中国建设的大背景下,乡村既是基层治理法治化的薄弱环节,也是重要突破口。长期以来,一些农村群众法律知识欠缺、法治意识淡薄,在表达利益诉求时方式常常不够科学合理,有的甚至采用违法方式,对社会稳定造成了负面影响。对此,恩施州大力推行"法律顾问进乡村",由政府主导组建法律顾问团、"法律诊所",采用购买服务的方式,定期开展法律宣讲和法律援助;法律顾问按照政府"点菜"、自己"下厨"的方式,着力解决涉法涉诉案和信访积案;按照群众"动嘴"、自己"跑腿"的服务模式,以"法律诊所"为载体,定期"坐诊"或主动"预约",为群众开展全方位法律援助服务。

思考题

1. 简述乡村人力资源发展现状。
2. 请结合实际,简述当前我国乡村人才队伍发展面临的困境。
3. 请结合乡村人才现状,简述加快推进乡村人才繁荣的路径。
4. 《湖南省乡村人才振兴行动计划(2018—2022年)》的特点与亮点主要体现在哪些方面?

参考文献

[1] 中共中央国务院关于实施乡村振兴战略的意见[J]. 理论参考, 2018 (4): 4-15.

[2] 郭险峰, 严涵. 对比视角下的中国乡村振兴战略理论认知与实践路径[J]. 四川行政学院学报, 2018 (3): 81-86.

[3] 童洁, 李宏伟, 屈锡华. 我国新型职业农民职业化一般发展指数研究[J]. 财经问题研究, 2018 (5): 75-81.

[4] 王妍. 新时代背景下新生代农民工社会融入的路径探究[J]. 华中师范大学研究生学报, 2018, 25 (2): 23-28.

[5] 罗丹. 继续深化农村改革 夯实乡村振兴体制机制保障[J]. 农业发展与金融, 2018 (4): 18-21.

[6] 李祖杰. 新时代乡村振兴面临的问题及对策[J]. 法制与社会, 2018 (13): 129-131.

[7] 张慧敏. 加强"三农"人才队伍建设 助力乡村振兴战略[J]. 农民科技培训, 2018 (5): 15-16.

下篇
乡村建设篇

党的"十九大"以来，我国乡村建设主要以美丽乡村建设为主要目标导向。从发展实践来看，美丽乡村建设是提高农村资源利用效率，推动农村产业发展的客观选择；是提高农民收入水平、改善农民居住、完善公共服务设施配套和基础设施建设等优化农村生活环境的现实需要；是实现民主管理、民生和谐的有效支撑；是保护利用农业文化，改善农村精神文明建设的有效途径。因此，可以说，美丽乡村建设是我国社会主义新农村建设的一个升级阶段，旨在解决乡村发展理念、乡村经济发展、乡村空间布局、乡村人居环境、乡村生态环境、乡村文化传承以及实施路径等问题。正是由此，本书的乡村建设篇所指的对象也主要是以美丽乡村为主。

乡村建设篇，包括第七章至第十三章，主要介绍了国内外乡村建设实践的经验、我国乡村建设历程与建设目标，提出了乡村建设的主要理论基础、主要内容，构建了乡村建设的评估指标，梳理了乡村建设的主要项目设计，并结合乡村振兴战略背景提出了乡村建设的新思考。

第七章 乡村建设的国内外经验借鉴

一方面，美丽乡村建设是美丽中国建设的重要组成部分；另一方面，建设美丽中国的重点和难点也在乡村。当前，国内外很多乡村地区已经进行了乡村建设实践，并形成了具有较强参考意义和价值的实践经验，可为我国不同乡村地区开展美丽乡村建设提供一定的实践参考。

本章为乡村建设篇的开篇章，主要介绍了国外乡村建设和国内典型地区的乡村建设实践，在此基础上，较为系统地总结了国内外乡村建设的若干经验，旨在为我国不同乡村建设提供一定的实践参考。

第一节 国外乡村建设实践

当前，国外很多发达国家在乡村建设层面已经进行了较好的建设实践，可以说积累了一些宝贵经验。尽管国外和我国的国情不同、社会制度不同，农业发展的自然禀赋和发展水平也大不一样，但是"他山之石，可以攻玉"，分析研究德国、法国、加拿大、日本、韩国等典型国外发达国家的乡村建设实践与经验，可以在很大程度上为我国美丽乡村建设提供新思路。

一、德国"村庄更新"

作为一个高度重视整体均衡、协调发展的国家，德国无论是人口超百万的大城市还是几千人口的小城镇，亦或是城区边缘的村庄，都有着便捷的交通、齐全的基础设施和宜人的环境，城乡差距甚微。现今，很多人认同的是，德国最吸引人的不是繁华的大都市，而是空气良好、居住环境接近自然、历史文化底蕴深厚和建筑风格独特的广大乡村地区。德国乡村曾经和其他国家乡村一样面临着农业现代化对劳动力数量的排斥、农村人口流失、人口老龄化问题等，这迫使德国政府很早便开始重视农村发展和村庄更新实践[1~2]。这种被称为德国"村庄更新"的乡村建设实践始于20世纪初期，大致可分为四个阶段（表7-1）。

表7-1 德国村庄更新各阶段主要工作

发展阶段	推进时期	颁布的法规	主要工作
第一阶段	20世纪30年代	《帝国土地改革法》（1936年）	农村给排水设施的建设、土地的规整与合并、荒地的开发利用

续表

发展阶段	推进时期	颁布的法规	主要工作
第二阶段	20世纪40～60年代	《土地整理法》(1954年)	主要集中在新村建设和完善基础设施两个方面
第三阶段	20世纪70～80年代	《土地整理法》(1976年)	重视村庄内部道路的布置和对外交通的合理规划，关注村庄的生态环境整治
第四阶段	20世纪90年代及以后	多次修订《土地整理法》及编制相关专项法规	高度重视农村地区的生态价值、文化价值、旅游价值和休闲价值

总体来看，经过"村庄更新"运动，德国乡村建设取得显著成效。从经验总结角度来看，主要包括如下几个方面：

第一，完善的法规体系，保障了村庄更新的实施。从德国联邦州的土地整理法规及相关的法律条文到联邦建筑法典，从跨地区性规划到地区性规划，从正式规划到非正式草案，这些文件都对村庄更新制定了指导原则和具体目标，这使得村庄更新与规划能够在制度上得以保障，实施起来也更具有可持续性。

第二，公众的广泛参与，切实地推动了乡村建设的步伐。从前期调研，到制定指导原则，再到规划和具体实施，公民切切实实地参与到各个环节，并提出了自己的建议和利益要求，显著有效推动了乡村建设进程（图7-1）。

图7-1 村民共同参与村庄更新规划

第三，规划先行，保证了村庄更新的科学性、完整性和全面性。德国村庄更新的周期一般较长，一项综合性规划既可以有效地避免错误的发生以及重复建设导致的投资浪费，又可以为村庄发展制定相应的具体项目实施计划，推进了村庄作为居住和生活空间的可持续发展。

第四，综合的土地管理手段，确保了村庄更新前后的土地财产权利。德国村庄更新从前期调研、分析到制定规划和后期具体实施，政府和相关规划部门根据需要采用相应的土地管理措施，比如地籍测量、界限调整、土地整理、土地登记等，有效地避免了不少产权纠纷。如图7-2和图7-3所示。

图 7-2 道路整治前　　　　　　　　图 7-3 道路整治后

二、法国"农村改革"

较德国、英国等其他欧洲发达国家而言，法国的城市化进程相对缓慢，第二次世界大战后法国有近一半的人分布在乡村地区，但在战后30年里（"光辉30年"），法国基本实现了工业化、城市化和农业现代化，其人口就业结构和空间分布发生了巨大变化，一跃成为全世界农业较发达的国家之一。法国在"光辉30年"制定的一系列乡村政策积极地推动了产业结构调整、城市化进程和乡村功能拓展，农业现代化得以实现，乡村设施大为改善，城乡差距显著缩小，法国农村改革进入了黄金时期[3~4]。总结分析法国"光辉30年"期间的乡村政策，发现其阶段性特征明显，大致可分为三个阶段（表7-2）。

表 7-2　法国"光辉30年"乡村政策演变

发展阶段	推进时期	阶段问题	乡村政策	
			工作目标	主要工作
提高农业生产力阶段	1945—1950年	农业机械化程度低、农业技术落后、土地分散化经营等	提供稳定的农产品；解决农业剩余劳动力	提高农业生产力、推动农业剩余劳动力转移、建设乡村地区基本服务设施等
乡村综合发展阶段	20世纪60年代	大量农民外迁	保持农村活力	提高对社会、生态、文化等的重视
城乡及人与自然和谐发展阶段	20世纪70年代	生态环境问题	构建人与自然和谐的居住地	更加强调乡村地区更新、土地合理利用、环境及生态保护等方面内容，并为乡村提供高质量服务性设施

法国的乡村开发与城市开发处于同等重要的位置。从实施成效来看，这种城乡统筹的乡村开发建设政策框架、实施机制和规划管理，对于当前中国乡村建设具有较强的参考价值，主要包括如下几个方面：

第一，注重政府的推动和扶持。法国的乡村政策经历了从"提高农业生产力到推进乡村综合事务再到促进城乡及人与自然和谐发展"的多阶段发展进程，政策随需求、发展调整，这也恰恰体现了乡村建设是一个积累式的发展过程，不宜过猛过快。

第二，着力发展一体化农业。注重通过与农场主和工商业资本家订立合同等形式，利用现代科技和科学的企业管理方式把农业、工业、商业等综合经营起来组成利益共同体。其中，打造的生物、电子、化学等产业为农业提供先进的农用设备、制种技术和原料，提高了农业生产力和农业现代化水平，同时推动了农工商之间的交流。

第三，积极实施领土整治。为改善二战前经济发展不平衡现象，法国政府开展了领土整治工作，对农业地区、经济落后地区采取了强有力的政府经济干预，并通过设立"地区发展奖金""农村特别救济金"等鼓励在农村、山区开办工厂。

第四，高度重视基础设施的建设。自农村改革开始，法国便把农村基础设施建设摆在首位，有计划、有重点、有层次地推进农田水利、农村交通运输、电讯等基础设施建设。图7-4所示为法国农村土地风貌。

图7-4　法国农村土地风貌

第五，发展与保护生态环境并重。自20世纪60年代开始，生态环境开始受到发达国家的重视，这一思想也被写入法国乡村政策中。风光旖旎的法国乡村风格将"诗意栖居"诠释得淋漓尽致，这主要得益于公众参与规划建设、"以法治景"方针以及有效保障环境的策略等先进做法。

三、加拿大"休闲农业"

作为一个幅员辽阔、地广人稀的国家，加拿大一直将农业作为其经济发展的重要组成部分，农业生产解决了全国5%的就业问题，创造了将近10%的国民生产总值，而在高程度的农业机械化和自动化农业普及率助推下，从事农业的家庭不到全国家庭的5%。20世纪30年代，过度开垦耕地和过度利用草原导致加拿大的草场沙化严重、气候恶劣、沙尘暴频发。环境的恶化让加拿大人民开始意识到问题的严重性，自20世纪50年代加拿大便开始进行大量的保护性耕作的试验研究工作，在经过几十年的不懈努力后，2000年前后，保护性耕作农业面积在总耕地面积中的占比已经超过了70%。可见，曾经的环境危机迫使加拿大高度重视自然环境的保护，再加上严格实施的可持续政策取得的显著成效，相较于其他国家，加拿大具有较为优越的自然条件，也为其发展休闲农业奠定了坚实基础。

通过研究分析加拿大环境保护策略、休闲农业发展规划、法律法规等方面，总结出如下"休闲农业"的建设经验：

第一，加拿大休闲农业发展模式首先依托于其地理环境、气候条件、海洋潮汐等自然因素，坚持亲近自然生态的绿色发展理念，开发乡土民俗体验型休闲项目[5-6]。美食之旅与休闲农业的有机结合就是一个典型的例子，成为加拿大休闲农业的突破点。如农场里的时令蔬果采摘是主打活动，采摘过程有引导和服务，田园环境清新怡人，农田周边森林环绕，给人悠闲松弛的享受。见表7-3。

表7-3 加拿大休闲农业娱乐项目

项目	具体实践
多功能农场	小规模有机农场+休闲观光、观光农园和牧场+村庄住所、森林观光
采摘农园	园内提供以苹果、葡萄、蓝莓、樱桃和梨等水果为主的农产品
葡萄农庄	旅客可在葡萄架下，休闲观赏，跳舞欢唱。还有小型葡萄制酒厂，并为游客专门开设了品酒室
农家旅馆	设置提供旅游服务的小商品店，拥有酿酒牌照的商店可以酿酒售酒
森林旅游	各地居民都将森林用于娱乐目的，从周末野营到教育型野外度假等
乡村度假屋	一般远离热门旅游区，度假村内有40～50个度假屋，由一个人来管理，加拿大的度假村具有季节性，非旅游季节屋主还可以做其他工作
快乐农民	这些接近退休的老年人或事业有成的中年人，把乡村劳作作为自己喜欢的生活方式，享受农夫的清静生活，做返回农村的快乐农民

资料来源：王崧，庞瑞利．《国内外乡村振兴与规划案例分析》．

第二，在休闲农业规划方面，加拿大政府充分利用资源与产品的异质性，让休闲农业经营地与客源地保持一定距离，可以增加旅客的逗留时间。

第三，《加拿大休闲农业发展质量标准》等一系列法律法规、规章制度以及支持政策中也对保护环境与生态平衡做出了规定，为休闲农业健康稳定发展提供政策保障。

第四，为了弘扬和宣传其多元文化，加拿大在传统村镇保护中保留了大量农场、古宅、公共设施等文化景观遗产，协同当地村民复原出历史上的社会生活环境。

第五，加拿大的休闲农业具有兼容并蓄的强大吸纳能力，例如有上百年历史的冰酒原产于德国，引进加拿大几十年后，通过休闲农业专项发展，在加拿大安大略湖旁边的黑利布兰德酿酒园中已建有能独立生产冰酒的葡萄园，游客除可观看冰酒制作表演并体验酿造过程外，还可品尝酸甜可口、风味独特的冰酒。

四、韩国"新村运动"

随着进入首个经济开发五年计划时期，韩国城市化和工业化不断推进，农村地区由于发展速度较慢，相对变得落后起来，工农业差距越来越大，贫富悬殊愈演愈烈，其结果必定是农村居民的不满剧增。在工业发展积累了一定资金，政府也有能力反哺农业缩小工农差距的背景下，1970年，韩国总统朴正熙提出了一个动员农民共同建设"安乐窝"的构想——"新村运动"。这场运动起初只是在农村进行，后来推广到全国，性质也由最初的农村管理变革发展为政治、经济、文化等各个方面的社会改革。不仅如此,这场运动每个阶段的发展目标也不一样,每个阶段对应不同的村庄建设标准,逐级提高。

第一阶段("基础村庄")以改善农民生产生活环境为开端,通过建设生产基础设施和促进增收等事业,发挥政府主导力量的同时也尊重农民的自主创造性。在第一阶段完成的基础上,政府意识到提高农民收入和发展农业生产才是新村运动持久发展下去的动力。由此,新村运动进入了以增加农民收入为目标的第二阶段("自助村庄")。第一阶段和第二阶段都以物质条件改善和提升为主要内容,国民思想道德素质等精神层面的建设有所缺失,且在短期内无法大幅度提升。鉴于此,新村运动过渡到了精神建设的第三阶段("自立村庄"),该阶段以民间为中心,以观念的进步为宗旨,开展以全国范围和全体国民为对象的教育工作[7-9]。表 7-4 所示为新村运动的主要工作内涵。图 7-5 所示为新村运动前后乡村对比。

表 7-4 新村运动的主要工作内涵

发展阶段	推进时期	支援工作		村民自力工作
		主要工作	附加工作	
基础村庄	1970—1973	环境改善	生产性基础建设	厨房、屋顶改良,堆肥增产等
自助村庄	1974—1976	生产性基础建设	提升收入	新村广场,农业合作,住宅改良等
自立村庄	1977—1979	提升收入	文化和福利事业发展	标准住宅,新村工厂,接通电话等

图 7-5 新村运动前后乡村对比

韩国新村运动中既有值得效仿和学习的经验,也有一些血泪教训需要吸取。在新村运动建设过程中,政府的主导作用容易打压农民自主建设的积极性,也容易忽视农村发展的内在规律。一定程度上讲,政府对农业的过度保护,使得韩国农业自身缺乏独立应对来自国际的挑战与冲击的能力。

五、日本"造村运动"

"二战"后的日本遭受了沉重打击,故投入大量精力致力于城市重建,日本政府把主要的资本集中在东京、大阪、神户等大都市上,造成农村青壮人口大量外流到城市,在全国范围内出现了大城市及其周围人口过密,而农村人口过疏的现象,使得农业生产力大幅下降,农村面临瓦解的危机。与此同时,20 世纪 70 年代的石油危机所引发的世界性经济衰退,也给日本那些大量消耗石油的巨型技术、企业和项目造成严重打击,然而那些不用消耗大量石油的中小产业项目却迎来了发展的春天。能源危机也让政府和社会不得不质疑当时的城市重建模式,而当时不依靠大量能源和财政支持的农村振兴运动却可以在农村实现自我完善和发展,可见日本造村运动具有自发性、内生性的特点。

从人口流动性来看,城市吸引农村青壮年的另一重要原因是信息化时代的到来,城市是拥有丰富信息的强磁场。而想要把劳动力留在农村就必须把农村建设成一个不亚于城市强磁场的地方[10]。农村的磁场和吸引力在于产业,这就是造村运动的开端。纵观日本"造村运动"发展历程,主要有以下三方面值得参考借鉴:

第一,"自下而上"的组织模式。居民是日本"造村运动"的主体,起主导作用。政府不下行政命令,不拿钱包办,不指定生产品种,不统一发放资金,而是在政策与技术方面给予支持,一切行动由各社区、村镇自己掌握,充分发挥农民的自主性。

第二,培育面向未来的人才。由于主要依靠群众的自我奋斗,这对群众的能力及意愿要求极高,不仅需要高瞻远瞩的领头羊,也需要团结务实的广大群众。同时,以培养人才为动力,开展由政府、学校和民间力量共同构成的多主体参与的农民教育(例如农业科技教育培训中心、农业院校、各级农民协会等),能够有计划、分层次、有重点地开展农民职业技术教育(图7-6)。

图7-6 培养各类人才

第三,因地制宜地开展"一村一品"建设。平松守彦于1979年开始提倡的"一村一品"运动,即在政府引导和扶持下,以行政区和地方特色产品为基础形成的区域经济发展模式,其影响最为深远、传播最为广泛,经常被其他国家学习借鉴。其主要做法如下:(1)以开发农特产品为目标,因地制宜地建设各具优势的产业基地(例如丰后牛产业基地、草莓产业基地);(2)以突破1.5次产业为重点,增加产品的附加价值;(3)以农产品市场化为手段,促进农产品流通;(4)以多元化的农业抵息制度为保障,为农业产业化提供资金保障;(5)以生活工艺活动为载体,振兴农村传统文化。

客观来讲,日本"造村运动"取得了很大成效,但也存在一定不足。一是尽管农村的经济和生活水平与城市已没有明显差距,但农村的年轻人依然向往现代化生活方式的城市,农业从业人口减少和农村老龄化的问题依然突出;二是耕地面积锐减,农

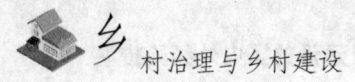

产品自给率严重不足，不得不依靠进口；三是兴建水库等硬件设施，对当地的生态环境产生了一定影响。

第二节 国内典型地区的乡村建设实践

2008年，浙江省安吉县首次提出建设"美丽乡村"的概念，计划用十年左右时间，把安吉县打造成为中国最美丽乡村。2013年年初，中央一号文件第一次提出了要建设"美丽乡村"的奋斗目标。2014年，农业部发布美丽乡村建设十大模式，为美丽乡村建设明确了目标和方向。应该说，近年来，美丽乡村建设实践在全国全面铺开，涌现了多个具有可复制、可参考的成功案例。本节主要以浙江省、江苏省为例，介绍其乡村建设实践，旨在为国内其他地区乡村建设提供一定的参考和指导。

一、浙江乡村建设

从2003年到2018年，浙江乡村振兴经历了示范引领（2003—2010年）、整体推进（2010—2016年）和深化提升（2016—2018年）三个阶段。其关注重点从乡村环境整治扩展到产业发展、传统文化保护、村庄特色发展等，再到现在特别关注的生态环境保护、生态技术应用等。其规划编制方法也经历了从"自上而下"到"自下而上"，再到村民深度参与的过程。在浙江全域推进乡村建设进程中，以"安吉模式"和"永嘉模式"更具有代表性。

1. "安吉模式"

浙江省安吉县是我国美丽乡村建设的发源地和乡村振兴工作的标杆，是习近平总书记"两山"理念诞生地和中国美丽乡村建设的一面旗帜。安吉县地处浙江省西北部，是一个典型的山区城市。20世纪80年代，安吉县交通条件落后，工业基础薄弱，被列为全省25个贫困县之一。县委县政府不甘落后，学浙南，学苏南，走"工业强县"之路，引进和发展了一些资源消耗型和环境污染型产业，如造纸、化工、建材等，环境遭到了严重污染。

在饱受工业污染之痛后，1998年安吉县放弃工业立县之路，2001年提出生态立县发展战略。2003年安吉县积极响应浙江省委"千村示范、万村整治"的"千万工程"，在全县实施以"双十村示范、双百村整治"为内容的"两双工程"，2005年8月，时任浙江省委书记的习近平同志在安吉考察时，首次提出了"绿水青山就是金山银山"的理念。此后，安吉县坚定走生态立县、绿色发展的道路，并将新农村建设作为其中的重要内容[11-12]。在此基础上，安吉县于2008年在全省率先提出"中国美丽乡村"建设战略，并将其作为新一轮发展的重要载体。该战略计划用10年时间，通过"产业提升、环境提升、素质提升、服务提升"，把全县建制村建成"村村优美、家家创业、处处和谐、人人幸福"的美丽乡村。图7-7所示为安吉县建设启动大会。

第七章　乡村建设的国内外经验借鉴

图 7-7　安吉县建设启动大会

安吉县的主要经验做法有：

一是经营生态资源。面对经济发展的困境，安吉县变环境优势为经济优势，大力挖掘农业和农产品加工业的潜力，提出了"世界竹子看中国，中国竹乡在安吉"的响亮口号，并集中精力打造中国名牌农产品——"安吉白茶"。随着蚕桑、烟叶、竹笋等其他优势农产品让越来越多的村民增收致富，该县进一步立足生态优势，大力创建竹子、椅业、电力、书画之乡；发展毛竹种植和开发利用，如竹纤维、竹地板等产品；大力发展椅业产业，产品远销欧美等发达国家；兴建水电站，解决"电荒"问题。随着第一产业、第二产业的发展，大批城市游客的到来又使安吉的第三产业迅猛发展。

二是坚守农业产业。依托特色农业，联动发展农产品加工业，并对科技含量高、污染排放少的工业项目给予政策倾斜，推进绿色工业化。同时，积极拓展农业功能，重点发展休闲农业和乡村旅游业，引领农村服务业发展，实现乡村旅游规模和效益倍增。

三是强调特色发展。对乡村产业、村容村貌、人文特色等进行分类，每个类别中又进行错位建设、差异化建设，体现多元化。

四是突出协调发展。安吉在乡村建设中全面推进经济、政治、文化、社会、生态的建设，促进乡村各方事业协调发展。构建了现代农业与第二、三产业协调发展的县域经济格局；形成了涵盖文化资源、文化事业、文化产业的农村文化体系；加强农村基础设施建设，提高农村社会保障事业发展水平；实施村务公开，落实基层民主，切实保障农民基本权利。图 7-8 所示为安吉县局部鸟瞰图。

自 2003 年以来，安吉县通过环境整治和美丽乡村创建，大大改善了社会经济面貌，农民人均年收入近 3 万元，城乡收入比为 1.73∶1，远低于全国平均水平，安吉也先后成为全国首个生态县、首个生态文明建设试点县、中国美丽乡村建设发源地、首个中国人居环境奖获得县、联合国人居奖唯一获得县。

图 7-8　安吉县局部鸟瞰图

2. "永嘉模式"

浙江省永嘉县以"环境综合整治、产业转型升级、村落保护利用、乡村旅游开发、城乡统筹改革、体制机制创新"为主要内容开展美丽乡村建设[13-14]。

一是以环境综合整治为抓手。全县通过推进垃圾处理、污水处理、卫生改厕、村道硬化、村庄绿化等基础设施建设，大力实施河道清淤整治、立面改造、广告牌治理、田园风光打造、高速路口景观提升等重点工程，着力改善农村人居环境。

二是以产业转型升级为支撑。以都市农业理念引领农业业态转型升级，大力发展生态农业、效益农业、休闲农业等，实现农业功能多元化和农业现代化；大力发展休闲旅游业，围绕"吃住行游购娱"需求，引导发展民宿业，大力延伸旅游产业链，强化旅游服务，丰富旅游产品，提升旅游收入；加大招商引资力度，加快产业平台建设，强化项目投入，引导传统制造业转型升级，为美丽乡村建设构建主导产业支撑。

三是以村落保护利用为重点。积极开展古村规划修编、建筑保护、文化传承、组织领导等方面的探索实践，设立历史文化保护专项基金；对境内的历史文化、自然生态和民俗风情村落进行梳理、保护和利用；通过建设新村置换安置、流转古村土地房屋等措施，由村集体与开发商入股合作，实现古村落保护和村民增收"双赢"；通过农房设计控制引导、强化农村建筑工匠管理、政府补助激励等系列措施，进一步规范农房建设、塑造乡村风貌，打造了一批具有永嘉特色的村落。图 7-9 所示为永嘉县林坑村村落风貌。

四是以乡村旅游开发为引领。深入挖掘历史传统文化，积极发展楠溪江旅游文化创意产业，建立楠溪江文化旅游品牌，设计、编排彰显楠溪江文化的精品演艺节目，推动文化和旅游的不断融合；充分发挥自然风光优美、生态环境良好、人文资源丰富、土特产众多等优势，大力发展现代农业、养生保健产业，加快农村产业发展。图 7-10 所示为楠溪江美景。

图 7-9　永嘉县林坑村村落风貌

图 7-10　楠溪江美景

五是以城乡统筹改革为途径。通过"政经分开、资地分开、户产分开"和"股改、地改、户改",积极推进农村产权制度改革,加快推进新型城镇化建设和农村公共服务体系构建,促进城乡融合发展,缩小城乡差距。

六是以体制机制创新为保障。建立"九联系"制度,把各项指标任务分解,落实到各责任人;推行"身份证"管理,责任人任务入库、信息入卡,按点挂卡,实行动态管理和完成销号制度;回收利用旧厂房、废弃民居,建设旅游设施、民宿酒店和文化展馆;积极搭建融资平台鼓动社会人士捐资,设立冠名文化基金,鼓励村里投工投劳,推进美丽乡村建设。

二、江苏乡村建设

江苏作为中国经济社会发展的先发地区,其传统乡村较为富裕,城乡居民收入比也低于全国平均水平。但城乡二元结构仍然十分明显,城乡人居环境和基础设施水平差距较大。在这种背景下,自"十二五"以来,江苏省委省政府开始全面推进"村庄环境整治行动",并促进资源要素流向农村,逐步推进城乡发展一体化,涌现出在全国具有较大影响力的"高淳模式"和"江宁模式"。

1. "高淳模式"

高淳区位于江苏省西南端，区域面积802km^2，距离南京主城110km，传统上是南京远郊农业县，2013年2月撤县设区。近年来，高淳区围绕"打造都市美丽乡村、建设居民幸福家园"的主线，以"人居环境整治、特色产业培育、文明村风建设"为主要内容建设美丽乡村[13]。图7-11所示为高淳区局部鸟瞰图。

图7-11　高淳区局部鸟瞰图

一是制订科学规划，整治人居环境。全区6镇的134个行政村和1013个自然村庄中，规划保留下来的村庄共计579个，其中规划发展村277个，规划布点村302个。按照"绿色、生态、人文、宜居"的要求，自2010年以来，在全区切实开展"靓村、清水、丰田、畅路、绿林"五位一体的美丽乡村建设。对250多个自然村的污水处理设施、垃圾收运处理设施、道路、河道、桥梁、路灯进行了提升改造。提高农村垃圾收集处理能力，建立了"组保洁、村收集、镇转运、区处理"农村生活垃圾收运体系。同时，结合美丽乡村建设，扎实开展动迁拆违治乱整破专项行动，累计完成动迁面积260万m^2、拆除违建20万m^2，搬迁企业20家，城乡人居环境得到提升[15]。

二是发挥资源优势，培育特色产业。坚持美丽乡村建设与强村富民产业发展同步推进，持续推进农业现代化和乡村旅游业发展，充分发挥生态发展对富民的作用。以"一村一品、一村一景"的思路对农村生产生活空间进行个性化塑造和特色化提升，结合当地的资源、环境、经济等发展状况，形成以山水风光型、生态田园型、古村保护型、休闲旅游型为主导等多种美丽乡村建设格局。通过农业综合整治、跨区域联合开发、以股份制形式合作开发等多种方法，切实推进产供销共建、种养植一体、深加工联营等产业化项目；积极鼓励村企共建、城乡互联建设实施一批特色旅游业、商贸服务业、高效农业项目，推动就业、创业、产业、物业"四业联动"发展。

三是完善农村公共服务，建设文明和谐村风。着力推进集文教体卫、综合管理、民政事务为一体的农村社区服务中心和综合用房建设，建立以公共服务设施为主体、以专项服务设施为配套、以服务站点为补充的服务设施网络，加快搭建农村通信、宽带覆盖和信息综合服务平台。深入开展切合农村实际、贴近农民和群众喜闻乐见的乡风文明创建活动，打造有情怀的新农民。

近年来，高淳区立足区域实际，以生态家园建设为主题、以休闲旅游和现代农业为支撑、以国际慢城为品牌，先后打造了省级二星级以上康居乡村498个，生态保护引领区试点工作居全省第一，成为全国农村生活污水治理示范区。

2. "江宁模式"

江宁区位于南京市主城区东南部，区域总面积1561km²。自撤县设区以来，江宁逐渐从传统郊县变成了大都市边缘的新市区。在经历了快速城镇化之后，江宁区面临城镇转型和乡村衰败的问题，地方政府迅速意识到乡村发展对区域整体协调发展的重要性，在全国率先编制了城乡统筹规划。图7-12所示为江宁乡村风貌。

图7-12　江宁乡村风貌

江宁乡村建设经历了试点示范、示范区建设、全域规划建设、特色田园乡村品质发展四个阶段（表7-5），即在乡村试点的基础上向示范区建设拓展，基于前两个阶段的建设经验，乡村建设继续推向全域，并在全域乡村本底性的建设完成后，启动特色田园乡村建设工作[16]。

表7-5　江宁区乡村规划建设发展历程

发展阶段	发展背景	主要工作	阶段性成果
试点示范阶段	南京都市近郊的乡村旅游逐渐兴起，乡村地区的基础设施和公共服务配套均不完善	率先进行了以休闲旅游为抓手的乡村发展探索，按照"都市生态休闲示范村"试点建设的要求，进行首批示范村规划建设	先后打造了以"郑坊""黄龙岘""公塘村""新塘村"为代表的四代美丽乡村
示范区建设阶段	开展美丽乡村片区发展探索，继续放大美丽乡村的效应	根据地域环境特征和发展基础，划定西部、东部和中部三个片区，先行启动西部示范区规划建设	西部美丽乡村示范区基本建成

续表

发展阶段	发展背景	主要工作	阶段性成果
全域规划建设阶段	为加快推进城乡一体化发展,推进全域乡村规划建设	编制村庄布点规划和《南京市江宁区美丽乡村规划建设导则》,落实示范村、重点整治村、一般整治村分类原则	截至2017年年底已完成了94个示范村,村庄建设覆盖率已到达70%以上
特色田园乡村品质发展阶段	江宁区基本完成了全域乡村本底性的建设,但乡村向更高品质更具特色的方向发展有待探索	全面梳理江宁地形地貌、产业发展、山水肌理、文化遗存等特色。在全区层面划定三个特色片区,形成20个田园组团,确定重点建设村庄	形成了"片—组团—村庄"三个尺度的空间层次,并从整体上提升乡村人居环境品质和持续发展的内生动力

江宁区美丽乡村建设主要从以下7个方面展开:

一是注重生态环境改善工作。着重抓好自然环境保护、村庄整治和农村生态治理等项目,保护乡村发展的基底;

二是注重土地综合整治工作。通过土地整治和集约高效利用,实现资源高效配置,提高农村土地价值;

三是注重基础设施改善提升工作。重点完善路网、水利、供水供气和农村信息建设,逐步建立城乡一体的基础设施系统;

四是注重公共服务设施完善并轨工作。以提升农村教育、文化、卫生、社会保障的服务水平为重点,推进城乡缩差并轨,增加农民幸福感和归属感;

五是注重产业集聚、创新、升级工作。通过现代农业和都市生态休闲农业的培育,推动生态优势向竞争优势转化,搭建生态、产业与旅游业发展的综合平台,促进一产与三产融合,为农民增收提供有力支撑;

六是注重农村机制改革工作。创新农业经营机制,深化农村产权管理机制改革,激发农村活力;

七是注重农村社区管理创新工作。进一步优化社区管理体制机制,提升社区公共服务能力。

以七大重点工作为抓手,加之凭借较好交通和区位优势,江宁乡村地区良好的自然环境、富有地域特色的乡土文化和朴实悠闲的生活方式吸引了大量的游客,再加上城市资源要素的不断导入,为新时期江宁乡村振兴与乡村建设提供了持续动力。

第三节 国内外乡村建设实践的经验总结

上述两节主要简述了国内外乡村建设历程与发展实践。本节则着重从参考、应用角度,对国内外乡村建设的经验进行总结和分类,并尝试从管理机制、规划编制、公共设施建设、村民素质提升四个方面提出乡村建设的主要共性做法,同时尝试根据乡村区位优势、环境优势、文化优势、产业优势提出乡村建设的特色做法，以期为新时期全国各地的美丽乡村建设提供应用参考。

一、乡村建设的共性做法

各地自然条件、人文条件差异显著，经济发展水平层次不齐等实际，是特色各异的美丽乡村建设模式形成的客观原因。然而，特色各异的美丽乡村建设模式的形成除上述差异因素外，在政府职能、规划管理、公共设施建设、居民参与等方面多存在较多的共性做法。

1. 坚持政府主导，鼓励多方参与

永嘉县在组织发动、部门协调、规划引领、财政引导上均强化政府主导，形成了整体联动、资源整合、社会共同参与的建设格局。如为确保美丽乡村建设工作的顺利实施，永嘉县成立了书记和县长担任组长、22个相关部门一把手为成员的美丽乡村建设领导小组，全面负责美丽乡村建设的组织协调和指导考核工作；建立县4套班子领导"九联系"制度，实行一周一督查、半月一早餐会、一月一排名、一季一追责制度，及时了解和帮助解决问题；通过蹲点调研、走村入户、走出去请进来等方式，广泛开展宣传引导，充分调动广大群众的积极性和主动性，有效形成了美丽乡村建设的强大合力；各地政府在资金投入上，积极发挥财政投入引导作用，吸引企业和社会资金共建美丽乡村。

如南京市市财政安排了10亿元土地整治专项资金，支持每个试点镇街1亿元开展土地综合整治工作，并将试点镇街、美丽乡村示范区内土地出让所获得的收益部分返还乡村并优先用于农民安置和社会保障。

2. 坚持规划先行，促进项目推进

安吉县坚持以"绿色、人文、智慧、集约"的理念，编制美丽乡村规划，综合考虑农村山水肌理、发展现状、人文历史和旅游开发等因素，结合城乡总体规划、产业发展规划、土地利用规划、基础设施规划和环境保护规划，做到"城乡一套图、整体一盘棋"；坚持"专家设计、公开征询、群众讨论"的组织形式，确保村庄规划设计科学合理，达到群众满意的程度；为了把规划蓝图落地变成美好现实，就必须把规划内容分解成定性定量的具体内容，转化成年度行动计划，细化为具体的实施项目。

自20世纪50年代起，德国巴伐利亚州政府就制订了"村镇整体发展规划"，通过该规划来控制村镇的更新：包括调整地块分布、改善基础设施、调整产业结构、保护传统文明、整修传统民居、保护和维修古旧村落等。但是"村镇整体发展规划"是对村庄综合发展的概念性规划，具体的实施则通过以项目为主的村庄更新规划来实现。

3. 完善设施建设，强化建设保障

在法国"光辉30年"乡村政策的第一阶段，便把乡村地区基本服务设施建设摆在首位。根据提高农业生产力、改善农民生活环境等现实需求，有计划、有重点地推进农田水利、农村交通运输、电讯等工程建设。

重庆市南川区大观镇中江村基础设施配备完善，自来水安装到每户，道路系统健全,电力通信齐备、4G网络全覆盖,并通过三格式化粪池建设实现农村厕所卫生改善。在垃圾清理方面,成立专业垃圾清扫保洁队伍,按照"户分类、村收集、镇转运、区处理"的模式,对垃圾进行分类,可回收垃圾由村民理事会进行收回,换取积分,进入垃圾超市兑换日用品;易腐垃圾由业主直接转运入堆肥场,换取肥料;其他垃圾集中收集至区处理。在污水处理方面,采取雨污分流体制,逐步完善房屋四周雨污管,将污水统一收集,由污水处理站集中处理,处理后直接用于农田灌溉。在公共服务设施配套方面,集中配建敬老院、卫生室、文化室、篮球场各一个,分散配置若干健身设施;村庄有完善的防灾减灾系统,无气象灾害。

4. 提高村民素质,尊重群众意见

在德国,根据联邦建筑法典,公民在规划制订过程中有权参与整个过程,提出自己的建议和利益要求。通过平等参与和协商,缩短社区政府、专业机构、专业协会和村民的距离,加强相互之间的沟通与交流,调动村民参与村庄更新的积极性。为了让村民积极参与村庄更新规划,社区政府通过讲座、集会、媒体以及网络等平台,将有关信息及时传递给村民,广泛向村民征询意见,针对村庄更新提出具体措施。

北京市怀柔区渤海镇北沟村利用北京市"科技下乡""双百对接""专家下乡"等新型农民培育工程,不定期地对村民开展种植技术、自主创业等专业技能培训。

二、乡村建设的特色做法

值得说明的是,乡村建设的成功与否,除了政府主导的推动作用、规划先行的引领作用、齐备设施的保障作用等,也得益于其显著的区位优势、丰富的环境优势、深厚的文化优势、积极的产业优势等,这些优势也往往决定了乡村建设模式的差异性、多样性、复杂性和创新性。

1. 利用区位优势,实现快速发展

对于靠近大城市城区、县城乡镇政府所在地或者重要旅游景点的乡村,可依托城镇快速发展或者旅游目的地的吸引力带来的人口集聚,发展旅游业或者商贸业,或成为城市新鲜蔬菜、牛奶的供应地,在城镇化的拉动力之下实现乡村振兴[17]。

如上海市青浦区朱家角镇张马村。该村在有"上海后花园"及"鱼米之乡"美称的青浦区区域内,是"江南古镇"朱家角的南大门,距离千年古镇朱家角景区6km,距离人民广场55km,距离轨道交通17号线朱家角站9km。该村依托靠近上海的区位优势积极发展旅游业,带动村庄发展,先后引进了寻梦园观光香草种植园、有机蔬菜种植农情园、蓝莓种植基地等项目。同时积极探索和谋划发展农事旅游,提出"第三产业+"的概念,根据每个自然村的不同定位,打造"农旅+民宿+文化"产业的综合体。

又如辽宁省沈阳市沈北新区石佛街道孟家台村。该村重点依托现有区位交通、生态环境等优势条件,以七星米业有限公司为龙头,建设绿色无公害稻米生产基地,每年转租4户闲置住房,吸引沈阳市民在此养老、农事体验及休闲度假。

2. 利用环境优势,发展绿色经济

对于那些远离城区、原有乡土人情保持完整的乡村,则往往凭借其良好的生态环境或独特的自然景观，在保护自然格局的基础上发展旅游业或绿色循环产业，为美丽乡村建设提供再生动力。

如位于台湾地区南投县埔里镇西南侧约5km处的桃米里，在1999年"九二一"大地震后，该村原有的地形地貌受到了严重的破坏，当地政府、企业、学界、专业团队与居民通力合作，一同进行产业、社区生活环境、生态环境营造的重建工作，通过本地人才培养、教育扎根力量，让桃米社区改造日益稳固。本地丰富的动植物资源和先天优渥的自然环境决定了桃米村产业发展的方向和定位，为其以生态涵养为前提的生态旅游为主的发展模式奠定了基础。其主要做法包括：

（1）从生态规划及水池规划设计的角度改善动植物物种的生存环境，遵从自然规律涵养生态环境是生态社区的基本原则。

（2）产业转型激发了桃米村内在的潜力，衍生出多种基于生态和谐原则的产业业态（观光农业、建筑业、文创业、服务业等），形成以生态社区为核心的多元产业协同发展的社区营造模式。

（3）结合当代文化潮流，在传统文化的基础上融和现代文化时尚，催生出与时代共振的生态社区。

3. 利用文化优势，塑造地方特色

文化优势较为突出的乡村一般具有历史悠久、文化底蕴雄厚等特点，其乡村格局往往保持完整、历史风貌得以延续，有些是少数民族聚集村落，有些保留有大量的历史遗迹与文人轶事，有些则有珍贵的非物质文化遗产，村民延续了淳朴的生活方式。

如安义古村群位于南昌市安义县西南约10km的西山梅岭之麓，地势东高西低，由罗田村、水南村和京台村三大古村落构成，面积约3km^2。三个村落自唐末至明初陆续建成，形成鼎足之势，村间有"福、禄、寿"三星"道"相连，各自相距仅一里之遥。三个村落既独立，又是一个有机整体。村内留存有明清古宅百余幢，还有麻石板古商道、古井、古樟、古戏台、石牌坊、完整的地下引排水涵道，以及古民居中丰富多彩的木雕、砖雕、石雕等，这些都是赣北乡土建筑艺术的集中展现。村落周边东有灌边水库，南有野猪岭，在湖光山色和田园景致的映衬中共同构成具有浓郁赣北乡土特色的古村落群。

4. 利用产业优势，实现联动发展

产业优势突出的乡村一般具有持续发展的特色产业，产业链条相对完整，在产业发展的同时实现了乡村基础设施的完善和乡村环境的优化，村民收入水平不断提高、村庄治理不断完善。

如福建省漳州市平和县三坪村位于我国东南部闽南地区，处于典型的山地和丘陵地貌地区。该村山地面积60360亩，其中毛竹18000亩，种植蜜柚12500亩，耕地2190亩，属于闽南地区重要的产粮区。改革开放以来，三坪村紧紧结合自身的地理地貌环境，充分发挥林地资源优势，以发展琯溪蜜柚、漳州芦柑、毛竹等经济作物为支柱产业，采用"林药模式"打造金线莲、铁皮石斛、蕨菜种植基地，以玫瑰园建设带动花卉产业发展，壮大兰花种植基地，做大做强现代高效农业。同时整合资源，建立千亩柚园、万亩竹海、玫瑰花海等特色观光旅游，与当地国家 4A 级旅游区——三平风景区实现有效对接，提高旅游吸纳能力。作为优势农产品区，三坪村注重提升农业综合生产能力，逐步从传统农业向生态农业、乡村观光旅游、休闲娱乐发展，实现了高效农业的可持续发展。

思考题

1. 结合德国"乡村更新"四个发展阶段，总结其乡村建设的主要经验。
2. 请结合韩国"新村运动"的背景，总结其乡村建设的具体做法。
3. 简述江宁区乡村建设的发展历程，并提出自己的思考。
4. 请结合国内外乡村建设案例，分析政府和市场在乡村建设中的作用和地位。

参考文献

[1] 曲卫东，斯宾德勒. 德国村庄更新规划对中国的借鉴 [J]. 中国土地科学，2012，26 (3)：91-96.

[2] 常江，朱冬冬，冯姗姗. 德国村庄更新及其对我国新农村建设的借鉴意义 [J]. 建筑学报，2006 (11)：71-73.

[3] 汤爽爽，冯建喜. 法国快速城市化时期的乡村政策演变与乡村功能拓展 [J]. 国际城市规划，2017，32 (4)：104-110.

[4] 刘健. 基于城乡统筹的法国乡村开发建设及其规划管理 [J]. 国际城市规划，2010，25 (2)：4-10.

[5] 黄艳华，张兵，李佳. 北美乡村旅游发展特点及对我国的启示 [J]. 昆明大学学报，2006 (2)：53-56.

[6] 徐晖，周之澄，周武忠. 北美休闲农业发展特点及其经验启示 [J]. 世界农业，2014 (11)：110-116.

[7] 李水山. 韩国新村运动及对我国新农村建设的有益启示 [J]. 沈阳农业大学学报（社会科学版），2012，14 (2)：131-135.

[8] 朱小静，唐国华. 韩国新村运动：发展阶段、特点及启示 [J]. 农村经济，2006 (9)：126-129.

[9] 金俊，金度延，赵民. 1970—2000 年代韩国新村运动的内涵与运作方式变迁研究 [J]. 国际城市规划，2016，31 (6)：15-19.

[10] 陈磊，曲文俏. 解读日本的造村运动 [J]. 当代亚太，2006 (6)：29-35.

[11] 柯福艳，张社梅，徐红玳. 生态立县背景下山区跨越式新农村建设路径研究——以安吉"中国美丽乡村"建设为例 [J]. 生态经济，2011 (5)：113-116.

[12] 王旭烽，任重. 美丽乡村建设的深生态内涵——以安吉县报福镇为范例 [J]. 浙江学刊，2013 (1)：220-224.

[13] 吴理财，吴孔凡. 美丽乡村建设四种模式及比较——基于安吉、永嘉、高淳、江宁四地的调查 [J]. 华中农业大学学报（社会科学版），2014 (1)：15-22.

[14] 范海国. 浙江永嘉美丽乡村的蜕变 [J]. 中国乡镇企业，2013 (6)：18-21.

[15] 吴龙福. 高淳美丽乡村建设浅析 [J]. 江苏农村经济，2017（2）：67-68.

[16] 孙爱民. 全域旅游视阈下乡村旅游目的地品牌建设研究——以南京江宁区为例 [J]. 全国流通经济，2018（34）：91-93.

[17] 李晓. 美丽乡村建设的主要做法与经验 [J]. 小城镇建设，2018（6）：29-35.

第八章 我国乡村建设历程与建设目标

系统梳理不同历史时期的乡村建设历程，有助于科学指导在新的历史战略机遇期的乡村建设。党的"十九大"提出了乡村振兴战略，特别是《乡村振兴战略规划（2018—2022年）》的出台对乡村建设有了新的要求，提出了不同阶段的乡村建设目标。

本章为乡村建设篇的第八章，尝试梳理了传统农业社会时期、现代化启蒙时期、建国初期、改革开放以及社会主义新时期五个发展阶段的乡村建设历程，并着重结合《乡村振兴战略规划（2018—2022年）》分析了我国乡村建设目标。

第一节 乡村建设历程

本节尝试将乡村发展划分为传统农业社会时期、现代化启蒙时期、建国初期、改革开放和社会主义新时期五个不同阶段，并以此为基础梳理不同阶段的乡村建设历程。

1. 传统农业社会时期

该时期的乡村是社会经济的核心，是几乎所有家庭的起源与归宿，耕读传家是家族发展的基本模式。这一时期乡村是国家和区域空间体系的主体，城市作为乡村地域服务中心的角色而存在。

2. 现代化启蒙时期

该时期帝国主义的侵略开始影响乡村的经济和社会发展。除战争影响之外，经济与文化侵略对当时的乡村发展也产生了巨大的影响。一是在经济上，工业品的进口首先冲击传统手工业和民族工业的发展，作为农副产品原料和劳动力来源地的乡村，生产和就业遭受影响，广大乡村地区农业破产、农民失业；二是在文化上，西方传教士深入中国乡村，建教堂、收教民，在民众中宣传与中国传统文化大相径庭的西方文化和价值观，不仅影响了乡村地区的文化观念，也冲击着乡村地域的传统社会治理结构[1]。

3. 中华人民共和国成立初期

20世纪40年代末，围绕土地产权及其使用权制度，我国乡村进行了土地革命、土地改革和土地使用权承包等多次变革，这些变革对乡村建设产生了巨大的影响，实现了"耕者有其田""居者有其屋"的目标。在乡村经济发展方面，通过合作化解决农业的生产组织和经营组织问题；在乡村政治建设方面，建立人民公社作为乡级基层政权；在乡村社会发展方面，以"村村办小学、乡乡办中学"为标志的乡村教育运动，以

"医疗下乡""赤脚医生"为标志的乡村卫生运动,以"村村大会堂、乡乡电影院"为标志的乡村文化运动在建国初期提出了农村建设过渡时期的总路线[2],开始了农村向社会主义过渡时期。但是文化大革命又使中国乡村再次进入迷茫的时期,乡村建设一直滞后,直到十一届三中全会的召开,中国乡村建设才开始慢慢进入正轨。

4. 改革开放

改革开放以来,中央先后出台了多项文件指导农村改革事业,极大地推动了乡村建设的发展。国内相关学者也对乡村建设展开研究,如梁漱溟提出:乡村是中国社会发展的基础,中国的问题在乡村,应从乡村入手,使经济、政治重心植入乡村,构筑一个全新的社会。贺雪峰认为:乡村建设的任务是推动乡村文化建设,使广大的农民朋友在文化实践活动中提高自身的精神境界[2];郭晓君注重对农村文化建设的研究,借鉴国外相关理论经验提出注重文化产业的调整,有助于新农村建设和农民素质的提高[3]。

5. 社会主义新时期

应该说,2000年以后,我国乡村建设进入了社会主义新时期。在这一时期,党和国家继续加强了对乡村建设工作的重视,乡村建设成效明显。几个标志性节点如下(图8-1):

图8-1 社会主义新时期乡村主要建设历程

(1) 2005年10月,党的十六届五中全会提出建设社会主义新农村的重大历史任务,提出了"生产发展、生活宽裕、乡风文明、村容整洁、管理民主"的具体要求。

(2) 2007年10月,党的"十七大"顺利召开,会议提出"要统筹城乡发展,推进社会主义新农村建设"。

(3) 2008年,浙江省安吉县正式提出"中国美丽乡村"计划,出台《建设"中国美丽乡村"行动纲要》,安吉县美丽乡村建设不但改善了农村的生态与景观,还打造出一批知名的农产品品牌,带动了农村生态旅游的发展和农民收入的增加,为中国社会主义新农村建设探索出一条创新的发展道路[1]。如图8-2所示。

图 8-2　新时代乡村建设

（4）2012年10月，党的"十八大"报告提出，要大力推进生态文明建设，努力建设美丽中国，实现中华民族永续发展；要推动城乡发展一体化，形成以工促农、以城带乡、工农互惠、城乡一体的新型工农、城乡关系。

（5）2013年12月，国家发改委等六部门，针对以乡村地区为主的区域发展与建设，联合制订"国家生态文明先行示范区建设方案"，提出"生态文明建设与经济、政治、文化、社会建设紧密结合、高度融合"的总目标要求和"科学谋划空间开发格局、调整优化产业结构、着力推动绿色循环低碳发展、节约集约利用资源、加大生态系统和环境保护力度、建立生态文化体系、创新体制机制、加强基础能力建设"八项主要任务[5]。

（6）2014年，在第二届中国美丽乡村建设国际研讨会上，国家农业部科技教育司发布中国"美丽乡村"十大创建模式即乡村发展建设十大模式[6]，产业发展型、生态保护型、城郊集约型、社会综治型、文化传承型、渔业开发型、草原牧场型、环境整治型、休闲旅游型和高效农业型（表 8-1），又可将其分为如下五大类。

表 8-1　乡村发展建设十大模式

模式	典型	模式	典型
产业发展型	江苏省张家港市永联村	渔业开发型	广东省广州市冯马三村
生态保护型	浙江省安吉县高家堂村	草原牧场型	内蒙古西乌珠穆沁旗脑干哈达嘎查
城郊集约型	上海市松江区泖港镇	环境整治型	广西区恭城县红岩村
社会综治型	吉林省扶余市弓广发村	休闲旅游型	江西省婺源县江湾镇
文化传承性	河南省孟津县平乐村	高效农业型	福建省平和县三坪村

第一类是以产业发展为主要目标的乡村建设[7]，包括高效农业型、渔业开发型、草原牧场型和产业发展型四种模式。其中，高效农业型是指以发展农业作物生产为主，农田水利等农业基础设施相对完善，人均耕地资源丰富，农产品商品化率和农业机械化水平高；渔业开发型是指以渔业在产业发展中占主导地位，通过发展渔业促进就业，增加渔民收入；草原牧场型是指以草原畜牧业作为牧区经济发展的基础产业；产业发展型是指通过农业生产聚集、农业规模经营，形成乡、村小地域范围内"一村一品""一乡一业"的微产业集群。如图 8-3 所示。

第二类是以生态环境保护为主要目标的乡村建设，包括环境整治型、生态保护型两种模式。其中，在环境整治型中，其农村环境基础设施建设滞后，环境污染问题突

图 8-3 产业带动发展

出,应通过乡村环境基础设施建设,建立健全环境保护管理各项制度达到乡村环境治理和保护的目的[8];生态保护型的特点是自然条件优越,水资源和森林资源丰富,具有传统的田园风光和乡村特色,生态环境优势明显(图 8-4)。

第三类是以社会发展为主要目标的乡村建设,主要分布在人口较多、规模较大、居住较集中的村镇,其特点是区位条件好、经济基础强、带动作用大、基础设施相对完善[9]。

第四类是以文化传承保护与休闲旅游发展为主要目标的乡村建设,主要包括文化传承型和休闲旅游型两种模式。其中,文化传承型的特点是乡村文化资源丰富,具有人文景观资源,包括古村落、古建筑、古民居以及传统文化地区的优秀民俗文化(图 8-5);休闲旅游型的特点是旅游资源丰富,住宿、餐饮、休闲娱乐设施完备,交通便捷,适合发展乡村休闲度假[10]。

图 8-4 生态环境保护建设

图 8-5 乡村文化传承建设

第五类是位于城市郊区,以为城市提供农副产品保障、促进城乡协调发展为主要目标的乡村建设,目前主要有城郊集约型乡村建设模式。城郊集约型的特点是经济条件较好,公共设施和基础设施较为完善,交通便捷,农业集约化、规模化经营水平高,土地产出率高[11]。

应该说,上述乡村发展建设的五大分类是新时期内我国各地乡村建设工作的基本归纳，相对完整地体现了近十年来我国乡村建设的主要历程。

（7）2017年召开的党的"十九大"，提出了"产业兴旺、生态宜居、乡风文明、治理有效、生活富裕"的乡村建设总要求，统筹推进农村经济建设、政治建设、文化建设、社会建设、生态文明建设和党的建设，以优先发展实现"四化同步"，以融合发展实现城乡均衡，以全面发展实现利益共享，奋力推动乡村振兴[12]。总结党的"十九大"提出的关于乡村建设要求，大致包括以下几个方面：

第一，加快产业转型升级，夯实乡村振兴经济基础。

推动农村三产深度融合，大力发展循环型、智慧型、体验型新产业新业态，实施产业融合示范园工程，带动形成一批百亿级、千亿级农村产业融合发展集群。做强电子商务，推进全域旅游；积极融入"一带一路"，推动农业"走出去""引进来"发展[13]。

第二，改善农村居住环境条件，让农民生活幸福安康。

一是大力改善农村基础设施。聚焦农民美好生活新期待，开展农村人居环境整治行动，推进农村道路、厕所、供暖、供电、学校、住房、饮水"七改"工程。2020年基本完成道路硬化任务，实现由"村村通"向"户户通"延伸；坚持农村幼儿园、养老院等公共场所优先。二是加快推进城乡基本公共服务均等化，保证农村孩子有学上，农民看得起病，老人养老无忧。

第三，加强思想道德建设，促进乡村文化繁荣兴盛。

深入开展乡村文明行动。以社会主义核心价值观为引领，注重家庭建设、家教传承、家风培育，大力弘扬民族精神和时代精神。加强爱国主义、集体主义、社会主义教育，深化民族团结进步教育，坚持自治为基、法治为本、德治为先，健全和创新村党组织领导的充满活力的村民自治机制[14]。

第四，建立健全乡村治理体系。治理有效是乡村振兴的核心。因此，应建立健全党委领导、政府负责、社会协同、公众参与、法治保障的现代乡村社会治理体制，健全自治、法治、德治相结合的乡村治理体系，确保乡村社会充满活力、和谐有序。

第二节　乡村建设目标

如前所述，美丽乡村是乡村建设的愿景目标。因此，探讨乡村振兴战略目标下的乡村建设目标，即是探讨美丽乡村建设目标。从总体要求上看，乡村建设目标要求是实现"环境美、精神美、产业美、生态美"的总要求；从时序要求上看，在制订乡村建设目标前还应明确乡村建设的指导原则；从目标体系上看，乡村建设目标应该是一个包括总体目标、近期目标、中期目标以及远期目标在内的目标体系。

一、乡村建设的指导原则

在乡村振兴战略背景下加强乡村建设工作，要始终坚持农业农村优先发展、坚持农民主体地位、坚持乡村全面振兴、坚持城乡融合发展、坚持因地制宜等指导原则。

1. 坚持农业农村优先发展

坚持农业农村优先发展，就是要加大对农业农村发展的支持力度，补齐农业现代化这块"四化同步"的短板，努力让农业成为有奔头的产业，让农民成为有吸引力的职业，让农村成为安居乐业的美丽家园。

2. 坚持农民主体地位

乡村建设成效以及农村经济社会发展，说到底，关键在人，要通过富裕农民、提高农民、扶持农民，让农业经营有效益，让农业成为有奔头的产业，让农民成为体面的职业。

3. 坚持乡村全面振兴

乡村振兴战略背景下推进乡村建设的重点就是要推动农业全面升级、农村全面进步、农民全面发展，使乡村各方面建设全面推进、协调发展。正是基于这个现实要求，中央农村工作会议提出"到2050年，乡村全面振兴，农业强、农村美、农民富全面实现"的乡村振兴的战略目标[15]。

4. 坚持城乡融合发展

乡村建设，既需要乡村自身发力，也离不开城市的反哺。要坚持以工补农、以城带乡，把公共基础设施建设的重点放在农村，推动农村基础设施建设提档升级，优先发展农村教育事业，促进农村劳动力转移就业和农民增收，加强农村社会保障体系建设，推进健康乡村建设，持续改善农村人居环境，逐步建立健全全民覆盖、普惠共享、城乡一体的基本公共服务体系。

5. 坚持因地制宜

因地制宜原则，是乡村建设发展过程中最基本的原则，也是塑造特色乡村发展模式的重要因素。新时期，广大乡村在发展过程中要始终坚持因地制宜的原则，促进城乡基础设施和公共服务的均等化以及城乡要素的平等交换。立足农村经济社会发展实际，依托自然地理要素，适应资源禀赋和民俗文化差异，突出地域特色，推动具有地方特色的乡村建设与发展。

二、乡村建设的目标体系

1. 总体目标

2018年，中共中央、国务院印发了《乡村振兴战略规划（2018—2022年）》。这是新时期我国乡村规划、建设与发展的总纲性文件。正是由此，以下对乡村建设目标的表述大多数来自《乡村振兴战略规划（2018—2022年）》文本。参考《乡村振兴战略规划（2018—2022年）》，可将乡村建设的总体目标界定为"乡村全面振兴，农业强、农村美、农民富全面实现"。

2. 阶段目标

第一阶段，到2020年，乡村振兴的制度框架和政策体系基本形成，各地区、各部门乡村振兴的思路举措得以确立，全面建成小康社会的目标如期实现。

第二阶段，到 2022 年，乡村振兴的制度框架和政策体系初步健全。

第三阶段，到 2035 年，乡村振兴取得决定性进展，农业农村现代化基本实现[16-17]。

3. 具体指标

参考《乡村振兴战略规划（2018—2022 年）》，按照乡村建设涉及的"产业兴旺、生态宜居、乡风文明、治理有效、生活富裕"五大内涵，可构建如表 8-2 所示的乡村建设指标体系。

其中，产业兴旺类一级指标主要包括粮食综合生产能力、农业科技进步贡献率等具体指标；生态宜居类一级指标主要包括畜禽粪污综合利用率、村庄绿化覆盖率等具体指标；乡风文明类一级指标主要包括村综合文化服务中心覆盖率、县级及以上文明村和乡镇占比等具体指标；治理有效类一级指标主要包括村庄规划管理覆盖率、建有综合读物站的村占比等具体指标；生活富裕类一级指标主要包括农村居民恩格尔系数、城乡居民收入比等具体指标。

表 8-2　乡村建设指标体系

分类	序号	主要指标	单位
产业兴旺	1	粮食综合生产能力	亿吨
	2	农业科技进步贡献率	%
	3	农业劳动生产率	万元/人
	4	农产品加工产值与农业总产值比	—
	5	休闲农业和乡村旅游接待人次	亿人次
生态宜居	6	畜禽粪污综合利用率	%
	7	村庄绿化覆盖率	%
	8	对生活垃圾进行处理的村占比	%
	9	农村卫生厕所普及率	%
乡风文明	10	村综合文化服务中心覆盖率	%
	11	县级及以上文明村和乡镇占比	%
	12	农村义务教育学校专任教师本科以上学历比例	%
	13	农村居民教育文化支出占比	%
治理有效	14	村庄规划管理覆盖率	%
	15	建有综合读物站的村占比	%
	16	村党组织书记兼任村委会主任的村占比	%
	17	有村规民约的村占比	%
	18	集体经济强村占比	%
生活富裕	19	农村居民恩格尔系数	%
	20	城乡居民收入比	—
	21	农村自来水普及率	%
	22	具备条件的建制村通硬化路的比例	%

4. 主要工作

在乡村建设工作中，资源保护开发、人居环境整治、特色产业开发等往往是进行统筹推进的。也只有各领域的统筹推进，各工作的协同组合，才能真正实现美丽乡村"生态资源丰富、人居环境优美、村庄面貌改善、乡村产业发达、公共设施完善、乡村居民幸福"的建设目标。此处，重点就乡村建设中的生态宜居、产业兴旺与乡风文明涉及的主要工作进行总结。

（1）生态宜居方面。按照乡村建设中"科学规划布局美"的要求，注重资源利用集约高效，强化农业废弃物循环利用[18]。同时，按照"村容整洁环境美"的要求，突出重点、连线成片、健全机制，切实抓好改路、改水、改厕、垃圾处理、污水处理、广告清理等项目整治[19]。

①整治乡村生活垃圾。全面推进"户集、村收、镇运"垃圾集中处理的模式，合理设置垃圾中转站、收集点，做到户有垃圾桶，自然村有垃圾收集池，行政村负责垃圾收集，镇有垃圾填埋场，确保乡村清洁。

②整治乡村生活污水。清除农村露天粪坑、简易茅厕、废杂间，整治和规范生活污水排放，全面推行无害化卫生厕所，每村至少要建造一座以上卫生公厕，大力推广农村户沼气建设，利用沼气池、生物氧化池、人工湿地等方式，通过开展农村污水处理，提高水体自我净化能力。

③整治农村畜禽污染。根据村庄特点，合理规划，整治农村死畜禽乱丢到溪河现象，动员群众填埋。拆除污染猪舍、牛栏等，村庄内畜禽养殖户实行人居与畜禽饲养分开、生产区与生活区分离，畜禽养殖场全面配套建立沼气工程，达到畜禽粪便无害化处理。

④整治广告、路牌。按照"规范、安全、美观"的要求，对公路、河道及村庄公共视野范围内的广告牌、路牌进行清理，坚决拆除有碍景观、未经审批或手续不完备的广告牌。制订广告布点控制性规划[20]，规范各种交通警示标志、旅游标识标志、宣传牌等。

⑤整治违章搭建。按照"谁建造、谁所有、谁清理"的原则，坚决拆除违章、乱搭乱建的建筑物，对废弃场所进行整治、复绿，建设村野公园，整治农村供电、网络、电视电话线路乱拉乱接问题，规范网络、线路的布局，促进村庄规范、整洁、美观。

（2）产业兴旺方面。按照"创业增收生活美"的要求，编制农村产业发展规划，实施农业特色产业生态化、精致高效化工程。发展乡村旅游业、生态乡村工业，促进农民创业就业，增加农民收入，构建高效的农村生态产业体系。

①发展乡村生态农业。深入推进现代农业，推广种养结合等新型农作制度，大力发展精致高效农业，扩大无公害农产品、绿色食品、有机食品和森林食品生产。突出培养具有地方特色的"名、特、优、新"产品，推进"一村一品"的生态农业，致力于打造一批生态农业专业村，增强特色产业、主导产业的示范带动作用[21]。图8-6所示为乡村生态农业。

图 8-6　乡村生态农业

②发展乡村生态旅游业。利用农村森林景观、田园风光、山水资源和乡村文化，发展各具特色的乡村休闲旅游业，努力做到"镇镇有特色，村村有美景"[22]。加快形成以重点景区为龙头、骨干景点为支撑、"农家乐"休闲旅游业为基础的乡村休闲旅游业发展格局，打造旅游休闲目的地[23]。图 8-7 所示为乡村生态旅游业。

图 8-7　乡村生态旅游业

③发展乡村低耗、低排放工业。按照生态功能区规划的要求，严格产业准入门槛，严格保护水源保护区、江河源头地区及水库库区[24]。推行"循环、减降、再利用"等绿色技术，调整乡村工业产业结构，不断壮大村域经济实力。

(3) 乡风文明方面。按照"乡风文明身心美"的要求，以提高农民群众生态文明素养、形成农村生态文明新风尚为目标，增强村民的可持续发展观念，构建和谐的农村生态文化体系。

①培育特色文化村。编制农村特色文化村落保护规划，制定保护政策。在充分发掘和保护古村落、古民居、古建筑、古树名木和民俗文化等历史文化遗迹遗存的基础上，优化美化村庄人居环境，把历史文化底蕴深厚的传统村落培育成传统文明和现代

文明有机结合的特色文化村[25]。特别要挖掘传统农耕文化、山水文化、人居文化中丰富的生态思想，把特色文化村打造成为弘扬农村生态文化的重要基地。图8-8所示为浙江省白鹤岭下村。

图8-8　浙江省白鹤岭下村

②转变生活方式。结合农村乡风文明评议，开展群众性生态文明创建活动，引导农民追求科学、健康、文明、低碳的生产生活和行为方式。

③开展宣传教育。深入开展文明村创建活动，把提高农民群众生态文明素养作为重要创建内容[26]。充分利用各类宣传工具和形式，利用一切文化阵地，大张旗鼓地开展形式多样的生态文明、生育文化知识宣传，形成农村生态文明新风尚。如图8-9所示。

图8-9　乡村文化宣传教育

①促进乡村社会和谐。全面推行村务公开制度，积极推行以村党组织为核心和民主选举法制化、民主决策程序化、民主管理规范化、民主监督制度化为内容的农村"四化一核心"工作机制，合理调节农村利益关系，有序引导农民合理诉求，有效化

农村矛盾纠纷,维护农村社会和谐稳定[27]。

⑤彰显乡村个性特色。在文化传承上要注重留住乡村的"魂"。要注入生态文化、历史文化、民俗文化等元素,深挖历史古韵,弘扬人文之美,培育乡村的独特气质。

思考题

1. 我国乡村发展建设可以划分为几个阶段?
2. 乡村建设的基本原则有哪些?
3. 请结合某一具体市级或省级区域,简述乡村建设的目标指标。

参考文献

[1] 冯雨峰,张超,汤燕等. 基于乡村发展的乡村建设目标选择[A]. 中国城市规划学会城乡规划治理与改革——2014城乡规划学会,2014(9):129-137.

[2] 王伟强,丁国胜. 中国乡村建设实践的历史演进[J]. 时代建筑,2015,2(19):28-31.

[3] 刘春兰. 新农村建设中乡土文化的价值开发与制度引导[J]. 理论界,2008,06(11):136-137.

[4] 曹云,周冠辰. 城镇化进程中乡土文化的保护困境与有效传承策略[J]. 现代城市研究. 2013,8(6):31-34.

[5] 洪亮平,乔杰. 规划视角下乡村认知的逻辑与框架[J]. 城市发展研究,2016,23(1):4-12.

[6] 梅耀林,许珊珊,杨浩. 实用性乡村规划的编制思路与实践[J]. 规划师,2016,32(1):119-125.

[7] 卢渊,李颖,宋攀. 乡土文化在"美丽乡村"建设中的保护与传承[J]. 西北农林科技大学学报(社会科学版),2016,9(3):69-74.

[8] 王卫星. 美丽乡村建设:现状与对策.[J]. 华中师范大学学报(人文社会科学版),2014,5(1):1-6.

[9] 曾晓丽. 美丽乡村视域下农村人居环境建设历程与现状分析[J]. 未来与发展,2018,42(01):102-107+112.

[10] 吴理财,吴孔凡. 美丽乡村建设四种模式及比较——基于安吉、永嘉、高淳、江宁四地的调查[J]. 华中农业大学学报(社会科学版),2014,7(1):34-38.

[11] 付翠莲. 我国乡村治理模式的变迁、困境与内生权威嵌入的新乡贤治理[J]. 地方治理研究,2016,5(16):67-73.

[12] 孟莹,戴慎志,文晓斐. 当前我国乡村规划实践面临的问题与对策[J]. 规划师,2015,31(2):143-147.

[13] 梅耀林,汪晓春,王婧等. 乡村规划的实践与展望[J]. 小城镇建设,2014,7(11):48-55.

[14] 罗小龙,许骁. "十三五"时期乡村转型发展与规划应对[J]. 城市规划,2015,39(3):15-23.

[15] 金兰兰. 北京乡村规划村民参与现象调查与分析——以密云区为例[J]. 北京规划建设, 2018, 9 (1): 09-13.

[16] 中华人民共和国人力资源和社会保障部. 乡村振兴战略规划 (2018—2022年) [EB/OL]. 中国政府网, http://www.mohrss.gov.cn/SYrlzyhshbzb/dongtaixinwen/shizhengyaowen/201809/t20180927_302004.html, 2018-8-27.

[17] 吴祖泉. 建设主体视角的乡村建设思考[J]. 城市规划, 2015, 39 (11): 85-91.

[18] 王卫星. 美丽乡村建设: 现状与对策[J]. 华中师范大学学报(人文社会科学版), 2014, 16 (1): 14-18.

[19] 江捷, 邵源, 宋家骅. 江南水乡古镇地区旅游交通组织模式研究[J]. 城市规划, 2015, 19 (11): 20-22.

[20] 王景新. 乡村建设的历史类型、现实模式和未来发展[J]. 中国农村观察, 2006, 11 (3): 37-39.

[21] 石坚, 文剑钢. "多方参与"的乡村规划建设模式探析——以"北京绿十字"乡村建设实践为例[J]. 现代城市研究, 2016, 9 (10): 30-37.

[22] 孙莹, 张尚武. 我国乡村规划研究评述与展望[J]. 城市规划学刊, 2017, 18 (4): 21-25.

[23] 鲁敏, 王仁卿, 李英杰. 生态城市建设模式与策略. 中国生态农业学报, 2007, 15 (6): 62-64.

[24] 吴良镛. 人居环境科学的探索[J]. 规划师, 2001, 14 (6): 5-8.

[25] 镇列评, 蔡佳琪, 兰菁. 多元主体视角下我国参与式乡村规划模式比较研究[J]. 小城镇建设, 2017, 9 (12): 33-37.

[26] 张晓, 王南. 建立基于社区情境的规划: 乡村规划多样性和差异性文献分析[J]. 城市发展研究, 2018, 4 (1): 24-27.

[27] 葛丹东, 华晨. 城乡统筹发展中的乡村规划新方向[J]. 浙江大学学报(人文社会科学版)预印本, 2010, 11 (3): 14-17.

第九章 乡村建设的主要理论基础

从理论上讲，不同地区的乡村建设实践往往需要学科与理论支撑，而乡村建设的理论研究也往往源于乡村建设实践，即两者是相辅相成的。中外乡村建设历史源远流长，在漫长的乡村建设历程中，不同学科的经典理论为乡村建设提供了较好的理论支撑。应该说，乡村建设涉及的主体多、领域广。正是由此，在新的历史战略机遇期，科学梳理支撑乡村建设的主要理论基础，有助于完善乡村建设的理论研究范畴，同时有助于为各地开展的乡村建设实践提供支撑。

本章为乡村建设篇的第九章，主要梳理了支撑乡村建设实践的可持续发展理论、城乡一体化理论、人居环境科学理论、田园城市理论、生态城市理论等，旨在为新时期乡村振兴战略实施和乡村建设提供理论参考。

第一节 可持续发展理论

一、发展历程

1972年，在斯德哥尔摩举办的联合国人类环境研讨会上提出可持续发展理念，即从发展的基本要素、基本内涵、基本原则做出规定[1]，形成了比较完整的理论框架。1987年，联合国世界与环境发展委员会发表了题为"我们共同的未来"的报告，正式提出可持续发展概念，即为"既满足当代人的需求，又不对后代人满足其需求的能力构成危害的发展"。1996年，联合国世界与环境发展委员会提出了可持续发展战略。表9-1所示为可持续发展理论发展历程。

表9-1 可持续发展理论发展历程

时间	提出者	内容
1972年	斯德哥尔摩举办的联合国人类环境研讨会	讨论了可持续发展理论
1987年	联合国世界与环境发展委员会	提出可持续发展概念
1996年	联合国世界与环境发展委员会	提出可持续发展战略

二、定义与内涵

1. 定义

可持续发展理论是指"既满足当代人的需求，又不对后代人满足其需求的能力构成危害的发展"。理论的核心思想是"人类应协调人口、资源、环境和发展之间的相互关系，在不损害他人和后代利益的前提下追求发展以及人与自然、人与人之间的和谐"。

2. 内涵

学术界比较认可的是，可持续发展广泛涉及可持续经济、可持续生态和可持续社会三方面[2-3]，它包含以下几个方面的内涵：(1) 共同发展，即追求的是整体发展和协调发展；(2) 协调发展，既包括经济、社会、环境三大系统的协调，也包括世界、国家和地区三个层面的协调，还包括一个地区经济与人口、资源、环境、社会以及内部各个阶层的协调；(3) 公平发展，一是时间维度上的公平，即当代人的发展不能损害后代人的发展能力；二是空间维度上的公平，即一个地区的发展不能损害其他地区的发展能力；(4) 高效发展，即在经济、社会、资源、环境、人口等协调下实现高效率发展；(5) 多维发展，即各地区在实施可持续发展战略时应从区域实际出发，走符合各自区域实际的多样性、多模式的发展道路。图9-1 所示为可持续发展理论内涵。

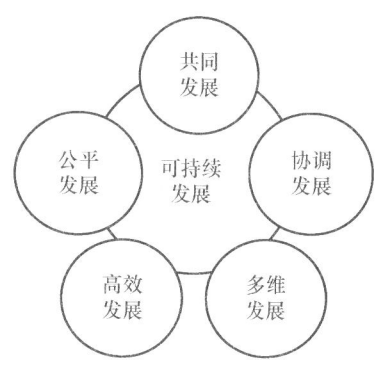

图9-1 可持续发展理论内涵

三、可持续发展理论在乡村建设中的应用

可持续发展理论在乡村建设领域具有广泛的应用性。在乡村建设中，要坚持以可持续发展为核心，合理利用自然资源，促进人与自然和谐相处，实现乡村的可持续发展；同时要保护好我们的绿水青山，让乡村更绿更美；让我们这一代在享受美丽乡村的同时，也给后辈留下更多的生存资源[4]。

应该说，可持续发展理论贯穿于乡村建设的各个领域。正是由此，有学者提出了乡村可持续发展概念。即乡村可持续发展，是指以全面、协调、可持续的科学发展观为指导，通过技术系统、经济系统、环境系统的相互协调，实现农业生产经营专业化、集约化和可持续发展。可持续发展理论在乡村建设领域中的具体应用主要包括以下几个方面[5]：

(1) 遵循生态文明理念，协调乡村人口、土地、资源与环境的关系，调整农业产业结构，用现代科技改造农业、用现代物质装备农业、用现代手段管理农业。

(2) 以乡村经济发展为基础，促进乡村经济子系统、环境子系统、社会子系统的良性互动，使乡村与外界物质能量交换。

(3) 合理利用乡村系统的开放性，从外界吸收资金、技术、人才、信息等物质能量，形成乡村经济发展的动力，带动乡村人口的就业发展。

(4) 立足农村经济社会发展实际，依托自然地理条件，适应资源禀赋和民俗文化差异，因地制宜地进行乡村建设。

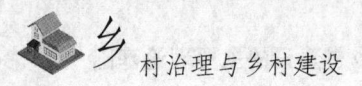

第二节 城乡一体化理论

一、发展历程

1894年,在城市规划与城市学术界,英国城市学家霍华德最早提出城乡一体化发展的理论,提出建设一种兼有城市和乡村优点的理想城市。

在我国,城乡一体化思想在改革开放后,特别是在20世纪80年代末期开始逐渐受到重视。1984年,在《中共中央关于经济体制改革的决定》文件中,提出了"要充分发挥中心城市的作用,逐步形成以城市特别是大、中城市为依托的,不同规模的,开放式、网络性的经济区";1990年前后,我国的城乡一体化研究开始向城乡边缘区推进。城乡边缘区兼有城市和乡村两种地域的特征,是中国独特的地域类型,构成城市、乡村、城乡边缘区三元地域结构类型;1990年代中后期,城乡一体化研究开始了理论上的探索,讨论了城乡一体化目标、战略、特征、发展方向和动力机制等[6]。"十三五"时期,城乡一体化理论研究以缩小城乡差距为主攻方向,以加快转变农业发展方式为主线,以改革创新为动力,建立健全符合新型工农、城乡关系要求的体制机制,力争率先走出一条以人为本、四化同步、生态文明、文化传承的新型城镇化道路,以高质量的新型城镇化推动高水平的城乡发展一体化。表9-2所示为城乡一体化理论发展历程。

表9-2 城乡一体化理论发展历程

时间	提出者	内容
1898年	英国城市学家霍华德	田园城市
1984年	《中共中央关于经济体制改革的决定》	形成不同规模的,开放式、网络性的经济区
1990年前后	住房和城乡建设部	城市、乡村、城乡边缘区三元地域结构类型
1990年代中后期	住房和城乡建设部	目标、战略、特征、发展方向和动力机制
"十三五"时期	《城乡发展一体化"十三五"规划》	以高质量的新型城镇化推动高水平的城乡发展一体化

二、定义与内涵

1. 定义

城乡一体化理论是指通过建立城乡融合的体制机制,形成以工促农、以城带乡、工农互惠、城乡一体的新型工农城乡关系,促进城乡经济社会全面协调可持续发展的过程,其目标是逐步实现城乡居民基本权益平等化、城乡公共服务均等化、城乡居民收入均衡化、城乡要素配置合理化以及城乡产业发展融合化。

2. 内涵

城乡一体化是中国现代化和城市化发展的一个新阶段。城乡一体化就是要把工业与农业、城市与乡村、城镇居民与农村村民作为一个整体，统筹谋划、综合研究，通过体制改革和政策调整，促进城乡在经济要素、社会要素、生态要素、文化要素、空间要素、政策要素等方面的一体化，使整个城乡经济社会全面、协调、可持续发展[7]。图9-2所示为城乡一体化分类。

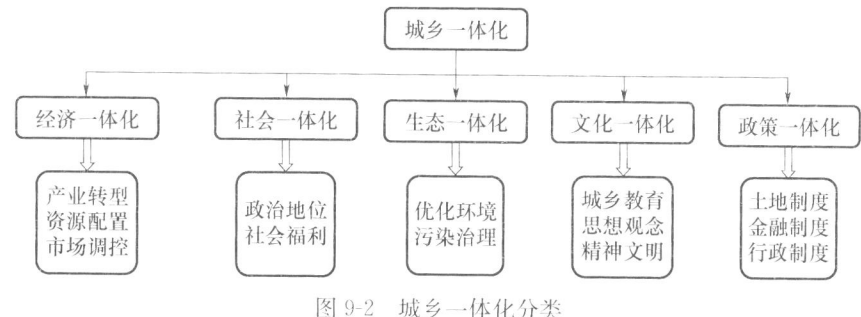

图9-2 城乡一体化分类

（1）经济一体化。第一，产业一体化，即三大产业在城乡之间广泛联合，农业、服务业、工业协调发展相互促进，城乡产业相互渗透、相辅相成；第二，资源配置一体化，即基础设施在城乡统筹之间统一配置；第三，市场在调控中体现一体化战略，形成城乡统一的产品市场、生产资料市场、技术市场、劳动力市场和资金市场。

（2）社会一体化。第一，政治地位一体化，城乡居民在参与国家政策、决策方面享有平等的权利；第二，社会福利一体化，城乡居民享受平等的社会福利，建立城乡一体化的保障体系。

（3）生态一体化。第一，合理优化乡村生态环境，协调城市、乡镇、农业用地，建设城乡一体化的生态环境；第二，城乡一体化的治理、控制污染源、保护环境建设。

（4）文化一体化。主要是指城乡文明一体化，具体有：第一，城乡教育一体化；第二，城乡居民思想观念一体化；第三，城乡精神文明建设一体化。

（5）政策一体化。通过制度、体制创新，打破传统城乡关系的人为制度的破裂，建立城乡统一政策环境。主要有城乡统一的土地制度、金融制度、行政制度。

三、城乡一体化理论在乡村建设中的应用

1. 城乡发展规划一体化

新时期，要按城乡统筹、多规合一要求，首先确保在编制城市规划时要将所辖乡村纳入规划中，即不应忽略乡村建设与发展需求，同时要求城乡发展规划不仅只是城市的经济发展，同时也要规范乡村地区的规划设计，并且要做到城乡规划有一定的呼应，着力推动城乡统筹发展与乡村建设。

2. 城乡基础设施建设一体化

城乡基础设施建设一体化主要指交通、通信、供水、供电、垃圾、污水处理等基础设施向乡村发展、覆盖，形成城乡共建、城乡共享的基础设施建设格局，鼓励有条件的乡村率先在"厕所革命"行动中实现城乡厕所设施的同标准建设。

3. 城乡公共服务一体化

在乡村建设进程中，要加强义务教育、社会保障等公共服务设施建设，使广大乡村居民能够均等化地享有各项公共服务设施。

第三节 人居环境理论

一、发展历程

1898年，霍华德提出的田园城市理论，对人口密度、城市经济、城市绿化的重要性等问题都提出了见解。应该说，田园城市理论对城市规划学科的建立起了重要作用，是现代城市规划的开端[1]。1923年，美国社会学家佩里提出了"邻里单位"，这是一种为适应现代城市因机动交通发展而带来的规划结构的变化，改变过去住宅区结构从属于道路划分为方格状而提出的一种新的居住区规划理论；1933年，《雅典宪章》提出城市应成为构成一个地理的、经济的、社会的、文化的和政治的区域单位的一部分，城市依赖这些因素而发展，"居住、工作、游憩与交通"四大活动是研究及分析现代城市设计时最基本的分类[8]。1957年，法国地理学家戈特曼提出都市圈的概念，以大城市郊区来分散中心城市的压力，从而出现了多核城市以及郊区人口增加的逆城市化现象。20世纪50年代，道萨迪亚斯提出了"人居聚居学"概念，强调把乡村、城镇、城市在内的所有人类住区作为一个整体[9]。

人居环境在我国的研究起步较晚，20世纪80年代吴良镛院士受到古希腊建筑师道萨迪亚斯《人类聚居学导论》的影响，开创了中国人居环境科学，无论从研究内容还是研究理论上，都推动了中国人居环境的发展[10]。1993年，吴良镛院士提出发展"人类环境学"并撰写了《人居环境科学导论》。在《人居环境科学导论》中，他提出要以建筑、园林、城市规划为核心学科，把人类聚居作为一个整体，从社会、经济、工程技术等多个方面，较为全面、系统、综合地加以研究，集中体现了整体、统筹的思想。

二、定义与内涵

1. 定义

从人居环境科学定义来看，人居环境科学理论强调把人类聚居作为一个整体，而不像城市规划学、地理学、社会学那样，只涉及人类聚居的某一部分或某个侧面。应该说，人居环境学科的目的是了解和掌握人类聚居发生、发展的客观规律，以更好地建设符合人类理想的聚居环境。其中的人类聚居显然包括当前的乡村区域，且是一个重要的研究区域。

2. 内涵

吴良镛院士提出的人居环境包含五个子系统（图9-3）：自然系统、人类系统、居住系统、社会系统和支撑系统[10]。在五大系统中，人类系统和自然系统是两个基本系统,居住系统与支撑系统则是人工创造与建设的结果。在人与自然的关系中,和谐与矛盾共生,人类必须面对现实,与自然和平共处,保护和利用自然,妥善地解决矛盾,即必须可持续发展。

（1）自然系统,主要指整体自然环境和生态环境,是聚居产生并发挥其功能的基础,人类安身立命之所。自然系统侧重于与人居环境有关的自然系统的机制、运行原理及理论和实践分析。如区域环境与城市生态系统、土地资源保护与利用、土地利用变迁与人居环境的关系、生物多样性保护与开发、水资源利用与城市可持续发展等。

（2）人类系统,主要指作为个体的聚居者,侧重于对物质的需求以及与人的生理、心理、行为等有关的机制及原理、理论的分析。

（3）居住系统,主要指住宅、社区设施、城市中心等,人类系统、社会系统等需要的居住物质环境。

（4）社会系统,主要指公共管理与法律、社会关系、人口趋势、文化特征、社会分化、经济发展、健康与福利等,涉及由人群组成的社会团体相互交往的体系,包括由不同的地方、阶层、社会关系等的人群组成的系统。

（5）支撑系统,主要指人类住区的基础设施,为人类活动提供支持的、服务于聚落,并将聚落联为整体的所有人工和自然的联系系统、技术支持保障系统以及经济、法律、教育和行政体系等,包括公共服务

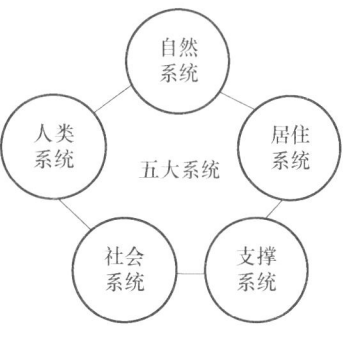

图9-3 人居环境五个子系统

设施系统（自来水、能源和污水处理）交通系统（公路、航空、铁路）以及通信系统、计算机信息系统和物质环境规划等。

三、人居环境理论在乡村建设中的应用

乡村人居环境理论在乡村建设中的应用可以分为乡村居民点布局、乡村人居环境整治和乡土景观营造等方面。其中,在乡村人居环境整治层面主要包括居住条件、公共设施与服务、基础设施、景观生态环境等;乡土景观营造层面主要包括文化、风俗习惯、地域特色等。

1. 乡村居民点布局

对于乡村居民点的布局和选址,人居环境科学理论提供的指导与参考是,应结合乡村的自然生态系统,并且考虑道路交通规划、绿地规划、基础设施规划、开敞空间布局等因素,选择合适的乡村居民点布局模式进行规划建设,从而为广大乡村居民创造出舒适宜人的人居环境。

2. 乡村人居环境整治

对于乡村人居环境整治,首先人居环境科学理论要求必须用系统的观点、全面的眼光来推进乡村人居环境整治,要从人居环境整治与改革规划入手,统筹推进乡村"空心村"整治、节地控制、基础设施与公共服务设施配置、垃圾分类回收处理等重点

建设内容，着力解决村庄环境"脏乱差"问题，营造污水乱泼乱倒现象明显减少、粪污无明显暴露、杂物堆放整齐、房前屋后干净整洁、村民生态文明意识得以提高的乡村人居环境新风貌（图9-4）。

图9-4　乡村人居环境整治

3. 乡土景观营造

乡村建设如何避免千篇一律，一方面在于发掘其人文特色；另一方面在于乡土景观的营造。应该说，浓郁的乡土气息，是乡村区别于城市的基本特征，也是乡村的独特魅力所在。对于乡土景观营造，人居环境科学理论要求，在文化传承上要留住乡村的"魂"，要注入生态文化、历史文化、民俗文化等元素，深挖历史古韵，弘扬人文之美，培育村落的独特气质[11]；在具体景观营造上，要结合乡村的气象气候等自然地理条件，选择适宜本地的乡土植物，配以具有乡土特色的景观小品，从而打造乡村的独特景观风貌（图9-5）。

图9-5　乡土景观营造

第四节　田园城市理论

一、发展历程

1820年，著名的空想社会主义者罗伯特·欧文提出了"花园城市"；1984年，霍华德在他的著作《明日，一条通向真正改革的和平道路》中认为应该建设一种兼有城市和乡村优点的理想城市，并称之为"田园城市"，田园城市实质上是城和乡的结合体；1919年，英国田园城市和城市规划协会与霍华德商议后，明确提出田园城市的含义[12]。

二、定义与内涵

1. 定义

田园城市理论是为健康、生活以及产业而设计的城市理论，它的规模足以提供丰富的社会生活，但不应超过这一程度；四周要有永久性农业地带围绕，城市的土地归公众所有，由专业委员会受托掌管。

田园城市包括城市和乡村两个部分，城市的形状是圆形的，整个田园城市分为6个相等的分区，由6条林荫大道划分（图9-6）。

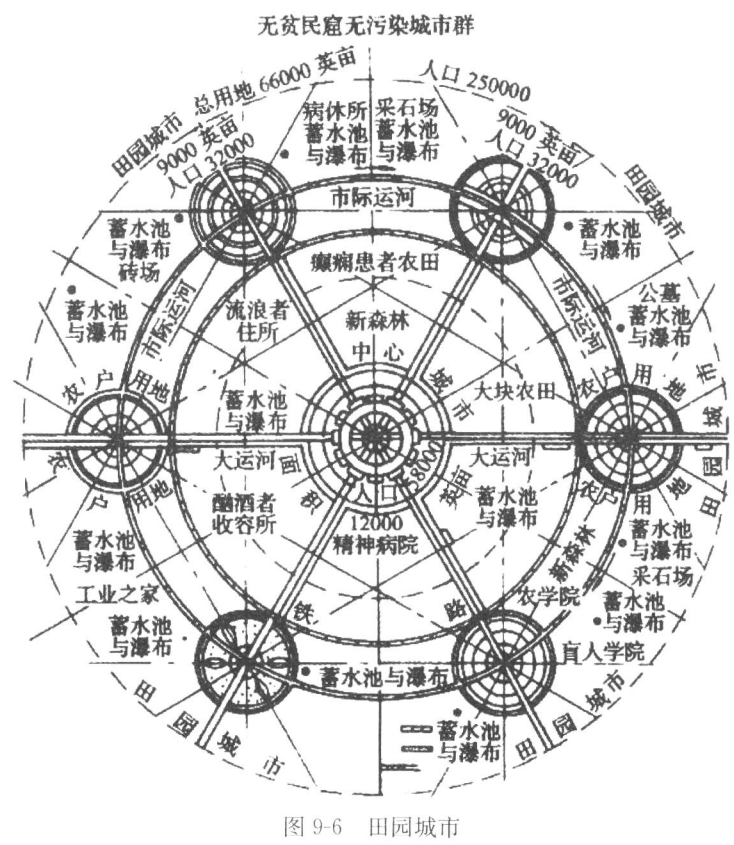

图9-6 田园城市

2. 内涵

从狭义角度看，田园城市更多的是强调城乡的统一，即适度的规模、优美的自然环境、高效便捷的城市服务等，而从广义角度看，田园城市与绿色城市、低碳城市、生态城市、宜居城市等各种城市概念具有趋同性，它融合了社会、文化、历史、经济等因素，向更加全面的方向发展。进一步来看，田园城市的内涵具体可分为以下

五点[13]:

(1) 自然生态良好:保护城市的自然特色和景观,使人回归自然、贴近自然,使城市与自然充分融合。

(2) 城市规模适中:对城市的规模进行了严格的限制,目前,虽然没有对各类田园城市的规模做出具体的要求,但田园城市特别是新规划的新城,规模不宜过大,否则易产生各类城市病。

(3) 经济运转高效:以最少的资源和能源消耗实现生产和生活的正常运转,实现"循环城市"。

(4) 社会健康和谐:结合"城市—乡村"的优点,田园城市还应拥有关心爱护人、陶冶人的人居环境,反映了人们对和谐健康生活环境的追求。

(5) 城市发展可持续:合理配置资源,公平地满足今世后代在发展和环境方面的需要,不因眼前利益而用掠夺的方式促进城市的暂时繁荣,也不为自身的发展破坏区域的生态环境,要保证城市的健康、协调发展。

三、田园城市理论在乡村建设中的应用

田园城市是经济、社会、农业发展到一定阶段的产物[14],为新时期美丽乡村建设提供了模式参考,在城乡一体化的新格局下顺应了农业供给侧改革,符合产业转型升级的要求。

田园城市理论在乡村建设中的应用主要体现在:

(1) 保持乡村原始风貌。田园城市理论倡导乡村在建设进程中,要注意保持乡土本色,突出田园特色,使人回归自然、贴近自然;要注重对原汁原味的乡村本色进行保护,加强科学引导和专业指导,强化乡村的特色和差异性,突出农村的天然、纯朴、绿色、清新的环境氛围,强调天然、闲情和野趣,展现美丽乡村的魅力[15]。

(2) 避免乡村过度城市化。随着经济社会和现代科技的发展,我国大量的极具特色、具有吸引力的乡村正在被不断推进的城市化进程所吞噬。乡村是农耕文明的载体[16],具有不同于城市的气质。田园城市理论倡导在乡村建设与发展过程中,要遵循乡村发展规律,必须尊重自然、顺应自然、保护自然;要根据不同乡村的资源条件,开发符合乡村实际,凸显乡村优势,如森林康养、温泉小镇、红色旅游等特色项目。

第五节 生态城市理论

一、发展历程

生态城市萌芽于乌托邦,成长于田园城市、卫星城市,1971年生态城市的概念被正式提出。

生态城市理论的发展历程大致如下:近代工业革命在加速城市化进程的同时,也

给城市带来了各种问题,如住房紧张、环境污染、交通拥堵、生态环境破坏等。这些问题被形象地称为"城市病"。为了治理"城市病",从工业革命萌芽伊始,西方学者就在探索生态城市的有关问题,合理控制城市规模。1972年6月5日至16日,在斯德哥尔摩召开的联合国人类环境会议上,提出了"人类的定居和城市化工作必须加以规划,为社会、经济和环境三方面的最大利益"。1984年,雷古斯特提出了初步的生态城市原则[17]。1987年,前苏联城市生态学家亚尼科斯基阐述了生态城市的概念。1990年,城市生态组织在伯克利组织了第一届生态城市国际会议。

二、定义与内涵

1. 定义

生态城市是社会、经济、文化和自然高度协同和谐的复合生态系统,其内部的物质循环、能量流动和信息传递构成环环相扣、协同共生的网络,具有实现物质循环再生、能力充分利用、信息反馈调节、经济高效、社会和谐、人与自然协同共生的机能。从生态城市的定义来看,生态城市一般具有人文性、持续性、整体性和区域性等特征(图9-7)。

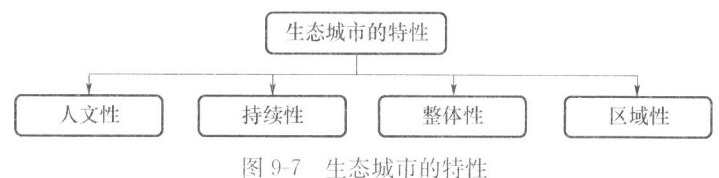

图9-7 生态城市的特性

(1)人文性。只有拥有文化个性、人文气质的城市,才是真正意义上的生态城市。生态城市应具有人文品质,寻求人与自然之间的和谐,人要爱护自然、维护良好的生态环境,身心也能从美好的自然环境中受益;生态城市应寻求人与人之间关系的和谐,追求平等、民主、尊重、关怀的人文价值。

(2)持续性。可持续发展理论是生态城市的思想基础。城市发展需秉持理性价值取向,即限制需要在合理的范围内。合理地配置资源,保持生态城市持续健康地发展,让城市繁荣的成果惠顾广大的居民[17]。

(3)整体性。生态城市是一个包括自然、经济和社会在内的复合系统,具有系统的整体性特征。生态城市的规划、建设要兼顾环境、经济和社会三方面的整体效益,注重城市质量的整体提高。

(4)区域性。生态城市作为城乡统一体,建立在区域平衡基础之上,且城市之间相互联系、相互影响,只有平衡协调的区域才有平衡协调的生态城市。

2. 内涵

生态城市的内涵主要包括社会生态、自然生态、经济生态三个方面。其中,社会生态是以人为本,满足人的各种物质和精神方面的需求,创造自由、平等、公正、稳定的社会环境;自然生态是给自然环境以最大限度的保护,使开发建设活动一方面保持在自然环境所允许的承载能力内,另一方面,减少对自然环境的消极影响,增强其健康性；经济生态是以保护和合理利用一切自然资源和能源，实现资源的高效利用[17]。

三、生态城市理论在乡村建设中的应用

乡村生态化是实现乡村可持续发展的关键环节。在当前乡村城镇化、城乡一体化发展进程中，针对乡村发展过程中出现的种种不协调问题，可在生态城市理论（应用"社会—经济—自然"的复合生态系统理论、生态经济学、生态工程原理、景观生态学、生态建筑学、产业生态学、社会生态学的理论与方法）指导下[18]，按照生态优先的发展战略思想，指导乡村的经济和社会发展，从产业发展、人居环境、生态环境、社会文明等方面因地制宜地进行全面生态化建设，着力把我国乡村建设成为布局合理、人口规模适中、环境宜人、产业协调发展、人与自然及人与人之间和谐共生的空间。

具体来看，生态城市理论在乡村建设中的应用主要体现在以下几个方面[19]：

（1）以生态产业为发展主导，发展生态农业、生态旅游、生态工业等生态产业，为人类、生物、环境提供安全健康的生态产品和服务。首先，注重以生态化的手段统筹优势农产品的区域布局。其次，按照生态规模调整农业结构布局[20]。最后，加强农村生态化建设。如图9-8所示。

图9-8 生态产业

（2）以生态系统打造为要点，对乡村的河流、山体、森林、湿地等大型生态要素，要在区域空间层次上，重点对影响乡村发展的上述大型生态要素提出保护和具体控制要求，加强生态修复，着力构建乡村生态系统。

（3）以生态技术应用为手段，在生态环境整治、农业、旅游业、加工业等方面广泛应用现代生物工程技术。比如，在技术层面，农村生态化直接经济效益在于为农村开辟新能源，使农业增长由原来的依靠自然资源的开发转到依靠科技的开发技术上来[21]。

（4）以生态文明为导向，建设"产业兴旺、生态宜居、乡风文明、治理有效、生活富裕"生态社会，让和谐与可持续发展的理念深入广大乡村居民的心中，提高广大乡村居民的生态环保意识。如在节水、节电、节能、节地等方面开发新能源，提高废物资源化利用、无害化处理，有毒有害物质有效控制，实现自然、农业资源的持续利用[22]；加强生态治理、控制水土流失、改善生态环境、提高生态系统的自然生产能力等（图9-9）。

第九章 乡村建设的主要理论基础

图9-9 乡村生态文明建设

思考题

1. 乡村建设的主要理论基础有哪些？
2. 人居环境理论在乡村建设中的应用具体分为哪几个方面？
3. 乡村在进行景观营造时重点考虑的因素是什么？
4. 请论述田园城市理论在乡村建设实践中的应用范围。

参考文献

［1］陈润羊．美丽乡村建设文献综述［J］．云南农业大学学报（社会科学），2018，12（2）：8-14.

［2］张尚武．城镇化与规划体系转型——基于乡村视角的认识［J］．城市规划学刊．2013，9（6）：19-25.

［3］李德华．城市规划原理［M］．北京：中国建筑工业出版社，2000，11（6）：21-24.

［4］杨文进．"可持续发展"内涵的逻辑思辨［J］．山东财政学院学报，2004，13（4）：3-8.

［5］陈佳．城乡规划设计中的美丽乡村规划研究［J］．江西建材，2017，16（23）：36-38.

［6］胡伟，冯长春，陈春．农村人居环境优化系统研究［J］．城市发展研究，2006，2（6）：11-17.

［7］卢渊，李颖，宋攀．乡土文化在"美丽乡村"建设中的保护与传承［J］．西北农林科技大学学报（社会科学版），2016，9（3）：69-74.

［8］鲁敏，王仁卿，李英杰．生态城市建设模式与策略．中国生态农业学报，2007，15（6）：182-184.

［9］吴良镛．人居环境科学的探索［J］．规划师，2001，3（6）：5-8.

［10］王艳，尹建中．城市循环经济理论与实践现状及展望［J］．对外经贸，2012，11（6）：67-69.

［11］鲁敏，王仁卿，李英杰．生态城市建设模式与策略［J］．中国生态农业学

报，2007，15（6）：182-184.

［12］张庭伟．规划理论作为一种制度创新——论规划理论的多向性和理论发展轨迹的非线性［J］．城市规划，2006，21（8）：9-18.

［13］吴丰华，白永秀，周江燕．中国城乡社会一体化：评价指标体系构建及应用［J］．福建论坛（人文社会科学版），2015，21（9）：11-18.

［14］曾晓丽．美丽乡村视域下农村人居环境建设历程与现状分析［J］．未来与发展，2018，42（01）：102-107＋112.

［15］Richard Register．生态城市——建设与自然平衡的人居环境［M］．王如松，胡聘．北京：社会科学文献出版社，2002，12（4）：167-169.

［16］沈清基．论城乡规划学学科生命力［J］．城市规划学刊，2012，6（4）：12-21.

［17］王松良，邱建生，汪明杰等．社区大学引导下的福建乡村社会管理创新［J］．中国发展，2012，3（6）：75-81.

［18］牛文元．可持续发展理论的内涵认知——纪念联合国里约环发大会20周年［J］．中国人口·资源与环境，2012，22（5）：9-14.

［19］陈凯芳．乡村规划建设中生态技术的选取及应用研究［J］．福建建筑，2016，10（1）：8-12.

［20］姚莉．基于城乡公共服务一体化的行政体制改革［J］．理论导刊，2009（9）：28-30.

［21］陈伯庚．积极推进城乡就业一体化的几点思考［J］．上海农村经济，2009，17（11）：25-28.

［22］王发堂．建筑学学科群设置与内部划分——基于英美等国家的经验考察［J］．建筑学报，2016，12（3）：89-94.

第十章　乡村建设的主要内容

乡村建设是一项融合了人与自然、物质与精神、生活与生产、传统与现代的庞大系统工程，涵盖了农村生产、生活、生态等方方面面的内容。围绕"产业兴旺、生态宜居、乡风文明、治理有效、生活富裕"的总要求，乡村建设应着重从乡村实际问题出发，科学有序地开展乡村建设。

本章为乡村治理篇的第十章，重点以美丽乡村建设为视角，对乡村建设涉及的产业发展、环境整治、生态改善、公共服务等主要领域与内容进行了较为详细的介绍。

第一节　产业发展

经济发展是美丽乡村建设的重要基础，是乡村居民生活富裕的重要保障。乡村经济发展与所处的生态环境、地域特色等息息相关，可以说，良好的生态环境是乡村实现可持续发展的前提，丰富的地域特色则是乡村多元发展的基础。在美丽乡村建设过程中，应着力将良好的生态环境作为发展的基础，积极挖掘生态资源的发展潜力，转变传统的经济发展方式，将生态价值转化为乡村经济发展的动力，将生态环境优势转变为经济优势[1]。

一、夯实农业发展基础

在乡村规划建设中，要按照上位规划、土地利用总体规划、社会经济发展规划及各类专项规划，协调乡村土地开发与生态环境的矛盾，划分各类功能区，加大空间管控力度，夯实农业生产能力基础和特色产业发展基础。

1. 加大空间管制力度

深入实施"藏粮于地、藏粮于技"战略，严守空间管制规划中划定的各类保护线，确保国家粮食安全，全面落实永久基本农田特殊保护制度，划定和建设粮食生产功能区、重要农产品生产保护区，完善相关支持政策。

2. 积极发展绿色循环农业

根据时空条件差异科学地进行农业生产，协调粮食、经济作物、饲草料三元作物种植的发展结构；实现养殖业与种植业循环发展，推动农林、牧渔复合经营，构建粮经饲统筹，农牧结合，种养一体，第一、二、三产业融合的现代农业产业体系；推进优质农产品生产，保障无公害农产品、绿色食品和有机农产品的健康生产，建立从农田到餐桌的农业产品质量监督管理体系；大规模推进乡村土地整治和高标准农田建设，稳步提升耕地质量，加强农田水利建设，提高抗旱防洪除涝能力；实施国家农业节水行动，加快灌区续建配套与现代化改造，推进小型农田水利设施达标提质，建设一批重大高效节水灌溉工程[2]。图10-1和图10-2分别所示为五线控制图和功能分区图。

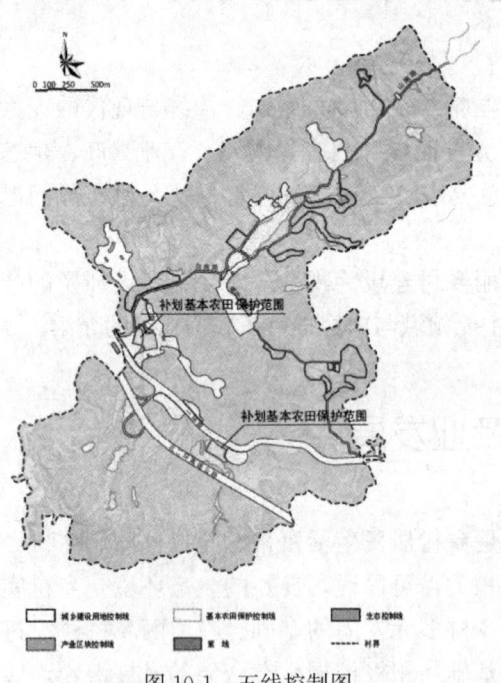
图10-1 五线控制图
资料来源：白云区白山村村庄规划

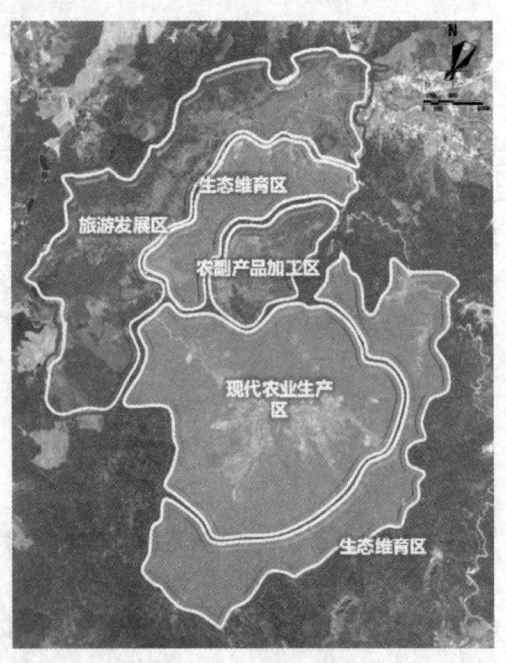
图10-2 功能分区图
资料来源：白云区白山村村庄规划

3. 构建农业创新体系，培育农业发展新动能

加快建设国家农业科技创新体系，有条件的乡村可以建设科技创新基地，加快农业科技成果转化，加快发展现代农作物、畜禽、水产、林木种业，提升自主创新能力；深入推进"互联网＋农业"，扩大农业物联网示范应用；推进重要农产品全产业链大数据建设，加强国家数字农业农村系统建设；继续开展电子商务进农村综合示范，实施"互联网＋"农产品出村进城工程。

二、培育特色优势产业

美丽乡村建设过程中还要注重尊重市场规律，立足当地特点培育、发展一批优势特色产业。首先，要充分借助当地的自然、人文资源，依托现有的产业基础，选择合适的产业类型。其次，在乡村产业发展的过程中，要注重与上级产业发展规划的衔接以及其他资源的联合开发。最后，还要注重吸引社会资金、技术、人才流入农村，实现资源的集聚效应，推进乡村特色产业的可持续发展。

1. 培育新型农民，加快生产经营体系改革

农民作为特色优势产业发展的主体，应认识本村资源优势与发展潜力，努力开发

并推广具有本村特色的产品和产业,打造本村的品牌效应。通过培育新型农民、建立适合本村特色优势产业发展的农村经济合作组织,进一步完善农村产业经营体系,如农户以土地承包经营权入股,村集体以资金和配套设施入股,把土地和资金有效结合起来,成立股份制企业。如图10-3所示。

图10-3 崇州市探索建立新型农业经营体系

2. 因地制宜发展特色产业,打造本土特色品牌

立足当地特点发展特色产业,倡导"一村一品""一县一业",如在有条件的乡村,鼓励积极发展果菜茶、食用菌、杂粮杂豆、薯类、中药材、特色养殖、林草花卉苗木等产业;创新发展具有民族和地域特色的乡村手工业,大力挖掘农村能工巧匠,培育一批家庭工场、手工作坊、乡村车间;健全特色产品质量标准体系,强化产品地理标志和商标保护,创响一批"土字号""乡字号"特色产品品牌。

3. 强化农业与旅游业的融合,积极发展休闲农业

休闲农业是在经济发达的条件下为满足城市居民休闲需求,利用农业景观资源和农业生产条件,发展观光、休闲、旅游的一种新型农业生产经营形态。休闲农业也是深度开发农业资源潜力、调整农业结构、改善农业环境、增加农民收入的新途径。休闲农业的基本属性是以充分开发具有观光、旅游价值的农业资源和农业产品为前提,把农业生产、科技应用、艺术加工和游客参加农事活动等融为一体,供游客领略在其他风景名胜地欣赏不到的大自然情趣[3]。

休闲农业作为一种以农业活动为基础,将农业和旅游业相结合的新型的交叉型产业,组织模式多种多样。可参考的组织模式主要包括连片开发模式、"农家乐"模式、村镇旅游模式等(表10-1)。

表 10-1 休闲农业组织模式

休闲农业组织模式	特点	主要类型
连片开发模式	政府出资建设和改善水、电、气、路、卫生等基础设施，农民根据市场需求结合当地优势开发各种农业休闲观光项目。依托自然优美的乡野风景、舒适怡人的清新气候、独特的地热温泉、环保生态的绿色空间，结合周围的田园景观和民俗文化，兴建一些休闲、娱乐设施，为游客提供休憩、度假、娱乐、餐饮、健身等服务	休闲度假村、体闲农庄、乡村酒店
"农家乐"模式	农民利用自家庭院、自家生产的农产品及周围的田园风光、自然景观，以原生态的理念吸引游客前来吃、住、玩、游、娱、购等旅游活动，为农民带来了可观的收入	农业观光农家乐、民俗文化农家乐、民居型农家乐、体闲娱乐农家乐
村镇旅游模式	以古村镇宅院建筑和新农村格局为旅游吸引物，开发观光旅游	古民居和古宅院型、民族村寨型、古镇建筑型
休闲农场或观光农园模式	城市居民利用节假日到郊区去体验现代农业的风貌，参与农业劳作以及进行垂钓、休闲娱乐等活动，由于大众对农业观光和休闲的社会需求日益上升，我国众多农业科技园区由单一的生产示范功能，逐渐转变为兼有休闲和观光等多项功能的农业园区	田园农业型、园林观光型、农业科技型、务农体验型
民俗风情旅游模式	以农村风土人情、民俗文化为旅游吸引物，充分突出农耕文化、乡土文化和民俗文化特色，开发农耕展示、民间技艺、时令民俗、节庆活动、民间歌舞等休闲旅游活动，增加乡村旅游的文化内涵	农耕文化型、民俗文化型、乡土文化型、民族文化型
休闲度假模式	依托优良的自然山水资源，融合生态养生理念，借鉴台湾"民宿"的发展经验，加大周末观光向休闲养生转变，拓展服务功能	现代生态农庄、高档乡村休闲会所、老年养生公寓

三、激发农村创新创业活力

除夯实农业基础、培育特色产业外，对于广大乡村居民发家致富目标的实现而言，必须坚持市场化方向，优化农村创新创业环境，合理引导工商资本下乡，推动乡村创新创业活力。

1. 整合多方资源，壮大创新创业群体

以产学研合作为导向，整合科研机构、高校、企业、政府等多方资源，协同推进农村创新创业项目，培育多元化的创新创业群体。特别是要鼓励外出务工农民返乡创业以及本地居民就地创业，合理地引导科技、信息、资金、管理等现代生产要素向乡村集聚，为广大乡村居民创新创业提供资金、技术、平台等支持。

2. 搭建服务平台，优化创新创业环境

政府部门要积极搭建多种形式的创新创业支撑服务平台，开展政策、资金、法律等专业化服务；在信用担保、信息咨询、科技服务等方面为返乡下乡人员开通"绿色通道"；加快建设一批农村创新创业园区（基地），使其成为农民投资创业的主要发展空间；通过"先富带后富"等政策手段扶持一批具有辐射作用的龙头企业，帮助他们做好二次创业，发挥其对发展农民创新创业的带头作用；加快市场体系建设，帮助农民解决"有市无场"或"有场无市"的问题。

3. 强化政府引领，营造良性竞争氛围

受传统思维方式影响，农民自身认识存在局限性，一定程度上阻碍了其在众多信息中把握本村产业发展的定位与方向。因此，各级政府有义务在充分认识乡村资源、发展现状的基础上，结合当前国内外市场需求，为乡村产业和产品发展提供多种选择，指导村民共同制订适合本村实际的产业发展规划，明确各类产业的发展时序和各阶段产业发展的重点。

4. 健全融资体系，破解创业资金难题

加快现有支持"双创"相关政策措施在乡村落地生根，统筹推进将返乡下乡人员开展农业适度规模经营所需贷款按规定纳入全国农业信贷担保体系支持范围；结合产业分类，适度放宽各项建设用地标准和各项设施用费标准，吸引更多返乡人员入园创业。

第二节 环境整治

乡村是广大乡村居民日常生活的家园。应该说，环境美不美，直接关系着乡村居民的宜居指数，更是决定了美丽乡村的建设成效。新时期，加强乡村建设，应积极推进乡村土地空间整合，合理有序地规划村庄空间利用结构，切实开展乡村环境整治，着力打造特色宜人的乡村人居景观风貌以及健康宜居的空间环境。

一、统筹规划乡村用地布局

长期以来，我国许多乡村因自身资源环境、生产条件、风俗习惯以及社会经济发展条件等差异逐渐自发形成其特色，但在保护其地域特色的同时，也存在缺乏统一规划的问题。这往往造成了农村土地集约利用率低、空间布局散乱、公共设施荒废、住宅闲置等问题，不仅占据了大量宝贵的耕地资源，而且在很大程度上制约了乡村经济的可持续发展，影响了乡村居民对高水平生活空间质量的追求，因此美丽乡村建设要坚持规划先行，统筹布局农村各项用地。

1. 编制村级土地利用规划

村级土地利用规划是指在一定时期和空间内，根据规划村的自然条件和社会经济条件，依据乡级土地利用规划来确定本村的居民点布局、土地利用结构布局、土地利用分区、基本农田保护区划定、农用地内部规划设计、村庄调整和布局，并进行综合评测和预算。

村治理与乡村建设

　　编制村级土地利用规划要与乡（镇）土地利用总体规划衔接，遵循"望得见山、看得见水、记得住乡愁"的生态文化建设思想，严守最严格的耕地保护制度和最严格的节约用地制度，综合考虑村庄建设、农业发展、公共设施建设、生态环境保护等问题，科学合理安排经济建设、耕地保护、环境整治、文化传承、社会事业发展等项目，促进农村生产、生活、生态"三生"融合[4]。图 10-4 所示为村庄用地布局规划图。

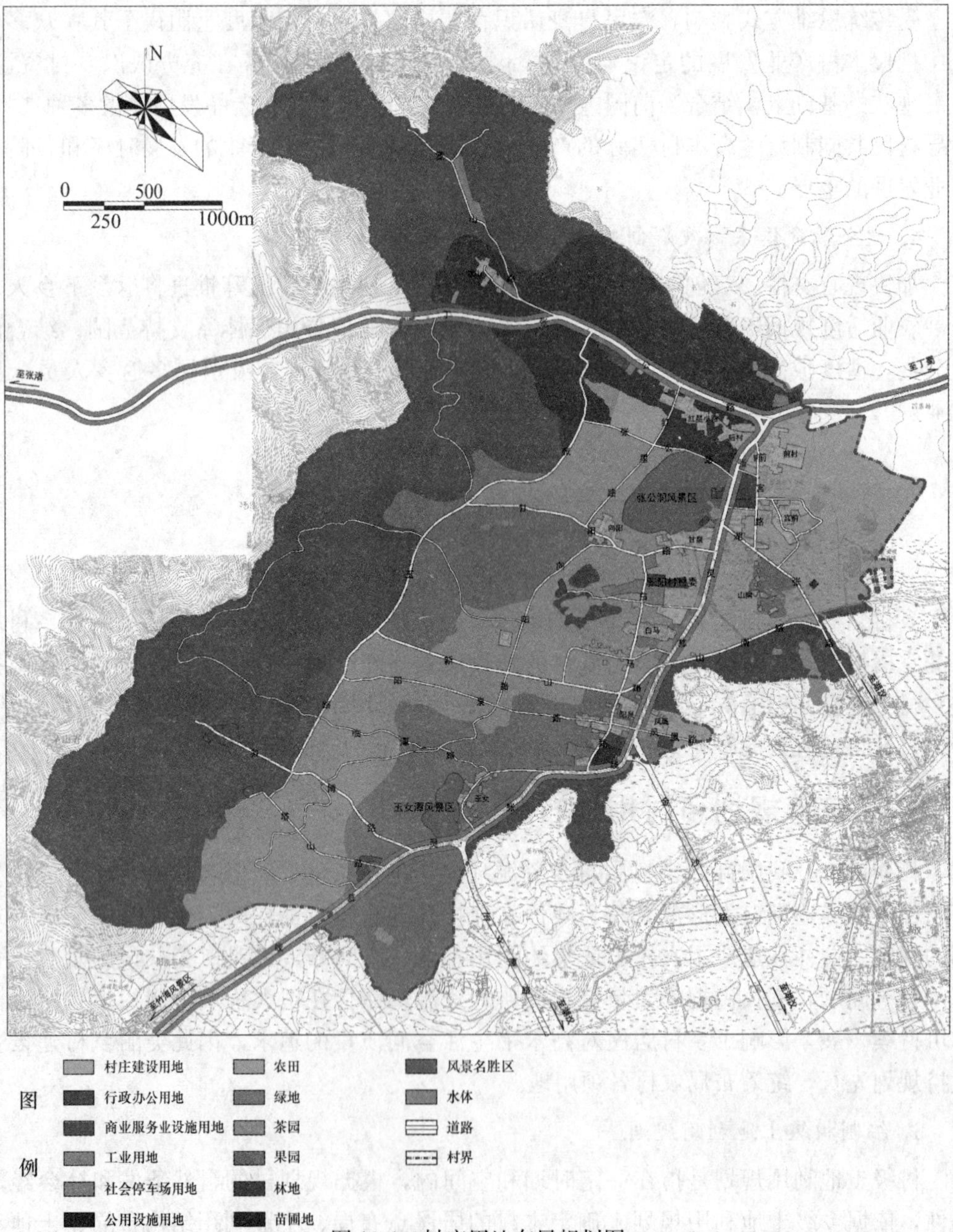

图 10-4　村庄用地布局规划图

资料来源：《广东省村庄规划编制指引》解读一体化模式经验

2. 强化乡村居民点用地整理

乡村居民点用地整理是实现乡村土地合理配置和优化布局的前提，对政府管理部门制订农村建设用地规划、实现耕地占补平衡、缓解城乡用地矛盾具有重要的参考意义，同时对改善农村生产、生活和环境条件有着积极的作用。

对于乡村居民点整理，主要是运用工程技术和土地产权调整，通过村庄改造、归并和再利用，逐步实现农村集中、集约建设，提高乡村居民点土地利用强度，促进土地利用有序、合理发展。这是土地利用由粗放型向集约型转变的客观要求，也是实现乡村城镇化、发展乡村经济和实现美丽乡村建设的必然选择。

3. 注重乡村空心化整治

在城乡转型发展进程中，由于农村人口非农化引起"人走屋空"以及宅基地普遍"建新不拆旧"等问题，新建住宅逐渐向外围扩展，导致村庄用地规模扩大、闲置废弃加剧，这是乡村地域系统演化的一种特殊形态，从而产生了"空心村"[5]。

对于农村空心化整治，应立足于空心村类型及农民意愿，坚持因地制宜、统筹规划、分类指导、分区推进的原则，主要从农用地整理、划定永久基本农田整备区、未利用地开发、农村建设用地整理、土地复垦、土地生态整治等方面展开。

二、开展农村环境卫生整治

整洁舒适的乡村环境是美丽乡村的内在体现，事关广大乡村居民的根本福祉与乡村社会文明。深入开展农村环境卫生整治，既要注重规划建设上的高水平、高质量，也要注重管理创新和农民生态环保意识的提高，着力改造、淘汰低效高能的生产方式，大力推广清洁能源，全面提升农村人居环境质量。

1. 生活垃圾整治

生活垃圾收集是保持环境卫生的基本要求。一方面，要定时、定点地收集村内生活垃圾，完善村内环卫设施布局，提高垃圾收集设施建设标准，科学规划村庄垃圾收集装置的位置及数量，在外形设计上与村内整体风貌相协调。另一方面，要尽可能做到生活垃圾集中无公害处理，积极推动村庄生活垃圾源头分类、资源化利用，完善"组保洁—村收集—镇转运—县（镇）处理"的生活垃圾收集转运体系。图10-5和图10-6分别所示为垃圾收集点和垃圾箱。

图10-5 垃圾收集点

图10-6 垃圾箱

2. 生活污水处理

按照规划先行的原则要求，对于地处城市近郊区、环境敏感区、规模较大和发展较好的村庄应优先纳入排水设施整治范围，根据村庄自然条件和经济发展状况等，选择合适的污水治理模式（表10-2），并建立村庄生活污水治理设施长效管理机制，保障村庄污水治理的正常运行；完善农村排水体系，做到污水合理排放，有条件的村庄实行雨污分流；严格控制村庄硬化面积，并采取增加绿化面积、透水铺装面积、水面面积等综合措施，控制村域径流系数的变化。

表 10-2 村庄污水治理模式

序号	治理模式	建设方案	适用条件
1	城镇带村	新建污水管网（含提升泵房）就近接入城镇污水收集管网，由城镇污水处理厂集中处理	（1）村庄距离城区或镇区最外围污水管网不大于1.5km； （2）具备转输管网的建设条件； （3）城镇污水处理厂满足接入水量的要求
2	联村建站	以两个或两个以上的相邻村庄为服务单元，新建污水收集管渠，集中新建处理站	（1）相邻村庄之间距离不大于1.5km； （2）具备联村管网的建设条件； （3）村庄间高程关系相近
3	单村建站	以单个村庄为服务单元，新建污水收集管渠，就地新建处理站	（1）村庄常住人口大于100人，且居住相对集中； （2）村庄位于环境敏感区域
4	分户处理	以户为单位，采取粪污定期统一收集或单户配置小型处理装置	（1）村庄常住人口不大于100人、居住相对分散、村庄位于非环境敏感区域

图 10-7 所示为农村污水处理装置。

图 10-7 农村污水处理装置

资料来源：《村庄整治技术标准》

3. 安全饮水工程建设

综合考虑各地区的水源、村庄分布、经济条件等具体情况，因地制宜地选择给水方式，科学合理地铺设给水管网。对于有适宜地表水源的地区可采用地表水作为水源，其他地区可以采用地下水源。

1. 卫生厕所改造

结合乡村"厕所革命"行动计划，加快推进农村无害化卫生户厕改造的步伐，根据当地自然条件、风俗习惯、生产方式、给排水设施和经济发展状况等，指导村民选择厕所模式及建造材料，加快落实农村户厕"一户一厕"政策；根据村庄规模、卫生设施条件以及公共设施布局，农村户厕宜建节水型冲式厕所，有条件的地方应建设完整下水道水冲式厕所；原则上每个村庄至少配建一座公共厕所，其建筑内饰材料应防滑、防渗、易洁，外观与周边环境协调（图10-8）。

图10-8　公共厕所

5. 乱堆乱放整治

逐步拆除严重影响村容村貌的违章建筑，整治破败空心房、废置住宅、闲置地，做到庭院物料堆放有序，屋前屋后干净整齐，主要可从以下几个方面入手：清理房前屋后和村巷道杂草杂物、积存垃圾；畜生粪便应固定堆放，定期清理；牲畜饲草应存放有序，妨碍村容的废弃柴草应及时处理，柴草垛堆放应无碍整体环境整洁；宜将各类电力和通信线缆入管入盒，贴墙分类捆扎或同杆、同管（沟）集约共建，使其兼具美观性和实用性，管盒规格统一，线缆上的标识设置方式、颜色、尺寸统一，并同步清理废弃架空线缆、电杆、交接箱、设备供电箱及相关负载物，新建架空线路宜共用杆塔，规范建设；同时鼓励有经济条件的村庄将电力、通信线路分别穿管埋地敷设，埋地敷设时通信管道应实现统建共享，满足多家运营商接入需要。图10-9所示为物料堆放现状。

图10-9　物料堆放现状

三、村容村貌提升

提升村容村貌是美丽乡村建设的主攻方向之一。结合美丽乡村建设的典型经验及相关政策[6]，将村容村貌提升的内容大致归纳为农房风貌提升、农村道路硬化及提升、乡村公共环境品质提升、农村水体整治、乡村绿化设计等五个方面。

1. 农房风貌提升

各地农村自然条件、生产特点、生活习惯、民俗风俗均不相同，在建筑布局、平面布置、建筑形式、建筑结构等方面，各地都有不同的传统和建筑风格。因此，建筑布局和设计应从实际出发，遵循"绿色、经济、适用、美观"的原则，实现布局合理、功能完善、设施配套、质量安全、风貌协调。同时推进农村住宅新技术、新工艺、新材料的应用，非照搬城市高科技、高费用建筑技术手段，而是尊重地域文化、民居文化及风俗习惯，深入挖掘和传承村镇的自然、历史、文化、景观等特色资源和优秀的传统建筑文化，利用当地建材、现有适宜技术等策略，在建房中突出民族特色、地方特色和时代潮流。

在建设美丽乡村的过程中还要注意危旧房改造，结合扶贫工作，加强农户建房规划引导，提高农户建房标准，推进农村危旧房改造和立面整治。另外，还要加强对古建筑、传统村落和传统民居的保护，以延续各乡村历史文化传承。图10-10和图10-11分别所示为农房改造前和农房改造后。

图10-10 农房改造前

图10-11 农房改造后

2. 农村道路硬化及提升

经过长期的演变和发展，村庄逐步形成了现有的路网形态与结构，但有些道路因受到地形及周围环境的影响和限制，出现了道路局部过于狭窄、缺少连通、道路无铺装等问题，这不仅影响乡村居民生产生活的便利性，同时也造成了较大的安全隐患。

因此，应加快建设通村组道路、入户道路，着力提高村庄路网的通达性，拓宽或打通一些断头路；提倡设计人性化的农村交通环境，优化农村道路系统，完善步行道、自行车道，统筹考虑乡村停车场地；在保证通行安全、高效的前提下，尊重生态环境和乡土特色，铺装、桥梁、绿化以及其他附属设施等元素的设计体现乡村风貌；村庄内及周边区域若存在古驿道本体遗存，应进行古驿道保护和修复，避免对古驿道本体遗存造成破坏性建设，并做好与周边地区的交通连接。图10-12和图10-13分别所示为村道路面硬化和巷道路面硬化。

3. 乡村公共环境品质提升

乡村公共环境范畴主要包括村庄建成区范围内除农村宅院以外的村庄空间格局街巷环境、重要景观节点、公共活动场所等，其品质与村民的生活密切相关，是农村风貌和形象的集中体现。因此，在美丽乡村公共环境品质提升中应重点做好以下几方面的工作：

图 10-12　村道路面硬化　　　　　　图 10-13　巷道路面硬化

（1）村庄空间格局规划应以"绿水青山就是金山银山"为指导思想，保护乡村自然文脉，尊重乡村原有的空间肌理，与村庄周边山水环境有机融合，保护生态界限，合理划定村庄建设用地范围，严格管控村内建筑高度、体量、色彩、形式等设计，不突破传统建筑的模式、尺度。

（2）街巷环境设计首先要顺应历史，保护和延续其走向、尺度和铺装形式等，顺应地形地势，避免大拆大建的整治方式。其次，绿化品种选择应以适宜当地生长、适宜农村特点、具有经济生态效果为原则，形式上搭配乔木、灌木、花卉、农作物等多品种，营造多层次的街巷绿化景观。再次，底层铺装可选用当地砖石，宜采用条石和卵石等铺砌而成，注重强调街道空间的导向性。最后，重要地段、结点或转折处可通过布置精细图案等方式做适当强调和处理，发挥空间引导的作用。图 10-14 和图 10-15 分别所示为街巷空间整治前和街巷空间整治后。

图 10-14　街巷空间整治前　　　　　　图 10-15　街巷空间整治后

资料来源：《南京开发区桦墅美丽乡村一期启动区景观设计》

（3）重要景观节点打造应与村庄内重要的公共建筑、重要节点区域、自然资源相结合，不可破坏场地原有的地形地貌和村庄空间肌理，对场地现有的高大树木、植被，应尽量予以保留。图10-16所示为重要景观节点示意图。

图10-16　重要景观节点示意图

资料来源：《南京开发区桦墅美丽乡村一期启动区景观设计》

（4）村庄公共场所布局应充分考虑可达性，宜布置在方便村民到达的地方，其服务半径不宜超过500m。同时还应考虑安全性，避免外来车辆的干扰，以保证村民安全。对于村庄公共场所内的景观小品、活动设施设计，应与周围环境协调，结合当地文化、历史、自然资源等，突出地域文化特征，其场地的硬质铺装不宜过大，也应与乡土植物相结合，以满足村民基本的文化生活需要。图10-17所示为村民活动场所示意图。

图10-17　村民活动场所示意图

资料来源：《南京开发区桦墅美丽乡村一期启动区景观设计》

（5）完善农村照明设施。道路路灯设置可采用单侧布置或双侧布置等方式，对于没有条件架设灯杆的路段，可结合建筑山墙设置照明设施，并与周围建筑风格相协调；要保持村庄公共场所照明设施的完整、功能良好和整洁，保证电气安全和正常使用；对于有经济条件的村庄，可在村庄重要节点（如村庄入口、牌坊、祠堂、广场、古树等）设置景观照明，注意突出照明主体的内容，注重灯具本身的艺术造型和表达内涵。图10-18所示为村庄照明设施整治。

图 10-18　村庄照明设施整治

4. 农村水体整治

全面清理坑塘河道的垃圾杂物、漂浮物、有害水生物，疏浚淤积坑塘河道，重点整治污水塘、臭水沟，提高引排和自净能力，并根据坑塘河道的功能，制订水体污染源治理措施。加快水体生态修复，采取修建生态护坡、种植水生植物、建造人工湿地等生态修复措施，努力打造"水清、流畅、安全"的村庄水环境（图 10-19、图 10-20）。

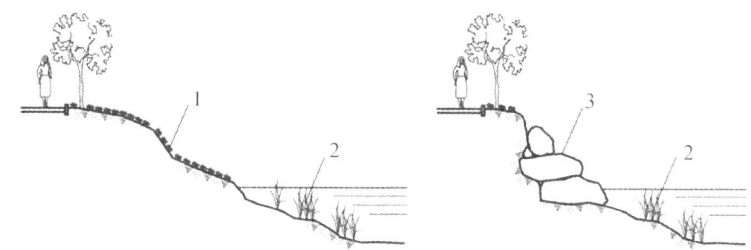

图 10-19　缓坡草坪自然驳岸（左）、块石自然驳岸（右）
1—草坪；2—水生植物；3—块石
资料来源：《村庄整治技术标准》

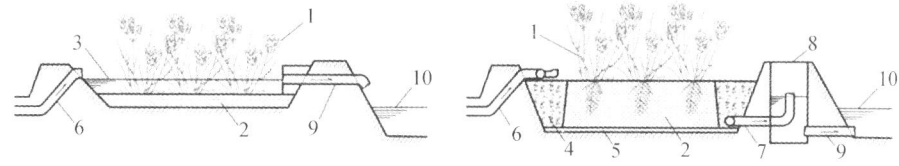

图 10-20　表面流湿地（左）、潜流湿地（右）
1—水生植物；2—土壤；3—净化水体；4—填料（砾石、煤渣、陶粒）；
5—防渗层；6—进水管；7—集水管；8—集水井；9—排水管；10—收纳水体
资料来源：《村庄整治技术标准》

5. 乡村绿化设计

乡村绿化设计是建设绿色乡村的重要举措，其主要任务是推进村内河渠坑塘周边、道路两侧、宅旁和庭院、公共空间等区域实现绿化，建设绿量厚重、层次丰富、景色优美的乡村景观。同时，对古树名木进行调查、建档和保护，建立有效的种绿、护绿机制。

（1）对于河渠坑塘绿化，应注重保护、保留村庄现有水系的自然岸线和水系脉络肌理，并结合现有水系的岸线条件，合理设计两侧边坡绿化，营造良好的绿化氛围，边坡绿化的设置形式应以生态护坡为主，铺设保持水土的地被植物。

（2）对于村庄道路绿化，应根据道路等级，进行分类规划，选择适宜的植物配置品种和搭配方式，尽可能同村庄宅旁屋后、河渠坑塘、公共空间、边角地等其他空间进行统一绿化建设。同时，村庄道路整治应将道路绿化作为整治内容统一考虑。图10-21和图10-22分别所示为高速公路景观和乡村旅游公路景观。

图10-21　高速公路景观

图10-22　乡村旅游公路景观

（3）对于宅旁和庭院绿化，应与蔬菜、茶叶、乡土经济果木等种植相结合，打造花果飘香、居所优美的生态经济型庭院，呈现优美的田园风光。

（4）对于公共场所绿化，应与村庄自然肌理结合，与周边环境、尺度相融合，体现乡村特色，严禁设置尺度过大、与村落风貌环境相冲突、与村落空间尺度不协调的广场或公园。图10-23所示为乡村公园绿化引导图。

图10-23　乡村公园绿化引导图
资料来源：《南京开发区桦墅美丽乡村一期启动区景观设计》

四、加强基础设施建设

乡村基础设施是乡村经济、社会发展和乡村居民生活改善的重要物质基础和支撑系统。加强乡村基础设施建设是一项长期而庞大的历史任务。在乡村基础设施建设中，要坚持政府为主导、农民为主体,通过政府的广泛宣传和强有力引导,鼓励农民用自己的智慧和劳动改善生产生活条件,共建美好家园。

1. 科学规划乡村基础设施布局

在农村各项基础设施建设中,要始终坚持规划先行,科学合理地规划各项设施,明确建设的总体思路、基本原则、建设目标、建设重点、政策措施以及建设时序。规划既要立足当下,从实际出发,明确各阶段的具体目标、任务和工作重点,有计划、时序性推进,又要兼顾长远,体现前瞻性。在编制农村各项设施建设规划时,要充分考虑当地村民的生产生活需求,结合现有设施,防止重建、多建等问题,不搞表面工程,切实做到促进农民生产生活条件改善。

2. 乡村基础设施分类

参考中国新农村建设的相关法规文件,将乡村基础设施分为以下几类:
(1) 农业生产性基础设施:主要指现代化农业基地及农田水利建设;
(2) 农业生活性基础设施:主要指饮水安全、农村沼气、农村道路、农村电力等基础设施建设;
(3) 生态环境建设:主要指天然林资源保护、防护林体系、种苗工程建设,自然保护区生态保护和建设、湿地保护和建设,以及退耕还林等农民吃饭、增收等当前生计和长远发展问题;
(4) 农村社会发展基础设施:主要指有益于农村社会事业发展的基础建设,包括农村义务教育、农村卫生、农村文化基础设施等。

3. 分类指导农村基础设施建设

各地美丽乡村建设起点有低有高,建设进程有快有慢,地域文化也各有特色,因此,对于乡村各项设施建设,应从实际出发,因地制宜、分类指导。在农村设施建设中既要加强农田水利建设、提高农业综合生产能力,又要改善农民生活条件,满足老人、小孩的游玩需求。

4. 确保农村基础设施建设的资金投入

农村基础设施的公共产品属性决定了政府在基础设施产品供给中的主导地位,各级政府必须加大对农村基础设施建设的资金投入。发挥政府投资的引导和撬动作用,采取投资补助、资本金注入、财政贴息、以奖代补、先建后补、无偿提供建筑材料等多种方式支持农村基础设施建设。此外,还应进一步建立健全全社会参与农村基础设施建设的激励机制,鼓励社会力量参与到农村基础设施建设中来,建立多元化的美丽乡村建设投资机制[7]。

第三节 生态改善

"人与天调,然后天下之美生"。近年来,全国各地乡村在保护乡村生态环境的前提下,充分利用生态环境,使之发挥功效,既为美好生活增色,也为乡村发展助力。

完美地诠释了中国的生态观——"天人合一，生生不息"。当前，在美丽乡村建设的攻坚克难阶段，要进一步推进生态改善，需重点做好以下几个方面工作：

一、推进山林农田保护

近年来，我国乡村水土流失、土壤污染、生态恶化等问题日趋严重，耕地质量不断下降、森林面积不断减少，已成为阻碍乡村地区开启发展新征程的重要因素之一。因此，对于乡村建设而言，加强山林农田保护和田园风光、山村风貌、水乡风韵等自然特色修复工作已是当务之急。

1. 加强山林保护

一是严格规定，包括保护围庄林带，禁止随意砍伐、随意移栽等行为；不得随便开路，确需开路的区域应做好水土保持措施；复育受损林带，结合外缘地形与现有植被等因素，因地制宜，增补缺少的植被层次，修复受病虫害干扰的群落；对道路施工产生的山体切坡进行破面绿化。如图10-24所示。

图10-24　山体绿化改善

二是适当引导，包括重点梳理村旁山体，种植多样化树种，形成绿色背景；有条件的乡村可以在重点区域进行林相美化处理，种植开花或色叶树种；根据地形调整林带走向，保持林带的连续性，以提高防护功能。

三是重点提升，包括在生态保护的基础上实现山林经济效益，根据市场需求制订合理的开发计划，种植经济林和次生林，缩短生长周期；大力发展生态产业和绿色旅游产业，将林区旅游和花卉栽培作为发展方向，转变山林资源利用率低的现状；充分挖掘山林产业优势，形成完整的产业链。

2. 加强农田保护

一是严控建设用地规模，严守生态控制线，禁止随意围田造房；尽量避免农田空置、裸露、抛荒等情况，对裸露地表及人为破坏的土地进行人工修复，以形成农林生态系统；科学、合理地开发未利用土地，积极推行土地整理，加大废弃地复垦力度。

二是依托道路、水系、沟渠种植防护林带，营造纵横交织的林网体系，起到全面的防护作用；在果园、草地围栏和菜田、道路两侧种植观赏性植物篱，以增加景观多样性；结合田埂形状，适当种植蚕豆、油葵等植株相对低矮的一年或二年生草本作物，营造起伏多变的田园景观。如图10-25和图10-26所示。

图 10-25 高标准农田示范区

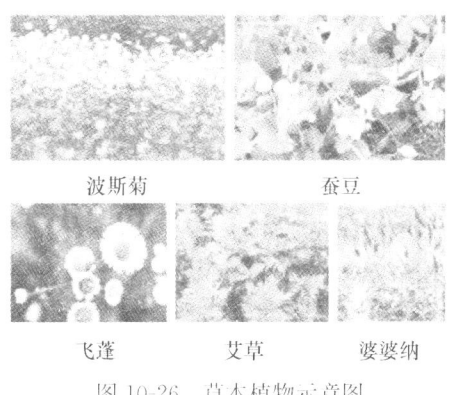

图 10-26 草本植物示意图

三是建议村庄全域农田禁止农药化肥的施入,以生物农药、生态肥料、生物制药介入生产,开发有机农业;用生物质改良土壤,为绿色农业、有机农业奠定基础;积极开发观光农业、游憩休闲、健康养生、生态教育等服务;创建一批特色生态旅游示范村和精品线路,打造绿色生态环保的乡村产业链。图 10-27 和图 10-28 分别所示为稻田景观和油菜迷宫。

图 10-27 稻田景观

图 10-28 油菜迷宫

二、推动农业绿色发展

在乡村振兴战略背景下,我国农业发展面临着资源与环境的双重约束,农业面源污染治理任务艰巨,优质农产品供需矛盾尖锐。因此,推动以生态环境友好和资源永续利用为导向的农业绿色发展是提高农业可持续发展能力的重要措施[8]。推动农业绿色发展可以从以下方面重点考虑。

1. 大力发展循环农业

循环农业是相对于传统农业发展而提出的一种新的发展模式,以"减量化、再利用、资源化"的循环经济理念指导农业生产,即通过调整和优化农业生态系统内部结构及产业结构,提高农业生态系统物质和能量的多级循环利用,严格控制外部有害物质的投入和农业废弃物的产生,最大限度地减轻环境污染。

2. 循环农业发展模式

尹昌斌等人[9]分析了我国循环农业发展模式,将其总结归纳为以下四种:

(1)农业复合型循环模式:在同一土地管理单元上立体种植、横向延伸,建设农林牧副渔一体化。其中包括：农村庭院型发展模式、立体农业循环模式、以畜牧业为核心的发展模式等；

（2）农业生态保护型循环模式：以生态农业的提升和整合为基础，通过合理投入现代化技术与传统农业，使农业生态系统维持理想状态并保持良好的物质能量循环，从而达到人与自然协调发展。主要包括：绿色有机农业模式、以改善生态环境为重点的合理调控模式等；

（3）农业废弃物循环再利用模式：以农业废弃物资源的多级循环利用为目标，将农业生产过程中的废弃物处理再利用，特别是农业产生的废水、废气、废渣的综合利用，使整个过程只有资源概念无废弃物，各环节实现资源共享，变污染负效益为经济正效益，是集能源、环保、资源为一体的最典型的农业循环经济发展模式。主要包括：能源与资源循环模式、食用菌养殖模式；

（4）产业链循环模式：以产业为链条，将种植业、养殖业和农产品加工业联为一体，使上游产业的产品或废弃物转变成下游产业的投入资源，通过多层次产业间的物质和能量交换，在同一个产业系统中，提高资源和能源的利用率，从而使资源和能源消耗少、转换快，废弃物利用高，减轻环境污染。主要包括农产品加工模式。

3. 加强农业污染防治

农业污染防治主要以农业面源污染防治为主，其具有分散性、隐蔽性、随机性、不确定性、不易监测性和空间异质性等特点，因而对其进行全面治理难度较大，相关部门可从以下方面采取防治措施：

（1）建全农业面源普查制度，完善数据库，各地必须重视农业面源污染监测点的建设、运行维护和管理，加大财政支持，确保农业面源污染检测工作可以长期、稳定开展。

（2）加强城镇和农村人畜饮用水源地规划建设，制定严格保护措施，加强饮用水源保护区管理，切实保障农村人畜饮水安全。

（3）严格控制畜禽养殖污染防治，大力推行生态养殖模式，鼓励对畜禽粪便实行综合利用，做到减量化、无害化、资源化。根据环境的承受能力适时控制养殖规模，设立禁养区、限养区和非限养区，对新建、改建养殖设施实施排污许可制度。

三、实施生物多样性保护

生物多样性是人类赖以生存的条件，是经济、社会可持续发展的基础，是生态安全和粮食安全的保障。但由于人类活动、自然灾害等原因，生物多样性正遭受着严重的破坏，然而这种破坏所造成的生态系统失衡将会反作用于人类[10]。当前，生物多样性保护已上升为国家乃至全人类所共同关注的重点问题。因此，实施农村生物多样性保护工作，可从以下几方面考虑：

1. 强化野生动植物保护

野生动植物保护是保持生态平衡的重点工作，同时也是实现人与自然和谐共处的重要举措。

一是切实推进相关法规条例的实施，做到有法可依、有法必依；

二是建立农业野生动植物保护研究所及疫病监督中心，对保护点的资源和生态环境变化等进行动态监测，做到监测工作标准化、规范化、信息化；

三是进行全面的物种资源调查，对列入国家重点保护名录的野生动植物进行深入调查，为保护工作提供科学指导；

四是加强对动植物栖息地的保护，建立起自然保护区，使野生动植物的生存得到保证。

2. 加强外来物种入侵防治能力

一是完善风险评估机制，检疫部门应与其他生产部门及科研机构协调合作，在对外来物种的信息进行全面掌握的基础上，建立科学的风险评估；

二是推动科技创新，支持科研单位对生物入侵规律、监测防控技术、科学施药技术的研究，加快研发生物防治与生态修复技术和设备，提高防治外来物种入侵的科技水平；

三是建立引进物种的档案分类制度，对其进入我国的时间、地点都作详细登记，定期对其生长繁殖情况进行监测，掌握其生存发展动态，建立对外来物种的跟踪监测制度和生物监测预警网络，健全信息交流和传输途径，提高跟踪监测和监测预警的准确性和时效性；

四是做好综合防控，提升防控能力。通过生物方法、物理方法、化学方法的综合运用，发挥各种防控方法的优势，达到对外来入侵物种的最佳防治效果。

3. 建立生物多样性保护长效机制

明确生物多样性保护职责，完善生物多样性保护制度，建立生物多样性保护长效机制，突出地方特色。

一是对生物多样性保护工作实施监督管理。在制定有关规划时，应当与生物多样性规划或计划衔接；

二是可以将生物多样性保护落实到具体生态系统和具体物种。把保护生物多样性与优化发展、改善民生结合，寻求合理有效的发展途径；

三是优化保护地空间布局，以国家公园为主体，构建结构科学、布局合理、功能完备、管理高效、执法到位的自然保护地体系。

第四节　公共服务

长期以来，公共资源配置存在"重城轻乡"的问题，导致大部分公共资源集中在城镇。很多乡村地区普遍面临着教育条件落后、医疗卫生设施匮乏、养老机构不足等问题，加强公共服务设施建设已刻不容缓。图10-29所示为江西省安义古村落生活服务设施规划图。

图 10-29　江西省安义古村落生活服务设施规划图

一、公共服务配置要点

在进行乡村公共服务设施配置时需考虑如下两个方面：一是乡村发展水平，这在很大程度上取决于乡村所在区域社会、经济和文化发展水平；二是村庄类型，涉及人口规模、村庄用地规模、地形地貌、村庄发展模式、村庄规划类型等，村庄类型的划定应基于村庄现状和未来发展趋势等因素。

1. 不同区域公共服务设施配置重点

我国地域广阔，区域发展不均衡，配置公共服务设施时应充分考虑当地的经济发展水平、区域发展战略、村民生活习惯等因素。这些因素很大程度上决定了不同区域村民的公共服务需求，也决定了公共服务配置的级别和内容。

因此，不同区域公共服务设施应注重一般配置与差异配置相结合，比如东部沿海地区的农村大多有自己的主导产业，村民人均收入较高，对公共服务设施的需求也较高，尤其在京津冀、长三角、珠三角等地区，公共服务设施不仅要满足当地居民的日常生活需求，还要满足外来人口、游客等的服务需求。

2. 不同村庄类型公共服务设施配置要点

综合来看，我国主要存在凝聚力强的中心村、对外吸引力强的外源型村、村庄内部衰败的空心村、外出打工人数较多的外向型村、快速城市化无序发展形成的城中村等类型。不同类型的村庄对公共服务设施配置需求不同，采取的规划建设策略也不相同（表10-3）[11]。

表 10-3　不同村庄类型公共服务设施配置要点

村庄类型	特点	策略与要点
中心村	集聚性强，具有一定规模的人口	完善服务体系，提高服务能力；注重与低层次的村落连建，统一规划，合理布局
外源型村	拥有主导产业、经济较为发达、外来人口较多	针对外来人口，配置相应设施，主要是提高商业服务
空心村	村庄内部建设用地利用效率低、村庄脏乱差现象严重、大量农村青壮年涌入城市	实行城乡建设用地增减挂钩，合理配置土地资源；设立专项资金或用建设指标换取村庄整治资金，提高公共服务设施治理
外向型村	外出打工人数较多，留守的多是妇女、儿童、老人	改善教育文体设施，提高村民素质；关注留守人群的公共服务需求
城中村	滞后于时代发展步伐、游离于现代城市管理之外、生活水平低下	借助城市更新，改善公共服务设施配置
落后村	经济不发达，公共服务设施落后	寻求发展机会

二、提升农村医疗卫生水平

当前我国大部分农村地区在医疗卫生服务方面多存在资金不足、机构设置不规范、医疗费用偏高、医护人员技术偏低等问题，这些问题已成为提高农村医疗卫生水平的阻碍。因此，基于这一发展现状，在乡村建设过程中可从以下方面来提升农村医疗卫生水平：

1. 完善医疗设施配置

村庄医疗卫生设施可按照人口规模分别设置规模适宜的医疗设施。如小型村要保证卫生服务的基本需求，需配置村卫生室，其主要功能用房为预防保健、诊疗、配药等，各功能用房面积分配应满足功能、业务及设备装备的需要。可参考《乡镇卫生院建设标准》（建标 107—2008）中无床卫生院配置，各功能用房面积分别为：预防保健、合作医疗管理，$48m^2$；门诊，$60m^2$；放射、检验，$30m^2$；行政后勤保障 $40m^2$。

2. 巩固发展三级医疗卫生服务体系

巩固发展以县级医疗服务机构为中心，镇、乡卫生院为枢纽，村卫生室（所）为基础的三级医疗卫生服务体系，做到"小病原则不出村，一般疾病不出乡，大病基本不出县"。强化各级政府责任，健全资金投入机制，将财政支撑的重点调整到支持公共卫生、疾病预防、疫情监测、人员培训、乡镇卫生院、村卫生室（所）各项设施建设上来，合理有效降低卫生院与卫生所的运行成本。

3. 加强农村医疗卫生队伍建设

一是制订农村医疗卫生人才培养和培训计划，通过优惠政策引导并鼓励本科及以上的大学毕业生和城市医疗卫生技术人员到农村服务，或轮流下派医疗卫生技术人员到边远山区卫生院工作；

二是建立健全继续教育制度，加强乡、镇卫生院和村卫生室（所）卫生技术人员学历教育和业务培训，更新医学知识，提高业务水平；

三是完善考核机制，严格把控医疗卫生人员的执业资格，实行目标管理工作责任制，切实加强对业务机构和专业人员工作责任的考核；

四是不断改善乡村医务工作者的工作环境，提高生活待遇，落实相应的福利待遇，使其工作得到全社会的尊重。

4. 提高基本医疗保障水平

一是根据当地乡村经济发展水平，合理调整补助标准，重点扶持经济欠发达地区；

二是进一步规范、完善财政补助资金拨付办法，保证各级财政补助资金及时、足额拨付到合作医疗基金账户，构建农民健康保障平台；

三是根据该地区的情况制订不同的合作医疗缴费方案，根据农民收入的增减具体情况或地区经济发展水平适时调整个人缴费额度标准。

三、重点发展农村教育事业

当前阶段，我国农村教育仍存在发展方式粗放、政府监督不到位和学校自身约束不够等问题。乡村建设应抓住乡村振兴战略机遇，重点发展农村教育事业，努力改善农村教育结构、提高教育质量，为广大乡村地区学生提供一个良好的受教育环境。

1. 完善教育设施配置

一般人口规模较小的乡村建议设置幼儿园、托儿所，中小型村庄可以根据人口规模，联合周边几个村共同设置小学和初级中学，人口规模超2000人的超大型村建议设置小学和中学。

农村普通小学的建设规模，应根据学制、学校规模、校舍建筑面积指标确定。首先，可以根据人口统计方法，进行村庄人口预测，进而预测规划年的小学生数。其次，根据《农村普通中小学校建设标准》（建标109—2008）中小学每班人数的指标：完全小学为6班、12班、18班、24班，近期45人/班，远期40人/班，非完全小学为4班，30人/班，计算所需的小学的班级，选择非完小或完小的规模。此外，还要结合乡村经济社会发展情况，根据村庄人口规模和生产需求，设置技能培训设施。

2. 改善教育教学条件

地方政府要加大对农村教育事业的投入，确保农村教育教学条件改善的资金和政策支持，将农村教育进一步朝规范化、现代化方向推进。

一是加强农村教育基础设施建设，使农村学校硬件设施的配备及其功能符合时代需要，满足学生成长成才需要，激发教师、学生、家长对农村教育事业的信心和积极性，发挥环境育人功效，营造良好的校园环境；

二是高度重视乡村学校图书馆建设工作，不断丰富馆藏和网络文献资源，更好地满足学习、教学等需求；

三是加快农村学校网络工程建设，优化数字教育资源公共服务体系，为偏远地区的老师和学生搭建认识外界、联系外界、与外界共同进步的平台，共享科技进步的果实。

3. 加强师资队伍建设

从农村教师职业发展、分配制度、技能提升等予以全方位的保障，缩小农村教师与城镇教师之间的差距，让农村学校能留住优秀人才，为农村教育水平提升提供人才保障。

一是切实落实乡村教师乡镇工作补贴制度、乡村教师生活补助制度、乡村教师大病救助和困难帮扶计划及体检计划，为乡村教师建设周转宿舍，设立优秀乡村教师奖，职称评审向乡村教师倾斜，稳定乡村教师队伍；

二是通过开展教师培训计划以及困难地区农村校长素养提升等工程，提高乡村教师能力；

三是开展课堂技能竞赛、骨干教师示范课、新进教师汇报课等工作，为广大乡村教师提供学习交流和展示自我的平台；

四是重点吸纳农林高校优秀应届本科、研究生毕业生充实到乡村教师队伍当中，制订一对一帮扶和指导计划，使他们能够在乡村学校中留得住。

四、加强乡村文体设施建设

乡村文化站、图书室、室外健身器材、篮球场等乡村文体设施不仅能够丰富广大农民群众的休闲娱乐活动，促进精神文明建设，还能够大大提高广大乡村居民的幸福感。然而，走访调研发现，不少乡村地区出现了图书室闲置积灰、篮球场废弃生锈、乒乓球室堆满谷物等问题，村民的文体生活水平没有得到提高，反倒造成严重的资源浪费。因此，不但要加强农村文体设施建设，还要切实做好管理维护工作，使其发挥应有的作用。

1. 完善农村文体设施配置

乡村文体设施是开展文学、艺术、娱乐、体育、健身、教育、展示和宣传等活动的载体，村级文体设施应根据村庄人口规模、地域特色以及村民文体生产、生活等不同需求配置。

根据《镇规划标准》（GB 50188—2007），镇域文体科技配置项目包括文化站（室）、青少年及老年人之家、科技站、图书馆、展览馆、博物馆、影剧院、游乐健身场、广播电视台（站）。为满足村民最基本的文体生活需求，建议小型村配置文化活动室或多功能活动室、室外健身场地，以满足村民最基本的文体生活需求；较大型村庄可增设广播站、农技培训室。

2. 加强农村文体设施管理

制定标准，实行分级管理，将每一处设施、场所管理、维护责任落实到人；建设资金、后期维护资金一并预算，一并统筹，确保农村文体设施管理、维护和使用所必要的资金支持；充分利用农村文体设施的平台，大力开展各类文化娱乐活动，令其发挥应有的作用。

五、完善农村社会保障体系

目前我国城乡居民面临着各种各样的生存风险,如失业风险、疾病风险、养老保障风险等,而这些风险在农村表现得尤为突出。近年来,农村医保成效显著,但客观来看,农村社会保障体系建设仍有待进一步完善。从意义上看,完善农村社会保障体系有助于维护稳定、促进公平、满足需求、推动发展、保证生产,是推动全面建成小康社会的重要保障。新时期,在乡村建设过程中可以从社会保险、社会救助、社会福利三个方面来进一步完善农村社会保障体系。

1. 社会保险

农村社会保险是农村社会保障的核心内容,目前主要有两项制度,即新型农村合作医疗制度(简称新农合)和新型农村社会养老保险制度(简称新农保)。

一是分类处置,对已经为非农化和城市化的农村户口劳动者、响应国家号召的农村计划生育夫妇等人群优先考虑社会养老处置,并优先在发达地区推进农村社会养老保险制度的建设和发展;

二是模式结合,重点发挥家庭养老、社会养老、社区养老三种主流保障方式的合力作用,缓解农村养老资金不足等问题;

三是创新制度,通过分析农村居民拥有的农产品、土地和股权等实物的价值,将其以特定的形式转换为保险费,制定可行的社会养老保险制度方案[11]。

2. 社会救助

社会救助是农村社会保障中最低的层次,也是覆盖面最广、内容最基本的保障。目前我国农村社会救助主要有五项制度,即农村五保供养制度、农村最低生活保障制度、医疗救助、自然灾害救助、困难群众临时救助。

3. 社会福利

现阶段乡村社会福利与传统社会福利不同,主要针对乡村中老、弱、病、残、孤、寡等人群提供精神与物质援助,使其能维持基本生活。

当前,乡村社会福利主要指社会福利院、儿童福利院、敬老院等公共服务保障。当地政府应根据经济发展的状况,加快建设和完善农村公共福利设施,提高农村社会保障水平。同时,在乡村建设中应尽量统一规划建设公共服务设施,合理协调农村福利设施与其他建设,避免重复建设、违规建设等。

六、加强乡村应急能力建设

当前,我国乡村地区的应急能力建设任务重,可以说广大乡村地区已成为我国现代化应急能力建设中的薄弱环节。新时期,乡村应急能力建设中应坚持以防为主、防抗救助相结合,全面提高抵御各类灾害综合防范能力。

1. 加强灾害监测预警能力

构建一个相对完善的农村灾害监测预警体系,对地震、水土流失、地面沉降、旱涝等灾害进行及时、准确的预报预测和预警是农村应急能力建设中的重要任务,也是农村灾害综合防御体系的重要基础[12]。

一是构建一个由灾害研究、预警预报、防灾应急预案三个子系统组成的立体网络体系；

二是全面搜集农村灾害资料与信息，建立基础资料数据库，并从当地的社会经济发展水平出发，结合农村的规模、区位条件以及历史上所发生的灾害类型和严重程度等因素，对农村进行安全性评价和风险评估；

三是加快各类灾害监测预报的基础建设，重点填补历史上发生较频繁的灾害监测空白，并建立粮食和农产品安全等方面的监测预警系统；

四是建立覆盖面广的灾害信息发布网络，重视解决农村预警、应急信息服务的"最后一公里"问题，确保重大灾害性预报警报以及应急信息能够及时传递到广大农民。

2. 全面推进农村消防建设

农村消防建设应根据现状及发展要求、易燃物的存在与可燃性、人口与建筑物密度、引发火灾的偶然性因素及历史火灾经验等，进行火灾危险源的调查及其影响评估，提出相应防御要求和整治措施，包括村庄消防安全布局、村庄建筑消防、消防分区、消防通道、消防用水、消防设施安排等。

3. 提高防洪排涝能力建设

农村防洪排涝能力建设是农村应急能力建设的重要内容之一，在南方等多雨地区和水网地带更是村庄整治的重要内容。要对村庄的地形、地质、水文和所在地区年均降雨量等条件综合分析，兼顾现状与规划、近期与远期、局部与整体，充分利用现有的自然条件，合理有效组织地面排水。

4. 避灾疏散场地建设

避灾疏散场所是临灾预报发布后或灾害发生时把需要避灾疏散的人员从灾害程度高的场所安全撤离，集结到预定的、满足防灾安全要求的场所。避灾疏散安排应坚持"平灾结合"原则。避灾疏散场所平时可用于村民教育、体育、文娱和粮食晾晒等其他生活、生产活动，临灾预报发布后或灾害发生时用于避灾疏散通道、消防通道和防火隔离带。

避灾疏散场所需综合考虑防止火灾、水灾、海啸、滑坡、山崩、场地液化及矿山采空区塌陷等各类灾害和次生灾害。用地可连成一片，也可由比邻的多片用地构成，从防止次生火灾的角度考虑，疏散场地不宜太小。

5. 开展应急宣传教育

设置综合防灾宣传教育展示设施，加强民众安全防灾的防范意识培养。面向村民及乡村学校中小学生组织实施宣传普及防灾减灾救灾知识，增强灾时的应急处置能力，掌握自救、公救、互救的基本技能，减轻灾害影响。

第五节 文化传承

党的十八大以来，农村精神文明建设进入了大发展、大繁荣时期。当前阶段，乡村建设应紧紧抓住新时代带来的发展机遇,扎实推进农村精神文明建设,发挥乡村文化特色优势,促进乡村文化创造性转换、创新性发展,推动乡村文化的保护与传承[13]。

一、挖掘乡村传统文化

乡村振兴离不开文化的引领,但随着城镇化浪潮的席卷,大量乡村人口开始向城市迁徙,导致部分偏远乡村出现凋敝、衰败的现象,对传统文化的传承也造成了一定的冲击。因此,挖掘和整理乡村传统文化,深入研究其形成、更新和发展变化,也是乡村建设的重要任务之一。

1. 普查整理

相关部门应成立专门的普查小组,协同当地政府、村民对乡村文化进行全面普查,并做好相关登记工作。同时运用文字、录音、录像、扫描等方式,建立资料数据库,为乡村文化保护规划奠定基础。此外,在广泛深入普查的基础上,协同相关专家、学者、设计师做专题设计规划,有针对性地提出保护措施,尽力修缮被破坏的古迹,并做好相应的记录。

2. 完善制度

现行的法律法规无法对所有的文化遗产形成有效保护,因此,应制定与传统文化保护相匹配的法律条文,各地区要加大对乡村物质文化遗产和非物质文化遗产的保护力度,制定针对乡村文化遗产保护的认定标准和程序。此外,集中开展"非遗"申报培训,全面挖掘整理民俗文化精髓和民俗典故,组织专业人员进行系统包装,申报一批省级、市级"非遗"项目。

3. 注重研究

从农耕文明、衣食住行、婚丧嫁娶、礼乐、灶火等方面进行研究、探讨,这些民俗文化之所以长期存在,有其存在的合理性,是历史长期积淀的产物,要采取扬弃的态度,古为今用,移风易俗,推动社会前进。

4. 传承弘扬

第一,加强乡村民俗艺人挖掘、访问和保护工作,保证掌握特殊技艺的民间艺人的生活,确保民俗文化后继有人。

第二,建立民俗文化培训基地,定期开展民俗文化辅导班,以理论和实践相结合的方式,壮大民俗文化爱好者队伍。

第三,加强农村公共文化服务体系建设,以文化站、文化活动中心、图书室等群众文化活动场地为载体,广泛开展各类文化活动。

第四,制定规范标准,出台扶持保护措施,设立专项资金,确保传统文化保护的资金来源。

二、发展乡村特色文化产业

我国乡村文化底蕴丰厚,包括乡村历史文化、红色文化、农耕文化、民俗文化、饮食文化、建筑文化、山水文化及田园风光等,为发展乡村特色文化产业提供了有利条件。从实际情况来看,当前很多乡村的特色文化产业正依托地方文化资源,发挥其本身的独特优势,在促进地方,尤其是民族地区优秀传统文化的保护、传承与创新的同时,乡村特色文化产业也日益成为乡村振兴的重要途径之一。

1. 规划引导

科学的产业规划,明确的目标定位,正确的发展路径,是乡村文化产业发展的基础。要围绕文化圈、文化带、文化脉络,打造出一个定位精准的市场主题。要突出历史穿透力、生活渗透力,盘活乡村文化资源,促进乡村文化产业发展。图10-30所示为江西省安义古村落旅游发展规划图。

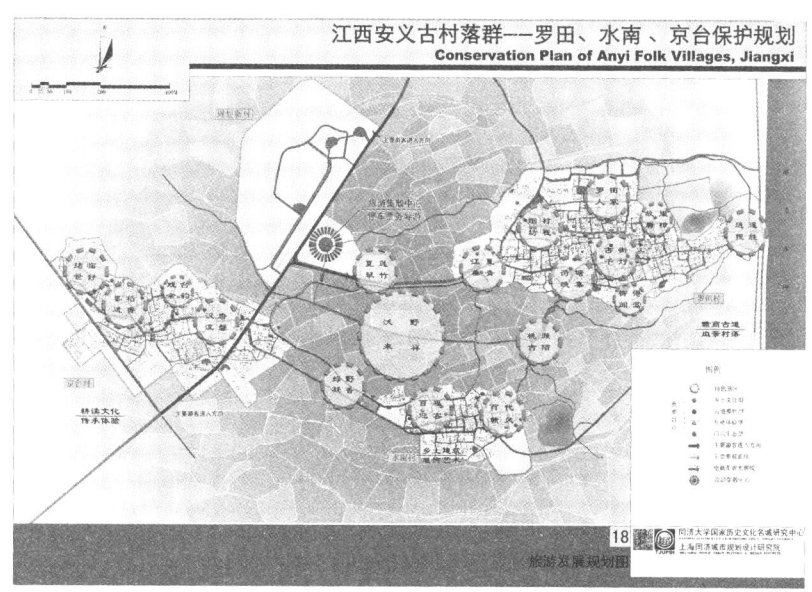

图10-30　江西省安义古村落旅游发展规划图

2. 培育产品

农村文化产业要立足市场、走进消费,应将农村生产、生活、民俗、农舍、休闲、养生等系统链接,打造农村文化产业链;以独具差异性的产品为载体,植入乡村文化,做精做强,将文化内涵体现在农产品或商品里面,形成独具特色的个性农产品和农产品产业文化,增强产品文化吸引力。

3. 产业融合

发展乡村特色文化产业要做好文化与传统农业产业的融合,改变原来以农产品生产和销售为立足点的农业发展模式,以农产品为原点,以文化创意为核心,借助文创的力量,实现农业的文创转型,形成多产业联动的乡村文化产业体系,整合提升农业产业价值。

三、丰富乡村文化生活

随着美丽乡村建设工作的扎实推进,广大乡村居民的生活条件日趋改善,群众对精神文化生活的追求日渐强烈,广大乡村居民日益增长的文化体育需求与文体设施短缺的矛盾也日趋尖锐。因此，应高度重视农村文化生活建设，集中力量改变农村文体生活匮乏的局面，扩大文体活动的村民参与面。

1. 加快乡村文化基础设施建设

一是加快建设一批集群众业余文艺演出、体育活动、电影放映等于一体的综合功能场地和综合性文化中心；

二是有效整合农村公共文化资源与其他公共资源，提高各类公共资源综合利用率；

三是充分利用新技术、新平台、新载体，实现不同形态公共文化资源的数字化交融与共享，有效提升农村公共文化服务数字化供给能力。例如，有条件的农村可以推进数字图书馆、信息共享工程和公共电子阅览室三位一体的文化共享工程。

2. 开展公共文化思想教育活动

一是保护现有的文体人才，并积极挖掘农民潜力，发现和培育热心开展文体活动、热衷文体技艺学习与实践的农民，为他们提供培训、展示、交流的机会，壮大农村文体人才队伍；

二是将当地的文化和经济要素与活动联姻，立足生态特色、乡村特色，依托文化资源和物产资源，开展群众性节日民俗活动，比如按照不同产业和产品季节差异，开展"一乡一节""一月一节""一品一节"的农事节庆活动。

思考题

1. 请结合实际，论述乡村产业布局规划的要点。
2. 简述村级土地利用规划的内涵。
3. 简述美丽乡村公共环境品质提升中应重点突出的方面。
4. 请结合某一具体乡村，简述乡村公共服务建设有哪些内容。
5. 简述我国乡村传统文化的发展现状，并结合某一具体乡村，提出传统文化保护的具体办法。

参考文献

[1] 张红宇. 加快推动中国特色乡村产业振兴 [J]. 中国党政干部论坛，2018 (04)：32-35.

[2] 中共中央、国务院印发《乡村振兴战略规划（2018—2022年）》[J]. 农村工作通讯，2018 (18)：8-35.

[3] 杜洁. 精品图书的策划是一个系统工程——以《休闲农业和乡村旅游发展丛书》为例 [J]. 科技与出版，2016 (07)：33-35.

[4] 肖金华. 浅析村级土地利用规划的编制 [J]. 中国土地，2017 (05)：34-35.

[5] 刘彦随，刘玉. 中国农村空心化问题研究的进展与展望 [J]. 地理研究，2010，29 (01)：35-42.

[6] 王昌海. 中央一号文件村容村貌政策贯彻落实效果评估 [J]. 兰州大学学报（社会科学版），2017，45 (01)：8-13.

[7] 曾福生，蔡保忠. 农村基础设施是实现乡村振兴战略的基础 [J]. 农业经济问题，2018，07（7）：88-95.

[8] 毛齐正，马克明，邬建国等. 城市生物多样性分布格局研究进展 [J]. 生态学报，2013，33（04）：1051-1064.

[9] 尹昌斌，周颖，刘利花. 我国循环农业发展理论与实践 [J]. 中国生态农业学报，2013，21（01）：47-53.

[10] 于法稳. 新时代农业绿色发展动因、核心及对策研究 [J]. 中国农村经济，2018（05）：19-34.

[11] 戴卫东. 中国农村社会养老保险制度研究述评 [J]. 中国农村观察，2007（01）：71-79.

[12] 胡蓉. 河南省农村灾害监测预警体系构建初探 [J]. 决策探索（下半月），2010（12）：28-29.

[13] 郑文堂，邓蓉，华玉武等. 美丽乡村建设背景下乡村传统文化保护与传承 [J]. 现代化农业，2015（02）：46-48.

第十一章 乡村建设的评估指标

美丽乡村建设是一项全面、综合、系统的社会工程,从衡量角度讲,至少应满足四个方面,即科学规划布局美、村容整洁环境美、融合发展产业美和乡风文明身心美[1]。其中,科学规划布局能调整乡村土地利用结构不合理的情况,有助于推动乡村生态建设,为乡村未来的发展指明方向;村容整洁和环境优化是对乡村外观进行美化,能提升乡村居民的生活质量,从而提高乡村居民对乡村建设的积极性;产业发展的情况决定了乡村居民的经济生活情况,三产融合发展有利于改善乡村的产业结构,走出经济产业单一的发展模式,同时能提供更多的工作岗位,改善"空心村"的情况;乡风文明是乡村历史动态的凝聚,具有地域性差异,保留、宣传地方历史特色,有助于推动建设"千村千面"的美丽乡村[2]。

本章为乡村治理篇的第十一章,简述了乡村建设指标体系构建原则与评估指标体系,重点针对评估指标体系中的环境、经济、社会、文化四大维度中的关键考量内容进行了分析,在此基础上,提出了乡村建设的规划布局要求。

第一节 指标体系

一、构建原则

美丽乡村建设的评估指标是用以衡量乡村建设是否符合"美丽"的标准,其评价要求体现了时代性、动态性和发展性。由于我国疆域辽阔,乡村数量众多,不同的乡村也具有较为显著的地方性特色。从这个层面上讲,乡村以及美丽乡村建设评估指标应不是绝对固定的,完全统一的。但无论何种乡村建设评估指标体系,都应遵循一致的指标体系构建原则。综合来看,在构建美丽乡村建设评估指标时,要遵循的原则主要有以下几个方面:

1. 科学性原则

科学性是运用科学思维方法来进行决策的行为准则。对于乡村建设具体评价指标的选择应运用科学选取方法,根据当地乡村的具体情况全面、客观地筛选其主要建设层次,使其构建的指标体系能够反映出当地美丽乡村建设发展的复杂特征。

2. 层次性原则

美丽乡村的建设评估不是一个单项的指标评价,而是一个涵盖经济、社会、文化、环境等多个维度的评估，即乡村多个层面建设的结合，自然应具有其层次性。因此，在构建美丽乡村评估指标时，应注重在构建一级指标的同时尽量筛选二级指标乃至三级指标。

3. 动态性原则

美丽乡村的建设具有时代性和发展性，是一个不断完善的建设、发展过程。正是由此，对于美丽乡村建设评价指标的选择也应考虑其发展的动态性，在保持评估指标体系相对稳定的基础上，还要不断补充具有动态特征和时代要求的评估指标。

4. 典型性原则

美丽乡村建设广泛涉及乡村环境、经济、社会、文化等各个层面，而能够体现和表征乡村环境、经济、社会、文化发展水平的指标众多。在这种情况下，应本着典型性、代表性原则，从中选择最多反映乡村建设水平的关键指标，剔除具有重复意义的次要指标。

二、体系构建

自 2013 年中央一号文件颁布以来，我国对美丽乡村的建设一直高度重视，连续颁布《全国环境优美乡镇考核标准（试行）》《美丽乡村建设指南》等政策文件。这些政策文件和指南中提出的相关指标体系、指标等是构建新时期美丽乡村建设评估指标的重要参考依据。

客观来看，近年来随着美丽乡村建设的不断推进，乡村的生活环境得到很大的改善，但依然存在规划深度不足、管理不到位、公共服务设施缺失等情况，导致地方性特色缺失，"千村一面"的现象频繁，村民对美丽乡村建设参与度和认同度较低，以及乡村文化生活单调等情况发生。对于美丽乡村建设指标体系构建而言，构建的指标体系应能够定量评估这一发展水平，进而发挥评估应有意义。

参考《全国环境优美乡镇考核标准（试行）》《美丽乡村建设指南》等政策文件，美丽乡村建设评价指标在构建时应重点从乡村环境、经济、社会及文化四大维度着手，即一级指标可界定为环境指标、经济指标、社会指标、文化指标，再将与之相关的二级、三级指标分别逐层构建。

首先，乡村环境是美丽乡村建设中不可忽视的部分。乡村环境状况的好坏直接影响当地居民的日常生活状态及未来生活发展水平，与当地村民息息相关。

其次，经济活动是乡村发展的基础。我国大部分乡村经济依然以第一产业为主，第二、三产业所占比重较少。如何优化产业结构，发展特色经济产业，从而提供就业岗位，使村民增收，是解决乡村劳动力流失、"空心村"等问题的关键。

再次，乡村社会的发展是基本社会生活的保障，是完善乡村社会保障、医疗保障及基础设施建设的重要方面。

最后，乡村的文化教育是传承及发扬乡村特色文化的重要手段，文化普及、文化活动的开展有助于提高村民的整体文化素质及生态意识，更能够提升村民对美丽乡村建设的认同感。

基于上述构建思路,美丽乡村建设评估指标体系(表11-1)应以建设美丽乡村为目标,从环境指标、经济指标、社会指标、文化指标四个方面来构建评估指标的准则层,以此再细分至各项具体指标要求[3]。

表11-1 美丽乡村建设评估指标体系

目标层	要素层	指标层
乡村评价指标体系	环境指标	工业污染源达标排放率
		禽畜粪便资源化综合利用率
		病死禽畜无害化处理
		农业生产废弃物处理
		农作物秸秆综合利用率
		生活垃圾无害化处理率
		生活污水处理农户覆盖率
		"三清"到组率
		"五改"到户率
		卫生厕所普及率
		废弃空新房处置率
		林草覆盖率(山地、丘陵、平原)
		村域内可绿化范围的绿化率
	经济指标	优势主导产业的产值占全村总产值
		第二、三产业人数劳动比
		第二、三产业户均收入比
		经营主体土地流转面积占全村耕地比
		特色产业发展
		产业结构合理化
		基础设施建设
	社会指标	村党组织满意度
		村档案管理记录
		村务管理民主化
		村级制度建设
		村级人口管护人员不低于常住人口
		村务管理人员满意度
		乡镇卫生院建筑面积
		新型医疗参合率
		医疗保险参保率
		基本养老服务补贴覆盖率
		五保户供养目标人群覆盖率
		路面硬化率
		组道硬化率

续表

目标层	要素层	指标层
乡村评价指标体系	社会指标	公交车通达率
		广播电视覆盖率
		4G到村、光纤到村家庭宽带普及率
		自来水普及率
		农户安全饮水普及率
		供电可靠率
	文化指标	九年义务教育巩固率
		文化活动开展情况
		村级文化室普及率
		生态意识普及率
		新型职业培训普及情况
		九年义务教育覆盖率

主要参考：《美丽乡村建设指南》（GB/T 32000—2015）、《湖南省美丽乡村建设村级评价指标体系（试行）》《湖南省乡（镇、街道）整域美丽乡村建设主要评价指标（试行）》

第二节 环境指标

一、污染治理

我国作为一个农业大国，乡村生态环境的优劣对美丽中国的建设步伐影响巨大[3]。习近平总书记提出的"绿水青山就是金山银山"也强调了生态环境与经济发展的密切关系。

较长一段时间，乡村环境污染及其治理问题一直是乡村建设、发展进程中面临的焦点问题之一。随着乡村发展进程的不断加快，如何治理、修复生产生活所产生的污染问题已成为美丽乡村建设必须直视的主要现实问题。美丽乡村的环境污染主要表现为工业生产污染、农业生产污染和生活垃圾污染等问题。

1. 工业生产污染

在国家大力发展经济的号召与带动下，我国乡村地区诞生了一大批以工业生产为主的乡镇企业，这些乡镇企业在优化当地乡村经济结构、拉动经济发展水平的同时，也产生了大量废气、污水、噪声、废渣等污染物，这些都将成为乡村环境的重要污染来源。

新时期，对美丽乡村建设的工业污染防治要求：村域内工业企业生产过程中产生的废水、废气、噪声、固体废物等污染物达标排放，工业污染源达标排放率达100%。

2. 农业生产污染

农业生产污染包括不科学地使用农药、不当处理农业废弃物等，不仅直接对水体和土壤造成污染，而且经过挥发和蒸发作用也会对大气产生影响，从而间接危害群众的身体健康。

对农业生产污染的防治要达到以下几点要求：(1) 在生产养殖方面，规模化养殖实行人畜分区，庭院养殖实行畜禽圈养，禽畜粪便资源化综合利用率≥80%，病死禽畜无害化处理达100%，水产养殖废水达标排放。(2) 在农业废弃物处理方面，农药瓶、废弃塑料薄膜、育秧盘等农业生产废弃物及时处理，农膜回收率≥80%，农作物秸秆综合利用率≥70%[3]。(3) 在农药农肥方面，推广植物病虫害统防统治，采用农业、物理、生物、化学等综合防治措施，不能使用明令禁止的高度高残留农药，并推广测土配方施肥技术，施用有机肥、缓释肥。

3. 生活垃圾污染

由于我国广大乡村地区生活垃圾回收的各项基础设施不够健全，导致生活垃圾露天随意堆放，其中废电池、放射性物质等有毒物质难以得到有效处理，对水体、大气和土壤构成严重污染。生活垃圾污染主要包括有毒重金属、废弃塑料制品、焚烧产生的有毒气体以及其他种类的生活垃圾等（图11-1）。

(a) 焚烧秸秆　　　　　　　　(b) 生活垃圾露天随意堆放

图11-1　乡村生活垃圾污染

对于生活垃圾治理，主要有以下几点要求：(1) 建立生活垃圾收运处置体系，生活垃圾无害化处理率≥80%；(2) 合理配置垃圾收集点、建筑垃圾堆放点、垃圾箱、垃圾清运工具等，并保持干净整洁，不破损、不外溢；(3) 推行生活垃圾分类处理和资源化利用，垃圾应及时清运，防止二次污染。

4. 生活污水处理

应以粪污分流、雨污分流为原则，综合人口分布、污水水量、经济发展水平、环境特点、气候条件、地理状况，以及现有的排水体制、排水管网等确定生活污水收集模式；根据村落和农户的分布，采用集中处理或分散处理或集中与分散处理相结合的方式，建设污水处理系统并定期维护，生活污水处理农户覆盖率≥70%。

5. 乡村环境管理

村庄的保洁机制是环境治理的保障，能够保证污染治理的有效性。

保洁机制的设置要求：制定保洁管理制度，并为村庄配有专职的保洁员；农户配有分类垃圾桶，村里配有垃圾站、垃圾转运车、公共厕所等硬件设施；"三清"（清垃圾、清路障、清淤泥）到组率达100%，"五改"（改水、改厨、改厕、改浴、改栏）到户率达90%，其中卫生厕所普及率达100%。

二、村容整治

村容村貌就是美丽乡村的"外在美"，是美丽乡村可持续发展的重要基础，也是建设美丽乡村的重要内容之一[4]。推进"村容整洁"是乡村环保工作的重大任务，既是贯彻落实科学发展观、建设环境友好型社会的重要举措，也是推进城乡统筹发展、建设社会主义新农村的具体行动[5]。美丽乡村的村容整治主要包括以下两个方面：

1. 村容维护

村容维护是整个村域范围内的建筑、道路等的外观统一和改善。（1）在建筑方面，要严格执行一户一宅政策，规范农民建房管理，废弃空新房处置率达100%；民居美观实用，有效改造危房，修缮恢复农房、院落等传统风貌；房前屋后整洁，无污水溢流，无散落垃圾，建材、柴火等生产生活用品集中有序存放；划定畜禽养殖区域，人畜分离，农家庭院畜禽圈养，保持圈舍卫生，不影响周边环境卫生。（2）在公共区域方面，按规划在公共通道两侧划定一定范围的公用空间红线，不得违章占道和占用红线；宣传栏、广告牌等设置规范，整洁有序，村庄内无乱贴乱画乱刻现象；村域内不应有露天焚烧垃圾和秸秆现象，水体清洁，无污染。

2. 环境绿化

绿化建设不仅能够改善村域的美观程度，也是对村域生产生活环境的改善，在村民生活品质提升的同时，促进了人与自然和谐统一。

村庄绿化宜采用本地果树林木花草品种，兼顾生态、经济和景观效果，与当地地形地貌相协调，林草覆盖率一般要求山区≥80%，丘陵≥50%，平原≥20%；村域内建筑、庭院、屋顶和围墙提倡立体绿化和美化，要求房屋前后菜地果园、树木花草、灯光亮化等规范有序，开展庭院绿化、美化、亮化的农户占全村总农户数≥80%；村内主要道路两边、水系两旁进行绿化亮化，村域内可绿化范围的绿化率≥90%[3]；古树名木采取设置围护栏或砌石等方法进行保护，并设立标志牌。

第三节 经济指标

乡村经济在我国的经济市场中具有举足轻重的地位[6]，在实现乡村振兴、乡村产业的发展过程中是不可回避的问题。

一、模式创新

从"十二五"时期推行社会主义新农村建设至今，以发展乡村产业为主线从而推动当地村民增收一直是乡村发展的重要目标。乡村产业发展是乡村复兴不可回避、亟待解决的首要问题[7]。一定程度上讲，传统模式的乡村经济发展缓慢，迫使乡村居民背井离乡，劳动力的缺失导致乡村经济愈加衰败，乡村产业问题日益突出，美丽乡村的经济建设迫切需要模式创新来推动产业发展。在乡村产业模式创新与优化的要求方面：

首先，结合与乡村区域环境承载能力相匹配的优势主导产业，强化品牌建设，至少有一家单位通过"三品一标"的认证登记；生产无公害农产品、绿色食品、有机食品，参与优势主导产业的农户占全村总农户数的二分之一；通过"互联网+"促进产业转型升级，较好实现优势主导产业的区域化布局、标准化生产、规模化经营。图11-2所示为以采茶为主导产业。

图11-2　以采茶为主导产业

其次，将第一、二、三产业融合发展，合理优化产业结构。拥有农产品加工企业或原料基地，以及农村餐饮、旅游、娱乐和农产品销售、外出务工等新兴产业；充分利用乡村田园风光、山水资源、民族特色及乡村文化，发展精品休闲农业或一条乡村旅游精品路线等；从事二、三产业的人数占全村总劳动比例≥50%，二三产业户均收入占家庭平均总收入比例≥40%[4]。

最后，建立并落实教育培训、认定管理、政策扶持"三位一体"的新型职业农民培训制度，并有效地引导村民创业就业；拥有种养大户、家庭农场、农民专业合作社和土地股份合作社，实现适度规模经营。

二、设施建设

随着时代发展，传统农业生产经验和技术对农业发展作用越来越小，与现代化机械生产相比差距越来越明显。但我国农业基础建设相对薄弱，导致部分农田得不到有效灌溉。现代化机械普及率较低，田间管理的工作多数依然由体力劳动者完成，导致生产效率低下，产量和质量也很难满足市场需要。

由此可见，产业设施完备是产业发展的保障，美丽乡村的产业设施要求主要包括电力与水利两大方面：对乡村电网改造升级，能够保障生产生活用电稳定，方便现代机械技术的使用与推广；灌排工程设施建设齐全，能实现旱涝保收；严格保护耕地，有效推进高标准农田建设。

三、三产发展

产业兴旺是乡村振兴战略中的首要任务，也是解决我国农村经济、社会问题的关键。乡村产业的振兴能为乡村振兴提供坚实的物质基础，不仅能够提高乡村自身建设能力，同时还能够提供就业岗位，促进乡村居民增收，提高乡村居民的建设积极性，能够为美丽乡村的发展提供持续发展的动力[8]。从一般通用性角度来看，美丽乡村对于第一、二、三产业的发展有以下要求。

1. 农业

（1）在经营主体方面，发展种养大户、家庭农场、农民专业合作社等新型经营主体。

（2）在发展现代农业方面，积极推广适合当地农业生产的新品种、新技术、新机具及新种养模式，促进农业科技成果转化，鼓励精细化、集约化、标准化生产，培育农业特色品牌。

（3）在发展现代林业方面，提倡种植高效生态的特色经济林果和花卉苗木，推广先进适用的林下经济模式，促进集约化、生态化生产。

（4）在发展现代畜牧业方面，推广禽畜生态化、规模化养殖。

（5）在发展现代渔业方面，沿海或水资源丰富的村庄推广生态养殖、水产良种和渔业科技，落实休渔制度，促进捕捞业可持续发展。

2. 工业

结合不同乡村产业发展规划，既要发展农副产品加工、林产品加工、手工制作等产业，提高农产品的附加值，也要引导工业企业进入工业园区，防止化工、印染、电镀等高污染、高能耗、高排放企业向乡村转移。

3. 服务业

依托乡村自然资源、人文禀赋、乡土风情及特色产业，发展形式多样、特色鲜明的乡村传统文化、餐饮、旅游休闲产业，并配备适当的基础设施；大力发展商贸、美容美发、养老托幼等生活型服务业；鼓励发展农技推广、动植物疫病防控、农资供应、农业信息化、农业机械化、农业品流通、农业金融、保险服务等农业社会化服务业。图 11-3 所示为乡村产业链发展。

(a) 自然资源旅游产业　　　　(b) 农业个性采摘产业

图 11-3　乡村产业链发展

第四节　社会指标

一、组织和制度健全

组织与制度是保障美丽乡村发展的重要组成部分。优秀的村级基层领导组织能够选择正确的发展方向，并能有效地解决发展中出现的矛盾与纠纷；而健全的制度不仅是美丽乡村建设的稳定性的保障，也是村民生活质量日益提升的保障[9]。因此，村级基层组织和制度的建立、健全，是美丽乡村建设指标中影响乡村居民生活文明的重要部分。

1. 组织建设

在美丽乡村组织建设中，首先应依法设立村级基层组织，包括村党组织、村民委员会、村务监督机构、村集体经济组织及其他民间组织，并遵循民主决策、民主管理、民主选举、民主监督的原则，依法选举产生；选优配强"两委"班子，保证其具备协调解决纠纷和应急的能力，充分发挥乡村基层党组织的战斗堡垒作用；推行以村党组织为领导核心，村民委员会和村务监督委员会等各司其职、各负其责的村级治理模式；有效发挥村民的建设主体作用，发展美丽乡村建设理事会、村老年协会等各类组织；制定村民自制章程、村民议事规则、村务公开、重大事项决策、财务管理等制度，建立并规范各项工作的档案记录，并有效实施。

2. 制度建设

美丽乡村制度的建设主要包括以下几个方面：

(1) 岗位承诺制

岗位承诺制是指行政机关及其工作人员公开向社会承诺依法履行职责的制度。其内容包括：坚持立党为公、执政为民，切实把广大人民的根本利益维护好、实现好、发展好；严格依法行政，除法律法规及上级有关部门设定的审批项、收费项外，不另设新项目，并公开审批项目、申报条件、审批程序及时限，按规定办理；实行政务公开，包括工作职责智能、管理权限、办事依据、工作要求及服务内容、行政许可项目、办事程序、办理时限、收费项目及标准等；实行首问责任制、限时办结制、投诉受理制及行政过错责任追究制，提高行政效率；坚持原则，廉洁从政，拒收任何形式上的贿赂；认真履行职责，提高办事效率，凡职属范围内工作，应做到紧急事情立即办，符合规定抓紧办。

(2) 为民服务全程代理制

为民服务全程代理制是指遵循"便民、公开、依法、高效"的原则，为村民全程代理承办残疾证申办，生殖保健服务卡申办，二胎准生证申办，流动人口计划生育证明申办，独生子女光荣证申办，出生登记申办，婚迁及大、中专学生户口回迁申办，农村居民最低生活保障申办，农村居民合作医疗报销申办，全体工商户执照申办，村民建房申办，企业登记申办，申请营业登记等主要事项。

(3) 党员量化积分管理制

党员量化积分管理制是指对全体党员进行的百分制量化考核，分为日常行为积分和年度民主评议积分。日常行为积分包括是否履行党员基本义务、是否带头发挥作用等。年度民主评议积分则在年底举行，由党组织召开党员民主评议会议讨论通过并公示。

(4) 四议两公开制

四议两公开制是指在村党组织领导下对村级事务进行民主决策的一套基本工作程

序,是基层在实践中探索创造的一个行之有效的工作方法。其中"四议"指村党支部会提议、村"两委"会商议、党员大会审议、村民代表会议或村民会议决议;"两公开"是指决议公开、实施结果公开。

(5) 村干部值班和周例会制

在规定工作日内,由村"两委"安排值班表,保证有村干部在村委会办公室轮流值班以解决群众问题并进行相关记录;每周固定时间开展例会,参与人员包括村"两委"全体干部及镇驻村领导、干部。例会主要为了传达镇党委政府有关会议精神和工作部署,组织学习有关政策、法律、法规及上级有关文件精神,汇报及商讨上周情况与问题,研究部署当前有关工作。

(6) 依照《村委员会组织法》,制订社会治安、消防安全、村风民俗、邻里关系、婚姻家庭等村规民约。

3. 长效管理与监督

管理与监督能够保障制度有序的运行。健全村民自治机制,保障村民参与建设和日常监督管理,更能提高村民建设积极性。推进美丽乡村的长效管理与监督工作,应重点做好如下两个方面的工作:

首先,要调动村民参与建设活动的积极性,充分发挥村民主体作用。可以通过村务公开栏、网络、电视、广播、收集信息等形式,了解美丽乡村的建设动态、农事、村务、旅游、商务、防控、民生等信息,参与并监督美丽乡村建设,并鼓励开展第三方村民满意度调查,及时公开结果。

其次,保障与监管机制须到位。建立健全村庄建设、运行管理、服务制度等,落实资金保障措施,明确责任主体、实施主体,鼓励有条件的村庄采用市场化运作模式;建立并实施公共卫生保洁、园林绿化养护、基础设施维护等管护机制,配备与村级人口相适应的管护人员;在美丽乡村监督评议方面,要建立制度,加强对村党组织班子成员、村民委员会班子成员以及村集体组织班子成员的定期监督,分类设定群众满意率,对群众满意率较低的组织或个人,还应配套建立责任追究制度。

二、基础设施完善

乡村基础设施的作用是为满足乡村各项生产生活及公共服务的设施,主要包括饮水、道路建设、电力通信、教育、社会保障、公共文化体育、公共医疗卫生等配套设施。合理配置乡村基础设施,能够满足乡村居民的日常生活需要,提高生活品质。

在基础设施方面,美丽乡村建设的评估重点应考量以下几个方面:

1. 医疗卫生

美丽乡村的医疗卫生指标的考量首先是要建立健全基本公共卫生服务体系,建设标准化乡镇卫生院(社区卫生服务中心),建筑面积$\geqslant 60m^2$。乡村基层卫生服务网络建立统一、规范的村民健康档案,提供计划免疫、传染病防治及儿童、孕产妇、老年人保健等基本公共卫生服务。村庄人口较少可合并建立村级卫生室(社区卫生服务站),社区卫生服务中心或乡镇卫生院所在地的村可以不设(图11-4)。

图 11-4　乡村医疗设施

2. 交通通信

交通与通信都是与外界沟通、接收信息的渠道。道路交通的建设对乡村居民生产生活极其重要，能够起到日常交往、贸易往来、生产运输、灾害疏散等重要作用。

美丽乡村建设对道路交通的建设要求一般包括：乡村公路提质改造和安防设施到位，交通网络与乡镇、县城互通，路面硬化率达100%，组道硬化率一般高于70%；村内道路应以现有道路为基础，顺应现有村庄格局，保留原始形态走向；村主干道按要求设置道路交通标识，村口应设村民标识，历史文化名村、传统村落、特色景观旅游景点应设置指示牌；利用道路周边及空余场地，适当规划公共停车场；公交车通达率应达90%以上。图11-5所示为乡村道路建设。

美丽乡村建设对通信设施的建设要求一般包括：广播、电视、电话、网络、邮政等公共通信设施齐全、信号通畅，线路架设规划安全有序；广播电视覆盖率达100%，行政村、居委会光纤和4G网络覆盖率为100%，4G到村、光纤到村，家庭宽带普及率可根据地方实际条件确定，但不宜低于40%。

图 11-5　乡村道路建设

3. 饮水供电

水源是保障人类生产生活的基础，完善的水源工程设施不仅能够保障农产品生产，也能够方便乡村居民的日常生活。美丽乡村建设对水源工程设施的要求一般有：根据村庄分布特点、生活水平和区域水资源等条件，合理确定用水量指标、供水水源和水压要求；水库、山塘泵站等水源工程运行安全可靠；自来水普及率一般为100%，农户安全饮水普及率达100%。

美丽乡村建设对电力设施的要求则有以下几点：农村电网建设改造规划设计、电压等级都应符合国家标准，供电能满足村民基本生产生活需要；电线杆应排列整齐，安全美观，无私自乱拉电线、电缆现象；合理配置照明路灯，宜使用节能灯具；供电可靠率一般要求达到100%。

第五节 文化指标

中国是一个以农耕文明传统文化为核心的国家，耕作劳动的农业文明孕育了丰富多样的乡村文化，成为中国文化区别于世界其他民族的文化符号[9]。但从现状来看，当前乡村文化发展的情况并不乐观，在城镇化的不断推进进程中，很多乡村的特色文化遭到了不同程度的破坏，导致民间风俗商业化、"空心村"等现象频频出现，使原本就发展缓慢的乡村文化更滞后于城市化进程。因此，一方面，对乡村文化的教育传播显得尤为重要；另一方面，加强乡村文化建设也迫在眉睫。

1. 文化教育

我国乡村的教育设施相对城市来说普遍滞后，教育能力也相对落后。因此，加强文化教育也是美丽乡村建设与发展的重要组成部分。

对于文化教育建设，要做到每个乡镇有中心幼儿园，结合幼儿入园需求和本地实际，合理设置村级幼儿园；九年义务教育资源实现城乡均衡配置，保障义务教育经费；创造条件开展新型职业培训，普及各项基础知识，提高村民的文化素养；普及生态意识，提升村民对乡村文化发展的认同度，推动美丽乡村的文化建设。图11-6所示为乡村文体设施。

图11-6 乡村文体设施

2. 文化建设

乡村的文化建设影响着传统乡村文化的延续和继承，应着力做到以下几点：

首先,有效保护传统村落、古民居、古建筑、古树名木等历史文化遗迹遗存,正确引导宗教、民俗文化发展。

其次,配套建设村级文化室、村级综合文化服务中心、健身设施场所。

再次,创建富有特色的文体活动小组及老年协会等,并积极开展各级文明乡镇、文明家庭等精神文明创建活动。

最后,开展乡村移风易俗活动,引导村民摒弃陋习,培养健康、文明、生态的生活方式和行为习惯。图11-7所示为乡风文明宣传墙。

图11-7 乡风文明宣传墙

第六节 规划建设要求

一、规划布局原则

乡村布局的科学规划是美丽乡村建设的重要环节,是乡村人居环境改善的基础。乡村规划建设应遵循的原则主要有以下三点[10]:

1. 提高村民参与度,尊重村民意见

在乡村发展过程中,乡村居民既是生产生活的主体,又是推动乡村经济建设的劳动力,还是乡村历史文化的宣传者与继承者。因此,乡村居民对于乡村规划的建议及诉求尤为重要。乡村规划应经村民会议或村民代表会议讨论通过,规划总平面图及相关内容应在乡村显著位置公示,经批准后公布、实施。在乡村规划编制时应深入乡村居民进行实地调查,充分征求意见,并宣讲规划意图和规划内容。

2. 科学布局规划,突出地方特色

由于我国疆域辽阔,历史绵长,导致各地乡村风俗特色相差很大。因此,乡村规划在满足土地利用总体规划之上,还应与镇域规划、经济社会发展规划和各项专项规划协调衔接,科学区分生产生活区域,功能布局合理、安全、美观,配套完善,并注重结合地形地貌、山体、水系等自然环境条件,处理好山形、水体、道路及建筑的关系,进行合理规划布局。

根据乡村资源特色,因地制宜地进行规划设计,注重传统文化的保护和传承,维护乡村独特风貌，突出地域特色，避免出现"千村一貌"的情况。当村庄规模较大、情况较复杂时，宜编制经济可行的村庄整治等专项规划。对于历史文化名村和传统村落应编制历史文化名村保护规划和传统村落保护发展规划。

3. 节约资源，保护环境

十六届五中全会提出建设"资源节约型、环境友好型"的两型社会，强调集约用地、城乡统筹发展、人地协调的发展理念。我国虽地大物博，但由于人口基数大，导致人均资源占有量较低。因此，在乡村规划中应科学、合理、统筹配置土地，依法使用土地，不能占用基本农田，并合理利用坡地。公共活动场所的规划和布局应充分利用闲置土地、现有建筑及设施，避免出现"烂尾楼"等资源浪费情况。图11-8所示为肇庆市四会玉器文化小镇规划图。

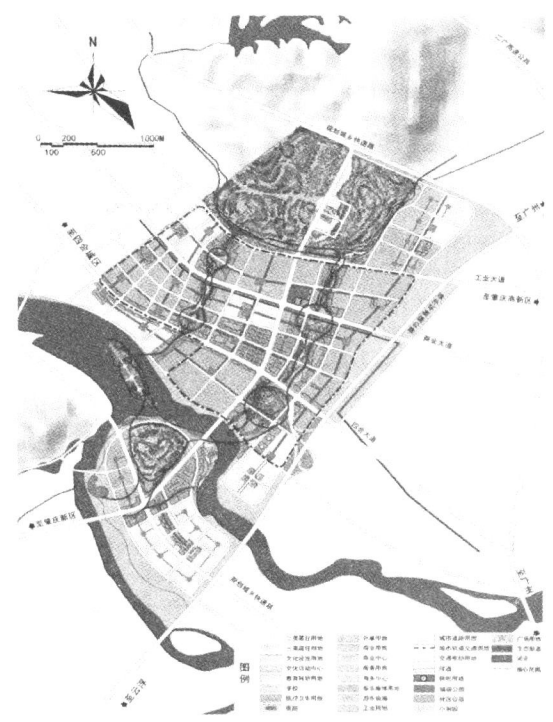

图 11-8　肇庆市四会玉器文化小镇规划图

二、规划建设内容

1. 乡村整体规划方面

首先，应以需求和问题为导向，综合评价村庄的发展条件，提出村庄建设与治理、产业发展和村庄管理的总体需求。其次，对村庄整体布局与外观进行统一。统筹村民建房、村庄整治改造，并进行规划设计，对老旧建筑进行平面改造和立面整饰，并确定村庄建筑的统一风格。再次，了解村庄自然地理环境，以此来确定村庄防灾减灾的要求，做好村级避灾场所建设规划，以应对可能出现的自然灾害。对处于山体滑坡、崩塌、地陷、地裂、泥石流、山洪冲沟等地质隐患地段的农村居民点，应经相关程序确定搬迁方案。最后,了解村庄发展历史,对村庄可能存在的传统民居、历史建筑物与构筑物、古树名木等人文景观进行保护,保持和延续传统格局和历史风貌,维护历史文化遗产的完整性、真实性、延续性和原始性。

2. 土地利用规划方面

根据上一级土地利用总体规划的内容,严格遵守土地利用区域划分,确定农业用地、建设用地及未利用地的范围,对村域地区的土地利用现状进行调整,并严格限制农业用地转化为建设用地。

3. 产业设施方面

加强乡村电网的改造升级,以保障生产生活用电;了解乡村农田灌溉、排水设施的完善程度,保证水利工程设施完备,提高标准农田建设;根据乡村自身自然环境及社会经济发展特色,确定能与环境承载力相匹配的主导产业。科学规划产业发展模式,推进三产融合,避免乡村产业结构单一[11]。

4. 生态建设方面

对乡村的生态要素进行分析,考虑自然生态环境本底、资源条件及承载能力,分析生态环境保护对策和治理措施,确定生态体系结构,保护原有生态格局;深入贯彻"青山绿水就是金山银山"的理念,构建乡村生态安全建设,并依据乡村的生态特征,确定生态环境保护目标、要求与设施;深入了解乡村环境卫生的情况,确定垃圾、污水收集处理设施和公厕等环境卫生设施的配置和建设要求,保证乡村走向生态发展的道路。

5. 公共服务方面

在了解乡村文体教育、医疗卫生、社会福利等公共服务和管理设施的现状后,对基础医疗教育设施缺乏部分进行完善。征询村民意见,根据村民对日常活动的需求确定用地布局和建设要求;对村域内道路、供水、排水、供电、通信等各项基础设施配置进行检查,并对缺乏或需更新部分进行规划设计,其中包括布局、管线走向和铺设方式等[12]。

思考题

1. 乡村建设评估指标体系构建的原则有哪些?
2. 请结合某一区域,应用乡村建设评估指标体系定量评估该区域乡村建设发展水平。
3. 乡村环境治理主要包括哪几个方面?具体内容有哪些?
4. 简述乡村规划建设的主要内容。

参考文献

[1] 朱莹,王伟光,陈斯斯等. 浙江衢州市衢江区"美丽乡村"总体规划编制方法探讨 [J]. 规划师,2013 (8): 113-117.

[2] 沈费伟,肖泽干. 浙江省美丽乡村的指标体系构建与实证分析 [J]. 华中农

业大学学报（社会科学版），2017（2）：45-51.

[3] 姚鹏. 美丽乡村建设背景下农村环境污染问题及治理对策[J]. 农村经济与科技，2018（20）：16-17.

[4] 湛方栋，郭先华，祖艳群等. 农村环境整治：村容整洁的实现路径[J]. 云南农业大学学报（社会科学），2013（7）：117-123.

[5] 周生贤. 推进"村容整洁"是新农村环保工作的重大任务[J]. 环境保护，2007（1）：8-11.

[6] 毛杨花，陈红燕. 农村经济发展现状[J]. 科技·经济·市场，2016（1）：155-155.

[7] 高凡，孟晓蕊，丁国昌. 美丽乡村建设背景下闽西乡村产业发展现状及产业发展模式探讨[J]. 山东农业工程学院学报，2018（5）：10-14.

[8] 姜长宝，屈康然，朱琳等. 基于产业发展的美丽乡村建设研究[J]. 经贸实践，2018（18）：53-55.

[9] 薛瑞，陈晋. "美丽乡村"的文化建设分析[J]. 现代商贸工业，2018（31）：23-24.

[10] 中华人民共和国国家质量监督检验检疫总局. 美丽乡村建设指南（GB/T 32000—2015）[Z]. 2015-04-29.

[11] 中共湖南省委农村工作领导小组. 湖南省美丽乡村建设村级评价指标体系（试行）[Z]. 2017-04-16.

[12] 中共湖南省委农村工作领导小组. 湖南省乡（镇、街道）整域美丽乡村建设主要评价指标（试行）[Z]. 2017-04-16.

第十二章　乡村建设的项目设计

项目设计与项目建设对于加快乡村建设进程具有极其重要的作用。从项目设计角度来看，主要是在乡村发展规划的基础上，结合分期实施、阶段推进的原则，通过对乡村现状资源、经济发展状况、交通条件等进行系统的分析，因地制宜地对乡村特色产业发展、乡村景观设计、农房风貌整治、农村道路改善等项目进行规划设计。

本章为乡村建设篇的第十二章，主要是对乡村建设中广泛涉及的特色产业发展项目、乡村景观设计项目、农房风貌整治、农村道路改善等项目进行梳理，并配以简单实例进行说明。

第一节　特色产业发展项目

乡村特色产业是指基于乡村所具有的独特的自然、地理和人文资源优势，具备一定的商业开发价值和潜力，拥有产品核心技术和自主知识产权，有适当规模，与工农业联系紧密，独特且具有排他性的产业[1]。在乡村现状分析的基础上，遵循市场原则，进行乡村特色产业选择，确定其空间布局方式等项目设计是转变广大乡村地区粗放式发展模式和实现乡村经济跨越发展的重要途径。

一、现状分析

1. 特色资源分析

乡村特色产业发展要以乡村区域内存在的特色资源为依托。特色资源主要指农村中独有的、稀缺的要素，具有鲜明的不易流动性和地域性特征，它是农村特色产业发展的物质基础与先决条件。对乡村特色资源的挖掘，需开展的重点工作如下：

首先，深入挖掘对农村劳动生产率、特色产品质量等具有直接或间接影响的特色资源，并在市场竞争条件下，推动农村特色产业活动向特色资源分布集中。

其次，充分考虑现有特色资源的空间分布情况，尽量在其原有地域空间基础之上进行深度开发利用。

最后，对农村特有的"人、文、地、产、景"进行整合[2]。

图 12-1 所示为特色资源分析。

图 12-1 特色资源分析

2. 市场需求分析

市场需求是指消费者在一定的时间和市场营销环境下对于某种特色商品或服务的需求和迫切程度。地理区位、资源禀赋、生产技艺、历史文化等条件为农村特色产业发展提供了基础，而不断增长的市场需求为其持续发展提供了动力，也在一定程度上决定了它的发展方向。

一般来讲，可通过实地调查和市场调研等手段，从需求及需求弹性、影响需求及需求量的基本因素（货币收入、人口因素、市场价格等）、消费者偏好及购买行为3个方面进行特色产业发展的市场需求分析[3]。

3. 政策环境分析

政策环境是指影响产业发展能力的规则和条件，主要包括信息环境、法律环境、社会环境和规制环境，是特色产业市场、效益及科技服务等驱动因素的重要保障，主要表现在以下两个方面：

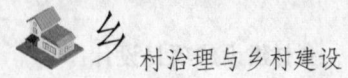

第一,为农村特色产业的形成与发展壮大营造良好环境;

第二,为保护本国和本地区产业,可以提高或限制一些外来产业进入门槛,从而有效限制外来产业的进入,确保本地特色产业得到良好的发展机会。

二、特色产业选择

1. 产业选择的原则

只有充分利用地区特色资源、选好并培育出特色产业的农村地区,才能形成不可替代的竞争优势。农村特色产业的培育是多因素耦合的过程,选择发展哪些特色产业部门是培育农村特色产业的首要环节[4~5]。农村特色产业的选择可以参照以下原则:

(1) 资源优势原则

根据资源禀赋理论,资源在某一地理空间上的富集程度对于特色产业的选择与培育起着决定性作用。因此,要充分依托农村特色资源,在资源基础上遴选特色产业,做到"你无我有"。

(2) 因地制宜原则

任何经济活动或产业组织形式都要落实到一定的地域内,而不同的地域在资源、社会经济等方面也不尽相同,因而在不同的经济发展条件及其组合下,区域优势也存在差异。因此,必须从乡村的实际情况出发,统筹考虑经济、社会、生态效益。

(3) 重点突出原则

优势是相对而言的,农村地区可能具有多种相对优势,但并不意味着只要存在的优势就一定能够发展成特色产业。因此,必须在众多特色中选择最具特色和优势的产业进行重点发展,使之形成强大的经济优势,这样才能拥有强大的市场竞争力。

(4) 市场导向原则

特色产业是市场经济发展的结果,是市场条件下区域经济发展的必然趋势。因此,要以满足差别化的消费需求为根本立足点,并以此为依据,选择农村特色产业,生产能够满足市场需求的产品。

2. 产业选择的思路

(1) 立足现有特色,遴选特色产业

综合考虑本地区现有的特色优势,依托已经成型的产业,进一步挖掘对现有成型产业所依托的资源,加大对成型产业人才、资金、技术等生产要素的投入,努力推动现有优势转化为地区整体综合竞争力。

(2) 挖掘潜在特色,培植特色产业

对于产业规模较小或者发展处于初级水平,但特色产业不明显的区域,需要以创新思维、动态眼光看待农村未挖掘、未开发、未利用的资源要素,运用创新理念将其进行重新整合。

(3) 引进资源要素，创造特色产业

对于无资源优势、无产业基础或资源开发潜能有限的乡村，可以引进一些先进技术来加强对现有资源的开发程度，以改造升级原有特色产业，或者引进一些新的物质要素与当地原有的物质要素进行有效组合以创造新的地区特色。

三、特色产业空间布局

1. 布局思路

对于乡村地区来说，要想获得资源配置的最佳经济效果，就要尽可能地发挥区域比较优势，而优势的获得也往往依赖于乡村的产业布局。

对乡村特色产业进行空间安排时，首先应考虑影响因素指向性的空间集聚模式，其中特色资源、特色技艺等要素可直接被当作指向性条件，在具备这些要素的地区必须依据高资源利用率、可实现保护性开发、高附加值的原则布局特色产业部门；其次依据产业发展影响因素的指引作用，可以布局特色产业集聚区促进产业集聚[6]。

2. 布局原则

(1) 规模集聚原则

突出对资源、人才、信息、技术等要素进行规模集聚，促进特色资源的共享和循环利用，增强对周边空间的辐射影响力。

(2) 立体兼容原则

立体性原则主要体现在乡村特色产业的空间结构布局、空间的组织形态以及空间功能分布等方面；兼容性原则主要体现在农村特色产业部门的空间分布上的交叉融合以及多种类型的空间组织形态共同存在的兼容化的布局形式。

(3) 延展连续原则

促进标志性特色产业、基础性特色产业和支撑性特色产业在空间上实现有效衔接，推动乡村产业链建设。

(4) 生态效益原则

在资源开发为主的乡村地区要充分考虑资源条件，在具体特色产业布局过程中，不仅要考虑生产成本，还要着重考虑生态成本，充分估计可能的生态破坏损失。

3. 布局要点

基于产业空间布局理论，依托特色资源，充分发挥优势特色产业基础与区位优势的作用，结合农村特色产业发展条件和特色产业布局现状特点，综合考虑各产业发展特点、发展潜力、基础设施和环境约束等因素，统筹布局农村特色产业，逐步形成布局合理、特色鲜明的产业空间结构，推进优势特色产业集聚集群，推动主导产业提升、特色产业扩面，把亮点做成主业。图 12-2 所示为某村产业发展规划图。

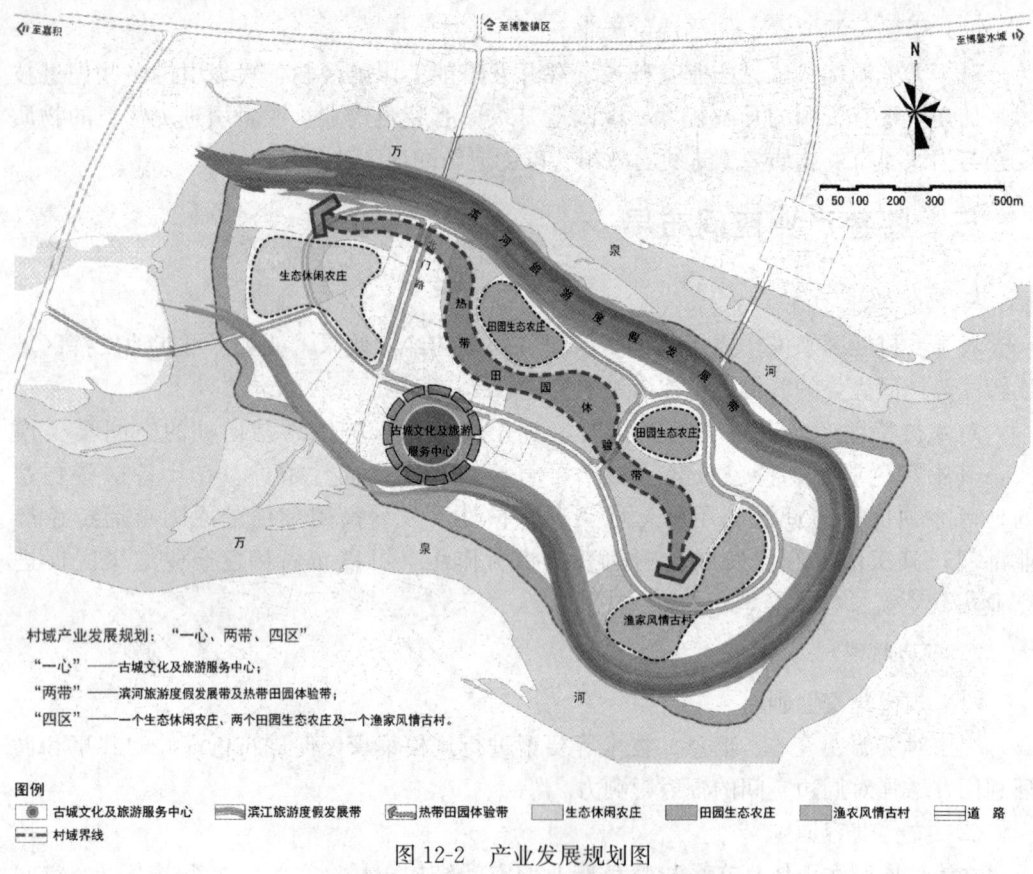

村域产业发展规划："一心、两带、四区"
"一心"——古城文化及旅游服务中心；
"两带"——滨江旅游度假发展带及热带田园体验带；
"四区"——一个生态休闲农庄、两个田园生态农庄及一个渔家风情古村。

图例
古城文化及旅游服务中心　滨江旅游度假发展带　热带田园体验带　生态休闲农庄　田园生态农庄　渔农风情古村　道　路
村域界线

图 12-2　产业发展规划图

资料来源：《琼海市博鳌镇乐城村村域总体规划》

四、案例——北京市通州区宋庄镇小堡村

小堡村位于北京市通州区宋庄镇政府西北侧 1km，西临外六环疃里出口。村辖域面积 5049 亩，常住 503 户，在籍人口 1367 人，劳动力 682 人，外来人口 5000 人。小堡村以文化创意产业知名，曾连续十年被评为区级文明村、连续四年被评为首都文明村，并于 2008 年获北京市"最美的乡村"提名。

1. 总体建设情况

1999 年建立的佰福工业园区不仅吸引了企业家，也吸引了方力钧等 2000 名艺术家，有效促进了当地产业结构转型，推动了当地文化创意产业的发展。先后完成了两个水泥厂的工业污染处理、一个屠宰场的污水处理、全村的粪便处理、农户冲水坐便改造等环境治理项目；在上级政府的支持下，利用旧厂房和民居，先后建成艺术家聚集区 10 个（村北的艺术园区、东区艺术中心、村中的画家大院等）和文化创意展览展示平台 70 余家（宋庄美术馆、韩燕画廊、苏蒙画廊等），艺术品经营区面积达到 2.5 万 m^2，年营业收入 24558 万元。图 12-3 所示为宋庄镇发展定位图。

第十二章 乡村建设的项目设计

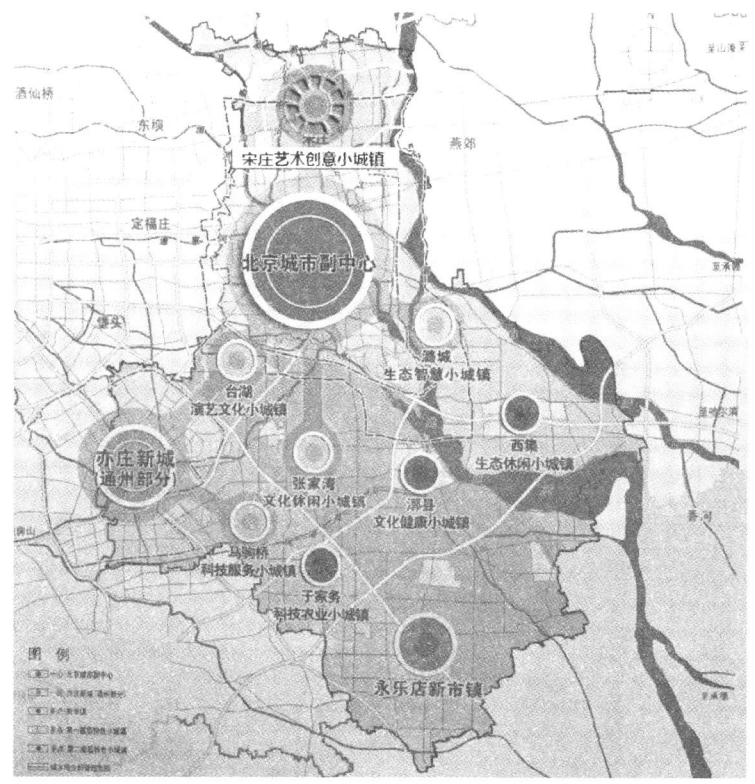

图 12-3 宋庄镇发展定位图

2. 文化创意产业规划布局与功能分区

多年来不断积累形成的艺术家资源成为小堡村资源开发的主要来源,为其发展文化创意产业奠定了一定基础。在详细调研的基础上,该村深入挖掘地区发展中的各方诉求,从用地层面入手,结合村民、艺术家、政府、城市发展等多方意见,分类分区提出了不同的土地规划策略,有效实现了利益平衡。图12-4所示为平衡多方诉求。

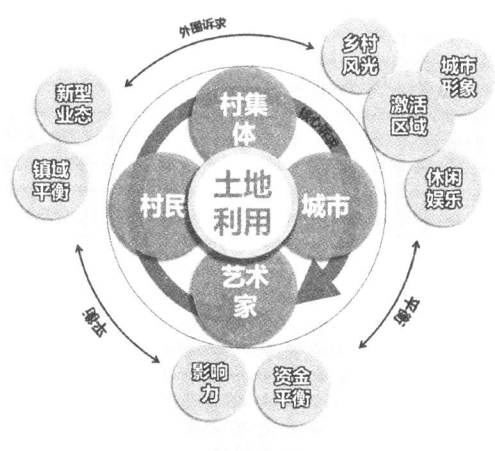

图 12-4 平衡多方诉求

资料来源:http://www.zhjs.cc/portal.php?aid=53372&mod=view

规划打造"国际艺术花园，首都创新门户"，以原创艺术创作为驱动，以高等级城市服务为基础，发展原创艺术制作、艺术品交易、文化创意办公和旅游休闲产业四大类产业功能。在功能分区上，从南部艺术门户沿南北交通主轴向北延伸形成产业发展的创新轴线，并依托西侧良好的生态本底，形成串联一系列外向型展示功能的艺术体验绿谷，两条南北向轴线共同孵化并引领多个服务核心，辐射带动全域发展。图12-5所示为小堡村功能结构和功能分区规划图。

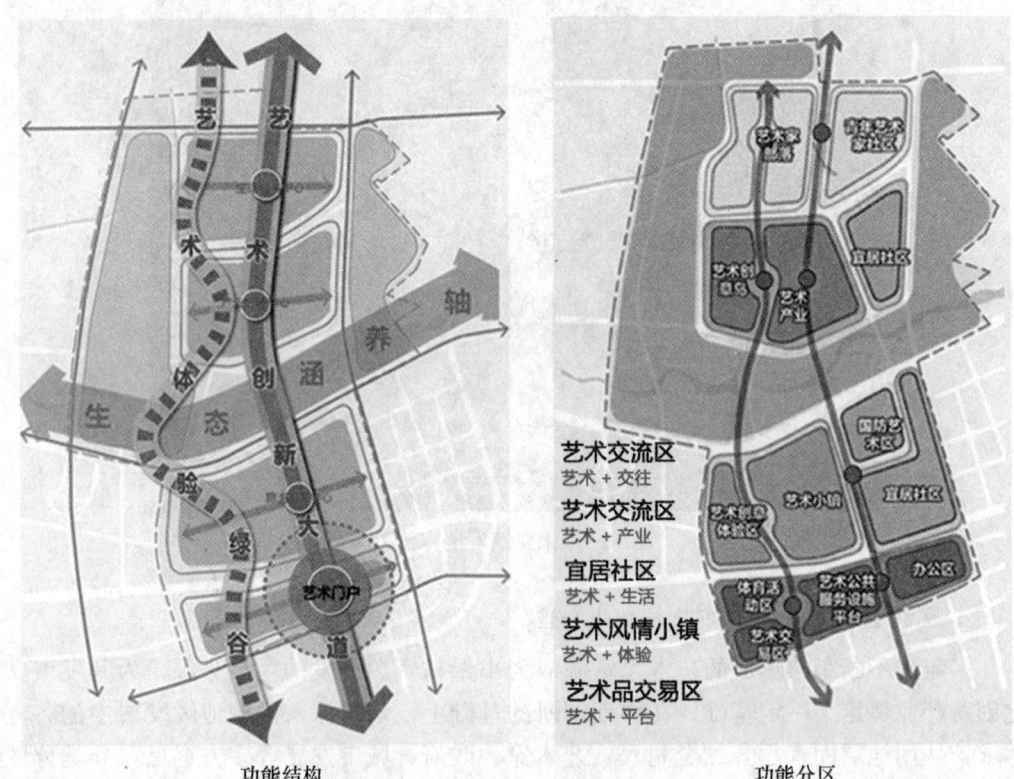

图 12-5 小堡村功能结构和功能分区规划图

资料来源：http://www.zhjs.cc/portal.php?aid=53372&mod=view

3. 优化文化创意产业发展环境

搭建公共服务平台，建立文化创意企业投资通道；成立文化创意产业协会、门户网站等为企业提供信息、咨询、培训等服务；重视环境优化，加快推进文化产业区核心区基础设施建设、景观形象提升、聚集区道路建设，为重点功能性项目落地奠定基础；优化招商服务环境，建设产业区服务中心，为文化产业投资商、机构和专业人才提供各项服务。

4. 以村带镇，实现共赢

小堡村发展文化创意产业的成功经验吸引了社会广泛关注，越来越多的文化界人士落户小堡村，带动了周边村庄也投身于文化创意产业。宋庄镇党委、镇政府因势利导，决定将文化创意产业作为全镇的主导产业，成立宋庄艺术促进会等五大服务平台，全方位招商引资，在全镇形成了以小堡村为核心的文化创意产业格局。

第二节 乡村景观设计项目

乡村景观既不同于城市景观也不同于自然景观，其空间构成是在原有的地貌、气候等自然属性的基础上注入人类文化特征后形成的，既是生态系统能量流、物质流的载体，又是社会精神文化系统的信息源。乡村景观是乡村生产性景观、自然生态景观、聚落景观的集合体，与乡村经济、社会、文化、环境等密不可分。从分类来看，乡村景观一般包括自然景观、聚落景观、人工环境景观与非物质文化景观。

一、乡村景观规划设计原则

（1）保护生态环境原则

生态环境主要包括生态的稳定性和异质性两方面。其异质性即生态景观的多样性以及优质性。生态的多样性对于乡村建立一个可持续发展的动态生态系统有重大的意义。健康的生态多样性有利于环境的自我调节，对已遭到人类干扰的生态系统有自行恢复作用。因此，在对乡村进行景观规划时要尤为重视生态环境的保护原则。

（2）促进经济发展原则

乡村景观规划要着重考虑规划带给村民的经济效应。从农业的角度提供合理的耕地、果园及菜园用地等斑块化规划方案；从景观旅游的角度，充分发展乡村特色、当地的风俗民情以及名胜古迹等，与当地的经济、技术条件协调发展，充分考虑当地的经济承受能力以及发展潜力，充分利用当地现有的适宜技术，从整体上把乡村规划成生活富裕、景观优美的生态乡村。

（3）重视美观效应原则

乡村景观首先应打造良好的视觉景观，其次应利用当地的地貌地形，发展当地的区域优势，营造乡村特色和标志性风貌的乡村建筑以及节点标志，最后合理布置休闲、健身等公共活动场所，美化各家的庭院，建设处处相宜的乡村美观环境。

（4）坚持可持续发展原则

乡村景观应以乡村发展为前提，坚持尊重生态环境、加强农业生产以及美化景观相结合的原则，严格保护乡村自然遗产，保护原有景观特色，维护生态环境的良性循环，防止污染和其他地质灾害。编制生态乡村景观规划时，要根据当地自然景观资源与人文景观旅游资源特征、环境条件、历史情况、现状特点以及国民经济和社会发展趋势，以乡村经济发展为导向，坚持可持续发展，总体规划布局，统筹安排建设项目，切实注重发展经济实效。

二、乡村入口景观设计

1. 入口景观功能

村庄入口是指位于村庄内部环境与外部环境过渡和连接的空间，是一个乡村的

"门面"。村庄入口是村庄文化性和标志性的体现,一定程度上担负着展现村庄特色的使命,具有"可识别性"和"可印象性"。

(1) 标志和分隔过渡功能

村庄入口将村庄和周围自然环境逐渐分割,是村庄板块与自然基质的分界点,从入口开始,人工建筑逐渐占据村庄空间,自然景观成分减少,入口景观也是人们进入村庄的第一景观,即村庄景观序列的开端。

(2) 文化与展示功能

村庄入口在其漫长的发展过程中,往往会形成独特的文化特征,传递出村庄特有的人文气息。

(3) 交通和导向功能

乡村入口是村庄最主要的出入口,具有组织交通、引导人流的作用。正是基于这种作用,一般应在入口处根据实际情况设置一定数量停车位,用以满足村民的生产生活需求或作为乡村旅游产业的基础设施建设。

(4) 休闲和集会功能

乡村入口常常位于村庄较为开阔的地段,古树、荷塘、亭廊等空间可作为村民良好的休闲集会场所。

2. 入口景观设计要点

村庄入口景观设计往往与当地人文特征紧密相连,地域特色明显,在规划设计中一般主要考虑地形、乡土建筑特色、色彩、地方材料四方面的要素。

(1) 地形

中国乡村建筑构造大多数受到传统的"天人合一"的观念影响,尊重自然,不主张大兴土木改变自然地形,通常按照风水常识和村民习俗设计村庄入口地形。

(2) 乡土建筑特色

寺庙、亭台、祠堂、学堂、廊、桥、住宅、商铺等乡土建(构)筑物是一个村庄历史、文化、自然以及祖祖辈辈智慧的凝聚,是构成乡村景观的重要组成部分,奠定了乡村入口景观设计风格的基础。

(3) 色彩

村庄入口作为村庄的"门面",其色彩是一个极为重要的因素。村庄入口景观的色彩选择和搭配首先应注意与乡村传统色彩的传承和协调。其次在需要强调的一些局部建筑构建上,可以选择使用少量明亮的浅黄色或岩石的颜色。

(4) 地方材料

使用地方材料以及与这些材料相适应的结构和构造方法是保持村口景观特色的重要手段。就近使用当地木材、瓦、石、草、生土、竹等乡土材料打造乡村入口景观,不仅可以节约村庄的建设成本,也可以充分表现出浓郁的田园风光和乡土气息。

三、乡村滨水景观设计

在乡村建设与发展过程中,不少村庄出现了水系被破坏、水环境被污染等问题。因此,乡村水环境和乡村滨水景观的改造和设计尤为重要。具体来看,乡村滨水景观

第十二章　乡村建设的项目设计

改造和设计是改善乡村环境面貌、提高村民居住环境、展现乡村魅力的重要组成部分，也是建设生态文明、促进人与自然和谐发展的重要途径。

1. 乡村滨水景观设计原则

乡土化滨水景观设计应以安全为先、回归自然、融合人文景观为原则，将滨水区景观的各组成要素包括水体、驳岸、乡土植物、周围建筑以及各类景观小品等进行梳理和整合，使其在满足安全、生态、经济的条件下，提供给乡村居民景观秀美、满足乡村居民亲水本性的多样化开放空间[7]。

（1）安全为先

目前我国尚无统一的洪水危险性分区。按照《中华人民共和国防洪法》（2017年修订），防洪区是指洪水泛滥可能淹及的地区，分为洪泛区（指尚无工程设施保护的洪水泛滥所及的地区）、蓄滞洪区（指包括分洪口在内的河堤背水面以外临时储存洪水的低洼地区及湖泊等）和防洪保护区（指在防洪标准内受防洪工程设施保护的地区）。洪泛区、蓄滞洪区和防洪保护区的范围，在各级防洪规划或者防御洪水方案中划定，并报请省级以上人民政府按照国务院规定的权限批准后予以公告。因此，位于以上地区的村庄应把洪灾作为重点整治内容，并在水环境景观设计时结合防洪要求，根据场地的具体情况及滨水区在乡村中的地位、作用等进行具体分析，然后确定其景观形式，进而再进行深入设计。

（2）回归自然

自由多变的河岸线和各种类型的乡土植物是乡村滨水区天然优势的集中体现，不仅有助于净化水质和水体的吸收，还有利于减缓水速，削弱洪水的破坏力。

在进行乡村滨水景观设计时应采取让河流回归自然形态的设计手法，还原河流原本面貌，还应根据不同地区的地理环境和不同类型的河流进行合理化、差异性设计，主要表现为沿岸的生物多样性、地势地形的多样性和草木设计搭配的丰富性。同时，在一条流域的景观设计中要充分考虑到景观变化过程的适应性和统一性，灵活地使用当地植物进行高低配置、远近配置，营造层次丰富的空间景观效果。

（3）融合人文景观

维护地域自然特征、凸显地域人文特色是乡土景观设计所要遵循和必须考虑的原则之一。在乡村滨水景观中增加人文景观设计可以更好地凸显地方历史文化特色，更科学地营造多样性美观效果，更合理地为当地居民营造具有文化特色的生活环境。

2. 滨水景观设计要素

主要从乡村滨水景观驳岸、景观建筑、地面铺装、植物等要素对滨水景观进行具体分析。图12-6所示为乡村滨水区景观设计图。

（1）滨水驳岸

滨水驳岸是水域和陆域结合界线之间形成的挡水构筑物，主要起到防洪、固堤、护坡的作用。同时，驳岸也是人们与水接触的媒介，具有显著的边缘效应。滨水驳岸按照驳岸造型的不同可以分为规则式驳岸和自然式驳岸两大类。

图12-6 乡村滨水区景观设计图
资料来源:《浙江省杭州市桐庐县江南镇环溪村村庄规划》

①规则式驳岸:用块石、砖、混凝土砌筑的比较规整的驳岸,简洁明快,耐冲刷,但缺少变化。由于其具有耐久性、安全性、多功能性以及村民向往城市景观的心理等原因常常被运用于村庄滨水驳岸设计中,这类驳岸与乡村自然、柔和的环境难以相融。

②自然式驳岸:以砂石堆积为基础、自然植被覆盖为主,外观无固定形状,自然亲切,景观效果好,是现代人们推崇生态驳岸的首选。它又分为自然原型驳岸(适合坡度缓或腹地大的河段。驳岸设计时保持河流自然状态,配合植物种植,达到河岸稳定的目的。如种植柳树、白杨、芦苇、荷花等具有喜水性的植物,通过生长舒展的发达根系来稳固堤岸,顺应水流的柔韧枝叶来增加抗洪、护堤的能力)、自然型驳岸(适合较陡的坡岸或冲蚀较严重的河段。通过种植植被、铺设天然石材或木材来增强堤岸抗洪能力。如在坡脚采用石笼、木桩或浆砌石块等护底,其上砌筑一定坡度的土堤,斜坡上种植植被,采用乔灌草相结合,固堤护岸)和台阶式人工自然驳岸(适合防洪要求高且腹地较小的河段。在自然型护堤的基础上再用钢筋混凝土等材料确保大的抗

洪能力,如将钢筋混凝土柱或耐水原木制成梯形箱状框架,投入大的石块或插入不同直径的混凝土管,形成很深的鱼巢、再在箱状框架内埋入大柳枝、水杨枝等;邻水则种植芦苇、菖蒲等水生植物,使其在缝中生长出繁茂、葱绿的草本)。

(2) 滨水景观小品

乡村滨水景观小品主要指为村民提供生活休闲并传递村庄文化特色的风雨桥、风雨廊、风雨塔、洗衣台、牌坊、碑刻等。一方面,这些滨水景观在村庄整体景观布局中起着重要的节点作用,贯穿于整体景观轴线;另一方面,与村庄历史文化融合,营造出独具特色的乡村滨水景观风貌。

廊、桥和亭台等具有框景、衬景、对景等功能,在景观设计时首先应选择视野较好、风景较好的地段。其次,在材料选用和造型设计上应与周边自然环境和乡村整体风貌相协调。此外,景观塑造方式应符合村民的生活习性和生活模式,且景观小品处理手法应回归乡村本真。图12-7所示为乡村洗涤空间。

图12-7　乡村洗涤空间

(3) 地面铺装

乡村滨水区道路以人行为主、少量非机动车行驶为辅,其道路宽度和地面铺装应满足通行的基本要求,同时还要坚持安全生态、经济实用、绿色环保等原则。村庄滨水区常见的地面铺装主要有石料铺装和木材铺装。

①石料铺装。石料铺装主要包括块石铺装、板材铺装、砖石铺装、卵石铺装等类型。块石和卵石铺装对石材形状、大小要求不高,一般无须加工,且容易就地取材,符合生态绿色的建设原则,常被用于滨水区台阶和水上汀步打造;板材铺装一般是指将岩石加工成不同规格的几何形,表面进行粗糙纹理处理,既可以铺设在软性基层上,也可以铺设在刚性基层上;砖块铺装取材于我国传统的人造铺材——砖块,在进行道路铺贴时会造成一定程度的位移,一般需要运用侧石或缘石来固定铺装边缘。

②木材铺装。木材铺装被广泛运用于滨水景观平台、木栈道中,其自然、古朴的风格符合乡村景观的特点。但由于木材自身易吸水膨胀变形、易被暴晒开裂、易被虫蚁蛀蚀等特性,导致木材不能直接用于室外铺装。一般用于室外铺贴的木材都是经过防腐处理的防腐木,建设成本上升,且后期管理维护成本也比其他铺装方式更高,所以乡村滨水区木材铺装要慎重。

(4) 滨水景观植物

乡村滨水景观植物造景应坚持以下原则：

其一，突出植物选择的乡土性，最大限度地保护当地自然植被群落结构；

其二，突出植物配置的生态性，尊重植物的生态习性，充分考虑植物的生态功能；

其三，突出植物配置的观赏性，植物选择和运用时充分考虑植物的色彩美、形态美、季相美以及意境美，不能只是遵循艺术法则，而是要营造出乡村植物景观的本色。滨水景观常用的植物有乔木、灌木、地被植物、水生植物等。

①乔木。水面较大、土层较厚的区域可结合公共空间适当地种植大乔木，如春季有红色嫩叶香椿，夏季有黄花满头的栾树，冬季有秋色叶的水杉及池杉，冬季有枝干挺拔苍劲的梧桐，等等；小水面和溪流植物景观宜采用细腻的手法，常种植桃树、梨树、橘子树等。

②灌木。一般灌木的生长高度与人的自然观景高度相近，所以人们在滨水区活动时能首先观赏到灌木的不同造型与色彩，乡村滨水区常见的灌木主要有：四季桂、苏铁、海桐、假连翘、女贞、桃金娘等。由于乡村地区原本自然、随性的风貌特点和后期管理维护有限等情况，选择灌木时尽量选择无须工人经常性刻意修剪造型的品种。

③地被植物。地被植物不仅可以为裸露在外的土层起到装饰的作用，为竖向空间创造更丰富的层次感，还可以缓解水土流失问题。乡村滨水区常见的地被植物主要有：麦冬、石菖蒲、葱兰、南天竹等。

④水生植物。一般将能够生长在水里的植物统称为水生植物。根据其生活方式不同，水生植物可分为挺水植物、浮叶植物、沉水植物、漂浮植物以及湿生植物五类。

几乎所有的水生植物对创建良好的生态系统都很重要，栽植水生植物有如下两种不同的方式：一是在池底砌筑栽植槽，铺上至少15厘米厚的培养土，将水生植物植入土中；二是将水生植物种在容器中，再将容器沉入水中。比较而言，第二种栽种方式因其移动方便、能保持水池清澈、清理水池方便等原因被广泛采用。常见的水生植物有：荷花、芦苇、香蒲、茭、水葱、睡莲、萍蓬草、荇菜、菱角、凤眼莲、大藻、穿叶眼子菜、水菜花、海菜花等。

四、乡村绿化景观设计

乡村绿化对改善乡村生态环境、促进人与自然和谐、建设美丽乡村具有重要意义。从乡村绿化用地来看，公园绿化、庭院绿化以及村庄道路绿化所占比率较大，是乡村绿化景观的重要组成部分。

1. 道路绿化景观设计

村庄道路是乡村结构的骨架，乡村道路绿地是乡村道路绿地系统上的绿色元素，是乡村绿地系统中重要的生态廊道。按照乡村道路使用功能，将乡村道路绿化景观分为以下两大类型。

(1) 交通性道路绿化。一般是指进村道路绿化和村内主要道路绿化。这类道路主要承担村庄连接内外交通和村内交流主要交通的职责，一般包括分隔带绿化、路侧绿化、道路转角处绿化。这类绿化除满足景观效果外，更重要的是满足驾驶安全、视野开阔的要求。

一般在进村道路两旁种植1~2排高大的乔木，乔木尽量选择树干分支点较高、冠幅适宜的本土经济树种。为了增强景观效果，也可以在乔木中种植常绿小乔木或花灌木。条件较好的乡村可按"两高一低"的原则进行配置，即在两乔木间搭配彩叶、观花常绿树或花灌木，营造丰富的景观空间；设置机动车与非机动车分隔带的道路，其两侧分车绿化植物不宜太高，通常采用绿篱间植乡土花灌木的形式。

村内干道主要用于车辆交通、村民步行，无须设置分隔带。这类道路使用率和通行率较高，其绿化景观设计应遵循简单大方、视野开阔、实用经济的原则，在保证通行无障碍的前提下，可适当种植落叶阔叶树种，从而为行人提供遮荫、纳凉的功能。

(2) 生活性道路绿化。一般是指村内次要道路或支路，主要用于日常邻里交往、交通集散。由于生活性道路宽度较窄、线性不规则，其绿化景观设计必须要有针对性，可与两侧建筑、庭院景观进行统一规划设计，如在紧靠建筑外墙的一侧种植攀缘植物。同时，在不影响通行的情况下，可在两侧各种植一排花灌木，或在一侧种植小乔木，一侧种植花灌木。

图12-8所示为村庄道路绿化景观设计示意图。

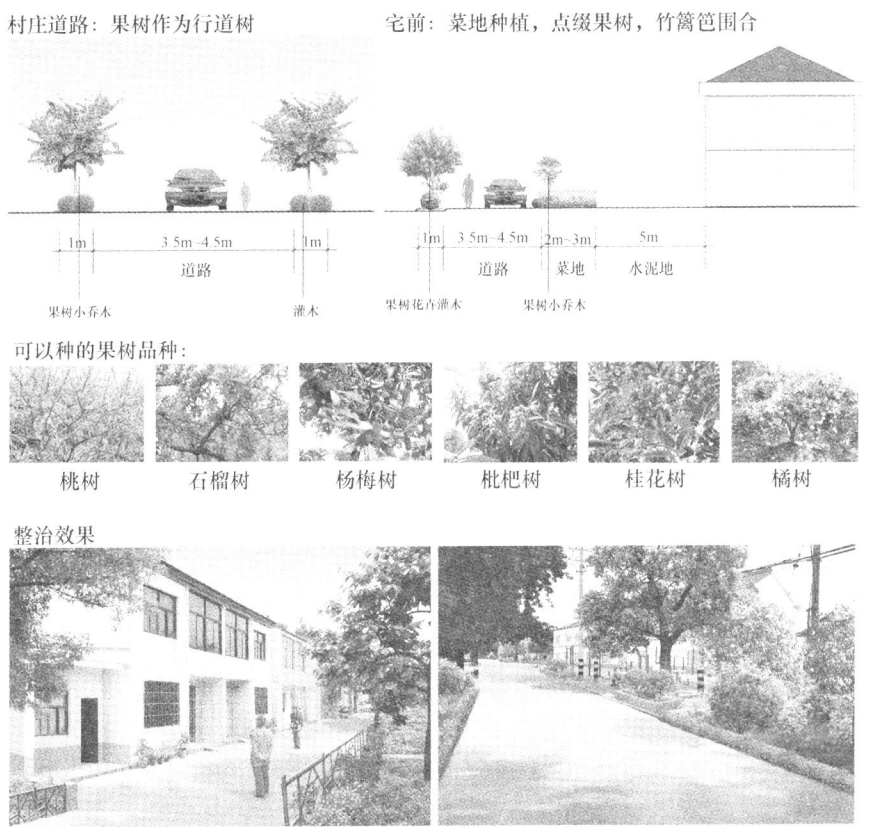

图12-8 村庄道路绿化景观设计示意图
资料来源：《江苏省宜兴市湖镇张阳村村庄规划》

2. 庭院绿化景观设计

乡村庭院绿化景观设计不仅可以改善乡村居民的生产生活环境，有条件的村庄还可以借助其发展乡村旅游机遇，运用园林学和乡村旅游学理论，打造"小果园""小菜地""小花园"等独具特色的庭院，从而带动当地经济发展，并就地解决村民就业问题。根据造景方式、造景内容等不同，庭院绿化景观（模式）可分为果蔬型、花园型两类。

（1）果蔬型。主要指在庭院内种植各类果树蔬菜，在美化绿化、自给自足的同时，还可以带来一定的经济效益的一种绿化景观模式。选择经济果木时要以适宜生长的乡土果树为主，如金橘树、枇杷树、柿子树、石榴树等，在果树旁种植攀缘蔬菜，树下围栏种植一些当季低矮的蔬菜，营造层次丰富的立体绿化效果；院落一角搭设棚架，用攀缘植物来覆盖，为村民提供遮荫和纳凉的功能；庭院内靠墙一侧种植单排果树，注意果树枝下高度、密度，保证住户卫生、采光、通风等要求。图 12-9 所示为围墙、篱笆增加爬藤植物。

图 12-9　围墙、篱笆增加爬藤植物

（2）花园型。主要指以园林设计手法改造庭院，达到绿化美化庭院环境的一种绿化景观模式。常出现在经济条件较好、绿地面积有限、独门独院式的家庭。屋前一般布置花坛、花池、花镜，考虑到房屋采光，一般不种植高大乔木，多以观叶、观木和花灌木为主；一般在屋前庭院左右侧方布置花镜、廊架、绿篱，以花灌木和经济果树为主，为夏天遮荫也可适当种植少量树形优美的高大乔木，如广玉兰、香樟、桂花等；屋后院落一般设计为竹园、花池或苗圃，主要植物种类有刚竹、银杏和水杉。图 12-10 所示为庭院景观设计。

3. 公园绿化景观设计

这类公园主要服务本村村民和靠近本村庄的村民，一般位于村庄公共服务设施的周边，常与村民休闲广场结合布置，主要具备生态、休闲娱乐、集会、疏散等功能。

公园绿化景观设计要充分考虑不同人群的使用需求，特别是使用频率较高的老人和儿童，一般包括为老人设置的喝茶、打牌设施以及村民健身设施，为儿童设置的沙坑、滑梯、秋千等，展示历史名人、传奇故事的雕塑等。因此规划设计时要留有足够的空间，来提供不同的功能，常以小花坛、树池座椅、花架长廊等方式分割空间。

第十二章 乡村建设的项目设计

图 12-10 庭院景观设计
资料来源：《浙江省杭州市桐庐县江南镇环溪村村庄规划》

此外，还应结合本地气候条件，适地适树，常绿与落叶、阔叶与针叶合理搭配，采用乔草灌复合的绿化方式。宜采用形态、色彩俱佳的植物，如广玉兰、雪松等常绿乔木，梧桐、海棠、银杏等落叶乔木，山茶、月季、柑橘等常绿灌木，连翘、金钟花等落叶灌木，万寿菊、一串红等草花地被。

五、案例——成都市崇州市白头镇五星村

五星村位于成都市崇州市白头镇南面，东临崇阳镇，并紧邻桤木河生态湿地公园，西与甘泉村接壤，北面紧邻成温邛高速公路，交通便捷。五星村田园风光自然、朴实，居住环境生态、舒适、健康。全村总面积 4950 亩，人口 3066 人，劳动力 1534 人，农户 873 户，耕地 2574 亩，下辖 26 个村民小组。2005 年，安定村和五星村合并，形成现在的五星村。五星村内地势平坦，土壤肥沃，以再积黄泥土为主，常年雨量充沛。

1. 总体建设情况

五星村基本实现路面硬化，并与成温邛高速公路相连，交通便利；新建的村级活动中心为村民提供开展娱乐、休闲、学习等活动的场所；定期向村民开放宽带远程教

育,让村民及时掌握最新的农村发展信息。2013年,五星村以"景农一体村庄、产村相融单元"的规划定位,通过整合林盘,规划出五星福居、五星逸居、五星闲居三个幸福美丽新居点位,以4A级旅游小镇作为标准进行设计,新建了近千套川西民居风格的房子。五星村的林盘整治在保护原有林盘格局的前提下,注重对乡村生产、生活的记忆元素的恢复与保留。图12-11所示为五星村鸟瞰图。

图12-11 五星村鸟瞰图

2. 水环境景观设计

系统分析区域内桤木河、灌渠水系、农田基地、原始林盘等生态要素,根据生态湿地景观功能等要求打造桤木河湿地公园,河道整治不破坏原有生态和渠线,护坡采用生态性绿化护坡,保留原有渠道两岸植物,基础部分采用铅丝笼护足,两岸修建防洪通道,并将两侧100米作为湿地建设区域,在村域内建立湿地水文联系通道,明确区域内核心景观资源吸引点的建设要求。

3. 绿化景观格局建设

注重桤木河水系生态廊道景观的营造,适当开发旅游项目,控制周边农田化肥、农药对生态廊道的面源污染;"最美乡村公路"——重庆路沿线保持现状的生态特色布局,适当增大道路等级,使其在承担区域交通职能的基础上承担一定的旅游职能,两侧种植一望无际的油菜花,慈竹环绕、小河流过的川西林盘散落其间;村内巷道两侧种植各类低矮的乡土花灌木,山墙处种植适量攀缘植物,局部配置少数乔木。图12-12所示为五星村巷道景观。

图12-12 五星村巷道景观

4. 庭院景观设计

一般在屋前布置花坛、花镜、水池等,两侧布置花架、画廊、亭子,适当种植高大落叶阔叶树,树旁配置当地乡土花灌木,围墙下栽种应季农作物,形成了层次丰富的立体景观,与白墙黛瓦的新式川西民居风格协调。图12-13所示为五星村"田园居"民宿庭院景观。

图12-13 五星村"田园居"民宿庭院景观

第三节 农房风貌整治提升项目

在乡村自身发展的过程中,往往缺乏统一规划,布局零散,乱搭乱建;部分村宅院落占地过大,房前屋后随意堆放杂物;村庄闲置地、村宅、园地及家禽布局交叉无序;房屋年久失修,存在不少空置危旧房、废弃猪牛栏及露天茅厕;外立面和屋顶形式、色彩杂乱;部分村庄新建房屋的尺度、色彩、形式与村庄传统的住宅风貌不协调[8-10]。因此,开展农房风貌整治提升对美丽乡村风貌营造具有重要意义。

一、危旧农房及构筑物整改

1. 三拆除

应吸纳村民、村委、专家三方共同参与,协商拆除无历史保留价值的危旧房、废弃猪牛栏及露天厕所茅房,拆除乱搭乱建、违章建筑,以及拆除非法违规商业广告、招牌等。同时,鼓励精细化开展三拆除工作,对有价值的旧建筑材料进行保护,对有价值的废弃旧建筑材料进行再利用。

2. 危房改造

明确危房改造的农户和改造方式、方案(民居改造应达到施工图的设计深度,并且由经培训合格的农村建筑工匠或有资质的施工队伍承担）；整体重建的危房设置圈梁、构造柱等抗震措施；局部构件危险的农房应维修加固，并对关键构件进行加固；危房改造所需材料宜选用当地石头、砖、瓦、木材等建筑材料，经济适用、环保可持续发展。

3. 构筑物整治

及时对破旧的牌坊或门楼翻新加固，并通过增补构件、粉刷耐腐涂料等保证牌坊的完整性与耐久性；对破损老旧的公告栏进行维修或更新，核对公告栏的风格（颜色、字体等），做到与建筑风格相协调（图12-14）；及时加固或清理破损的围墙或残垣，先清理再重新粉刷老旧围墙外墙；加强保护当地古驿道沿线遗留的设施，如古驿站、驿亭等。

图12-14 宣传栏

二、规范农房建设及立面整治

1. 规范农房建设

强化乡村住房规划编制和管理，严格按照各省农房设计方案图集规范化建设新建住房；按照农民自愿和一户一宅原则，引导农民对已建住房拆旧建新；新建民居时综合考虑日照、通风、消防、防震、地形地貌等要求，结合村民生产、生活方式的转变，在传承当地传统文化的建筑风格和结构形式基础上，鼓励发展新样式，形成有时代地域特色的新派乡村民居；鼓励采用新型节能材料和产品，注重就地取材，降低建造成本。图12-15所示为农房风貌建设。

图12-15 农房风貌建设

2. 农房外立面整治

对表面平整且勾缝整齐的清水砖墙、砌筑整齐的石坯墙、观瞻效果尚可的石墙可以直接采用清洗的方式，做到墙面清洁；墙面小部分砖块、石块、贴面面砖脱落的，清洗后选用相同或相近的材料修补破损的地方，优先选用当地材料，墙面勾缝较脏或已损坏的，可重新用白色或灰色水泥进行勾缝；对原有混凝土墙面、原有涂料墙面和原有土墙进行凿出麻面、凿毛、冲洗干净等墙面基层处理，然后进行水泥白石粉抹灰、一般性涂料、装饰性涂料等面层处理。图12-16所示为居民外墙改造对比图。

图12-16　民居外墙改造对比

清理屋顶脏乱，修缮维护破损老化屋顶，对破旧的砖瓦进行替换，并整齐排放水箱等设施；保护类建筑不得改变屋顶的结构、外观以及各部分的尺寸，修复工作尽量使用传统的材料和工艺；对老旧的外窗进行清洗修补、翻新加固，统一立面的窗材质颜色，注重与窗户玻璃色彩搭配，宜选通透性好的玻璃；对沿街空调外机宜采用百叶护栏等方式遮挡与美化，空调冷凝水应接入外墙排水管集中排出，排水管宜隐藏设置，不影响外立面；对旧建筑上陈旧防盗网应更换不锈钢、铝材等不易生锈的防盗网。

三、农房特色风貌营造

1. 现代建筑风貌营造

（1）建筑色彩。根据新建建筑和改造建筑功能确定其立面色调和色彩，村委会、幼儿园等公共性建筑色彩可适当活泼，颜色明度高，多元混合；村民住宅立面宜采用浅色，并以单一主色为主；祠堂、民居等传统建筑，保留原色，适当修复。图12-17和图12-18分别所示为幼儿园建筑色彩和民居建筑色彩。

图 12-17　幼儿园建筑色彩

图 12-18　民居建筑色彩

（2）建筑屋顶。鼓励位于村庄重点风貌区及重要道路沿线（国省道、高速公路等）主界面的新建建筑进行坡屋美化。通常做法包括：楼板与女儿墙通过贴砖、涂料等形成连续界面，增加民俗风格构件、绿化等；女儿墙通过栏杆、构造柱等镂空设计，实现通透轻盈的效果；有条件的地区屋面可种植花草，既美化环境又为建筑提供天然保温隔热层；屋顶色彩与整体建筑协调，对破旧的坡屋顶采用屋面美化涂料等翻新，优先采用如木屑板、稻草板、麦秸板等可降解的材料和石材、木材、竹材等自然材料。

（3）建筑外立面。鼓励在新建建筑及整治改造建筑中利用当地乡土材料，包括竹、木、砖等；使用材料拼贴、涂料涂抹等手段美化建筑基座；通过手绘、张贴、拼贴、马赛克等对立面进行艺术化处理，活跃村庄气氛；运用花卉及当地本土材料制作装饰品，挂于外墙，展现特色。图 12-19 所示为建筑外立面整治。

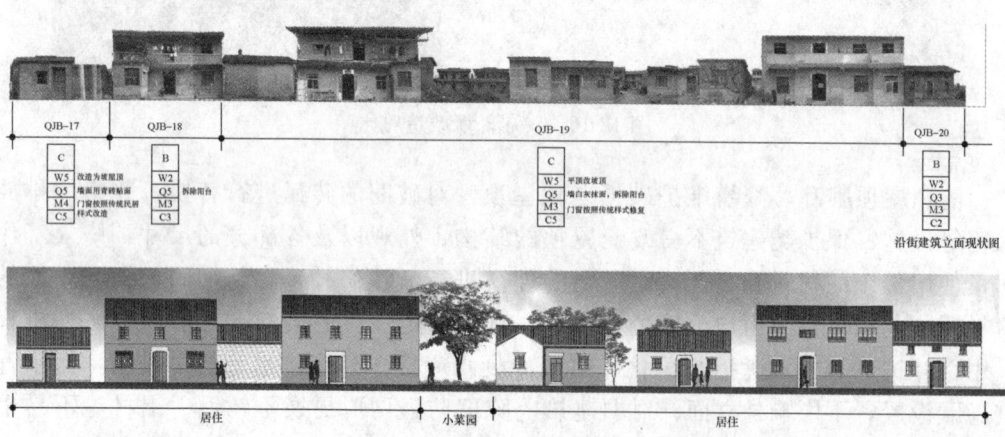
图 12-19　建筑外立面整治

（4）建筑阳台、窗。建筑阳台栏杆材质统一，可借助绿色植被或盆栽等美化阳台；采用现代或传统形式进行加窗套处理；对新建建筑采用现代工艺，提高窗户的保温、节能效果，如采用塑钢双层玻璃材质等；条件允许时可采用隐形防盗网，保持建筑外立面简洁性；新建沿街建筑的防盗网不应凸出建筑构造物（如阳台、飘窗等），保持良好的沿街立面效果。

2. 传统（历史）建筑风貌营造

（1）建筑色彩风格。根据村庄规划的风貌主题，确定新建或改造建筑的色彩分区。特色风貌区与传统建筑色彩保持一致，在不破坏整体氛围的前提下可点缀亮色；其他地区可以确定一个主色，局部采用相似色作为辅色，建筑单体的色彩不要超过三种。

（2）建筑屋顶。保留价值较高的传统建筑，其周边新建建筑应考虑采用同类型屋顶，形成统一的风貌；利用增加装饰线、花饰及山花，调整色彩等檐口细部处理的方法，达到美观的效果。

（3）建筑外立面、阳台。材质、色彩应保持统一协调，根据各自地域特色选用饰面材料。新建改造建筑的窗户材质鼓励使用可反映地方文化特色的乡土材料，可采用传统的窗花样式或装饰，如镂空的木质窗花、木质栅格窗花、菱形栅格窗花等；保留或设计具有地域特色的阳台栏杆及其他构件。图 12-20 所示为安义古村落传统门头整治引导图。

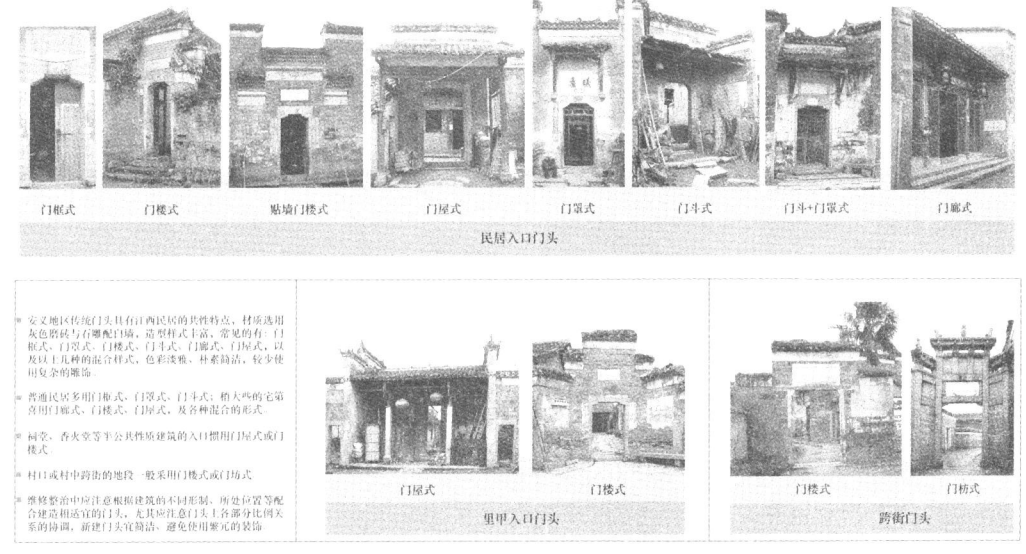

图 12-20　安义古村落传统门头整治引导图

四、案例——成都市郫都区三道堰镇青杠树村

青杠树村位于四川省成都市郫都区三道堰镇徐堰河与柏条河两河之间。村里有 11 个社，685 户人家，2183 人，面积 1.8 平方公里，耕地 1888 亩。沙西线从东到西穿过，距成都市区 20 分钟车程，是三道堰镇到成都市区最近的村。村落拥有良好的自然生态环境基底，三面环水，渠系纵横，生态优良。

1. 总体建设情况

青杠树村是在一处川西林盘旧址上新建的。青杠树村积极探索土地集约节约利用，坚守"四个不能"底线，遵循政府引导、农民主体、市场化运作的原则，激活存量集体建设用地。按照"小规模、组团式、微田园、生态化"的规划理念，整个青杠树村已建成了 9 个组团，形成了共 9.7 万平方米的"小组微生"新农村综合体。图 12-21 所示为青杠树村鸟瞰图。

图 12-21　青杠树村鸟瞰图

2. 整体农房风貌

农房立面色彩统一、灰白相间，且屋顶、墙面材质、窗户等细部也都有统一设计，整体风貌朴素雅致，却不过分单一，而是有大有小，有稀有密，错落有致；建筑形态上以川西民居为主基调，融入现代生活的功能需求，保留了现有的大型竹木，依树建房，让房于树，使古典的川西林盘与现代的川西民居相融成景、相映成趣。图 12-22 所示为建筑风貌图。

图 12-22　建筑风貌图

3. 地域特色突出

既体现了川西民居的特色，青瓦白墙、朴素淡雅，又展示了原汁原味的传统川西农耕文化精华，集生态环境、田园风光、川西民居、林盘特色、小桥流水、鸟语花香于一体。图 12-23 所示为"古蜀印道"周边民居环境。

4. 注重细节刻画

农房屋顶、窗户、围墙等细部都做得非常精致，如小青瓦装饰、鱼鳞纹窗花等，通过细节处理提升了农房的整体风貌。

图 12-23　"古蜀印道"周边民居环境

第四节　乡村道路改善提升项目

乡村道路系统必须满足居民出行要求，做到安全、便利，并符合有关消防、防灾、救护、环境卫生等规定，满足相关规范要求。应以人性化的设计理念优化乡村道路系统，完善步行道、自行车道，统筹考虑乡村停车场地，并在保证通行安全、高效的前提下，通过对铺装、桥梁、绿化以及其他附属设施等元素的设计和修复体现乡村风貌[11-15]。

一、道路格局规划布局

1. 适宜的乡村道路尺寸

保护传统乡村道路格局，应区别于城市道路尺度规划。根据《农村道路规划规范》，分级设置农村道路等级。结合实际使用情况，农村道路一般分为村庄公路、村道、巷道三级；对宽度不满足会车要求的进村道路可根据实际情况在较开阔地段的道路一侧设置会车段；对影响村庄道路格局的废弃建构筑物进行合理拆除；推进村庄公路路宅分离，整治道路沿线，避免占道经营、占道停车、占道堆积（堆物）、占道摊晒谷物等。图 12-24、图 12-25 和图 12-26 所示分别为村庄公路断面示意图、村道断面示意图和巷道断面示意图。

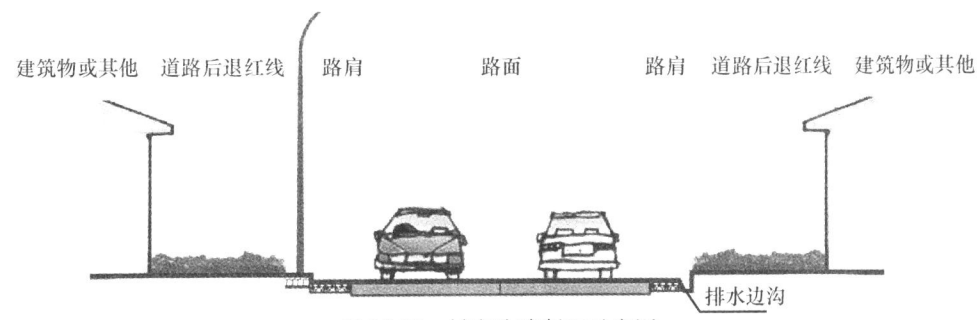

图 12-24　村庄公路断面示意图

注：在允许的情况下，要留出与道路铺装宽度相当的后退红线距离，既保证安全，减少对居民的噪声影响，也便于铺设公共工程设施和绿化美化村庄。

图 12-25 村道断面示意图

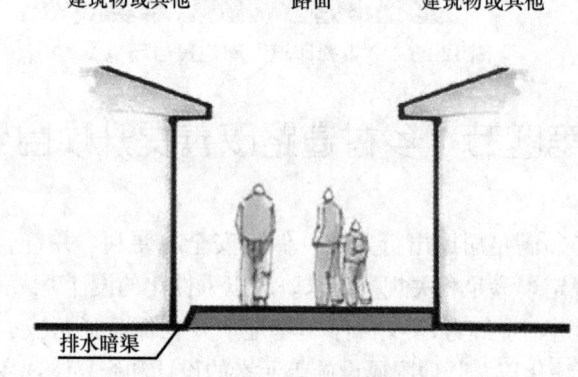

图 12-26 巷道断面示意图

2. 因地制宜规划道路走向

乡村道路走向应顺应地形，尽量做到不推山、不填塘、不砍树；以现有道路为基础，顺应现有村庄格局和建筑肌理，延续村庄乡土气息，传承传统文化脉络；根据村庄的不同规模和集聚程度，选择相应的道路等级与宽度，规模较大的村庄干路可适当拓宽；旅游型村庄应满足旅游车辆的通行和停放，产业型村庄应满足物流运送的要求。

二、道路硬化

1. 破损道路修复

对基本能满足路面使用功能，但存在裂缝、破损等问题的现状路面，宜采用全深度混凝土补块、破碎板处理、铣刨处理等方式进行修复；对经检测路面损坏状况较严重，不能满足使用功能的路面，宜选用分离式、结合式水泥混凝土或沥青混凝土加铺层结构，且道路的线位、高程和宽度宜以现状道路为基础，进行优化，原则上不对现状进行大的改动。

2. 路面硬化建设

乡村主要道路的路面需全部硬化，次要道路宜逐步硬化，宅间道路和公共活动场地宜软硬结合；历史文化名村等特色村尊重历史原真性，结合实际，慎重选择修护方式；村内道路结构、形态、宽度应自然合理，路面平整、边沟通畅、无障碍，养护良好；村主干公路不宜低于准四级公路工程技术要求，主干公路应设置交通标识；加强农村公路安保工程建设，路侧有临水临崖、高边坡、高挡墙等路段，应加设波形护栏或钢筋混凝土等护栏；对路基宽 3.5m 受限路段，应重点强化安保设施设置，长距离的路段设立港湾式会车区。

3. 路面铺装整治提升

对各等级道路的铺装样式、颜色、主题进行统一规划，协调村庄的整体风貌。其中：

村庄主要道路路面铺装一般采用水泥混凝土路面、沥青路面、块石路面等形式，排水困难或多雨地区的村庄，宜采用水泥混凝土或块石路面；

在交通量较小的次要道路以及集体经济较薄弱的村庄，不宜参照村庄主路过度水泥化的模式，宜采用砖、块石、混凝土块等柔性路面，增加水资源的涵养，保护生态环境；

传统风貌村庄道路路面铺装的选择应因地制宜，就地取材，采用符合地方气候、地质条件特征的材料，可采用传统建筑材料，保留和修复现状富有特色的石板路、青砖路等；

特色型村庄可结合自身特色，建设符合自身特色的步行系统及绿道系统（如古驿道、滨水道、田园道等）。

表 12-1 所示为村庄路面设计引导。

表 12-1 村庄路面设计引导

	路面	原则	意向
村道	砖砌路面	应根据周边住宅的色彩和风格，选择砖头颜色，按照异彩纷呈的图案或质感选择不同的方式进行铺装	
	预制混凝土块路面	属弹石路面，具有满足行车要求，工程造价和养护成本低，施工和养护技术简单，使用周期长，路况稳定等优点。其铺设应采用集中预制，不随地采石、采砂，符合建设节约、环保型交通的要求	
	拼合路面	在同一路面上采用柔性和刚性路面材料拼合进行铺筑，节约道路用材，降低整体造价；行车道采用混凝土及其预制件构成的刚性路面，人行道使用由砾石、砖头、沥青等材料构成的柔性路面，行车部分厚，人行部分薄	
巷道	石料路面	对道路排水条件不佳，当地拥有石材的村庄，宜采用当地石料铺装的柔性路面，如花岗岩天然石料、加工石料、砾石、步石等材料，可增强路面透水性，保护自然环境。柔性路面面层薄而柔，对基层的强度、刚度和稳定性有较高要求	

续表

	路面	原则	意向
巷道	砂石路面	砂石或碎石路面具有透水性好的特点，但在道路纵坡大于3%的路面上，宜采取设置踏步等阻止砂石流失的措施。应采用打造混凝土基础或铺设透水层料等预防措施，以免杂草生长	
	草皮路面	可分为草皮保护垫的路面和使用草皮砌块路面两类。草皮保护垫的路面是保护草皮生长的开孔垫网，由高密度聚乙烯制成，耐压性及耐候性强；草皮砌块路面是在混凝土预制块或砖块的孔穴或接缝栽培草皮，使草皮免受人、车直接踏压	

三、道路设施优化

1. 完善停车设施

在村边设置集中停车区域时，要充分利用村内空闲、边角地，结合村庄入口和主要道路开辟停车区域，以减少机动车辆进入村庄内部对村民生活的干扰；沿村庄道路，在不影响道路通行的情况下，选择合适位置设置路边停车位；停车设施铺装色彩应与乡村特色相结合，如历史文化浓郁的区域，建议采用灰度较高的铺装，其他村庄可采用植草砖、透水砖等材料；停车场内及周边应种植绿化植物，绿化植物宜选取当地植物，体现本土特色。

2. 交通标识建设

应结合村庄自身特色，设置具有乡土特色的标识系统；交通标识系统应清晰、醒目，根据相关规范标准设置指路标志、旅游标志、限速标志等交通标识；古驿道沿线村庄，应合理设置古驿道标识系统。

其中，古驿道标识系统由视觉信息传达和信息载体装置两部分组成，通常分为五大类（表12-2）。

表12-2 古驿道标识系统组成

类别	内涵
记名类	表示道路名、区域名、人文历史景点名、设施名的标识
定位类	通过区域地图等信息，让来访者了解现处位置周边状况的标识
引导类	采用箭头加文字、图形引导来访者到达目的地的标识
解说类	通过文字、图片、图形等形式，对特定事物进行讲解和说明的标识
禁止、警告、规制类	通过文字、图形等形式，对来访者行为进行规范的标识

3. 优化安全防护设施

在交叉口前适当位置通过合理设置减速丘、减速台，适当弯曲路型等方式，实现路段降速；在合适位置设置挡墙，挡墙主要用于村居安全防护、水体防护以及景观空间营造，宜采用石块、原木等当地材料和绿色环保型材料，并利用本地景观元素如植物、山石、水体等进行装饰和柔化；在地面上可设置排水沟或在墙身的适当高度处布置一排或数排泄水孔。

四、特色村道建设

1. 古驿道修复与利用

古驿道应充分保留原有古驿道遗存并结合村庄特色，打造古驿道沿线特色景观效果；古驿道修复应充分利用当地材料，按照"统筹规划、逐步推进，尊重历史、保护文化遗产完整性和真实性，古为今用、突出活化利用，以人为本、改善镇村配套设施和交通可达性"的原则进行保护性修复[1]。

2. 特色步道建设

精品村可结合自身特色，建设符合自身特色的步行道系统，如滨水型步行道、田园型步行道等。其中，应充分利用乡村水岸的特色资源，为村民营造舒适的滨水空间，结合自然生态特色，建设滨水型步行道；对于田园型步行道，应结合田园风光，打造乡野乡韵的景观效果，选择合适的景观树种。图 12-27 所示为特色步道铺装设计。

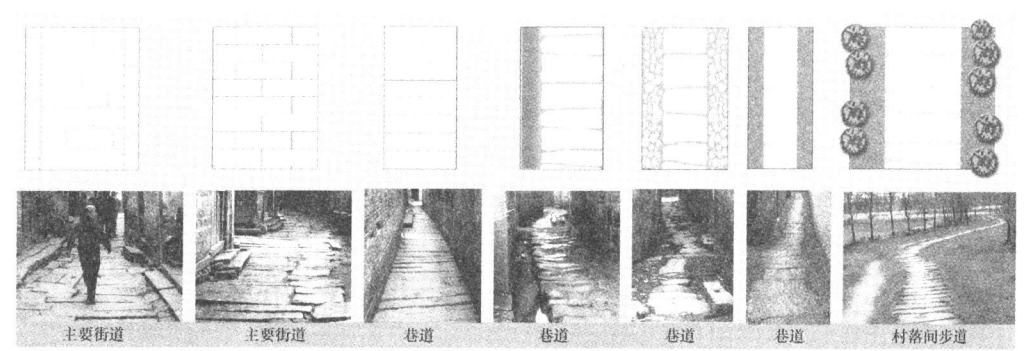

图 12-27　特色步道铺装设计

3. 旅游公路建设

在旅游资源丰富的乡村区域，可利用植物、地形、建筑小品、水体、文化等景观元素，按实用功能、视觉审美、文化精神等方面需求或艺术规律进行乡村公路沿线景观建设；鼓励路外茶山、田园、竹林、自然森林经营单位改造道路沿线景观林，加强地方特色景观介绍，推动乡村旅游与民宿产业的发展；在设置绿道、驿站、观景台的地段适当增加绿化带宽度，对不符合绿道相关规范的地段进行扩绿、补绿、建绿。

五、案例——浙江省湖州市安吉县递铺镇鲁家村

鲁家村位于浙江省安吉县递铺镇的东北部，距离县城 5 公里路程，东邻昆铜乡梓坊村，南接本镇南北庄村，西连本镇马家村，北邻溪龙乡横杜村。全村总面积 16.7 平方公里，总人口 2200 人，辖 13 个自然村，16 个村民小组，农户 610 户。地貌以山地丘陵为主，新规划的 303 省道穿村而过。图 12-28 所示为鲁家村村口展示图。

图 12-28 鲁家村村口展示图

1. 总体建设情况

近年来，鲁家村相继开展了村庄环境提升、基础设施建设、产业融合发展、村民素质提升四大工程。村庄保洁、垃圾处理、立面改造等措施形成长效机制；10公里长的绿道、4.5公里长的小铁路贯穿全村，将分散的农场串点成线，使之成为一个整体；流转全村宅基地、集体建设用地、闲置土地等用地，变土地资源为资本，引进18个不同业态的家庭农场发展生态农业和乡村旅游；宜人的环境和文化礼堂内丰富多彩的活动让村民幸福感满满。

2. 整体布局

打造形成"一中心、两环、四区"的空间布局。其中，"一中心"即游客服务中心，约200亩，由火车站广场、停车场、生态湖和两栋建筑组成；"两环"即两条观光环线，观光火车环线和观光电瓶车环线，其中观光火车环线是一条科普专列，春夏秋冬为绿化主线，设置二十四节气牌，游客观光的同时还能了解一些科普文化；"四区"即18个产业支撑的农场，包括东、西、南、北四大片区。图12-29所示为鲁家村整体布局图。

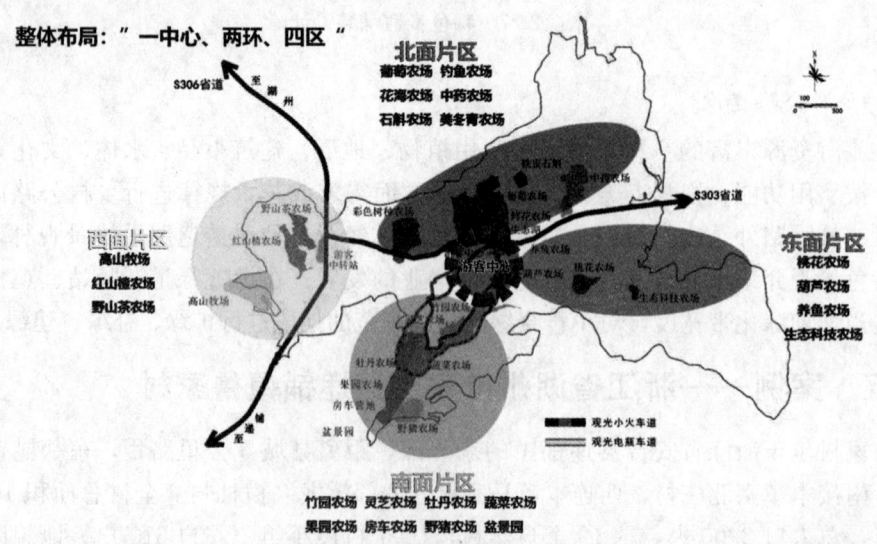

图 12-29 鲁家村整体布局图

3. 道路系统

村庄道路按照村庄主干道、村庄次干道、宅间道路三级划分，形成宜人的村庄道路尺度；为丰富游客的出行体验，全村统一修建了风情街、10公里绿道以及4.5公里村庄铁轨；有序推进了全村道路沿线洁化、绿化、美化工程，逐步提升乡村道路环境。

4. 创新之处

建设修建10公里绿道和4.5公里的村庄铁轨，用观光小火车、电瓶车把万竹农场、葡萄农场、野猪农场等18个各不相同的农场串联起来，逐步形成绿道、河道、火车道三位一体的村域景区游览观光带。图12-30和图12-31分别所示为鲁家村的小火车和自行车停放点。

图12-30　鲁家村的小火车

图12-31　自行车停放点

思考题

1. 请结合实际，论述乡村特色产业发展项目的前期现状分析有哪些内容。
2. 简述乡村入口景观的主要功能。
3. 简述乡村滨水景观的设计原则，并请结合某一具体乡村，论述乡村滨水景观设计的主要内容。
4. 请结合实际，论述如何营造现代乡村建筑风貌。
5. 请结合某一具体乡村，开展特色村道的规划设计。

参考文献

[1] 张殿宫. 吉林省乡村特色产业发展研究 [D]. 长春：吉林大学，2010.

[2] 李荣菊，商金芳. 美丽乡村建设背景下的农村特色资源整合利用 [J]. 产业与科技论坛，2017，16（5）：231-232.

[3] 张文文. 山茶油市场分析 [D]. 北京：北京林业大学，2010.

[4] 彭建文，王忠诚，齐正军. 特色产业选择初探 [J]. 经济体制改革，2001（3）：94-96.

[5] 胥留德. 论特色产业的选择 [J]. 经济问题探索，2002（11）：15-18.

[6] 汪亚静. 苏州相城区农村特色产业发展与布局研究 [D]. 苏州：苏州科技大学，2016.

[7] 牟善花. 滨水景观乡土化设计研究 [J]. 艺海, 2018 (9): 82-83.

[8] 李卫宁. 加快农房改造建设步伐 全面提升村庄整治水平 [J]. 新农村, 2010 (12): 3-4.

[9] 郑利平. 农房集聚 统筹城乡 着力推进小城镇环境综合整治——以嘉善县为例 [J]. 浙江国土资源, 2017 (4): 18-22.

[10] 孙建宇, 万婷. 传统风貌建筑在乡村建设中的保护及利用分析 [J]. 山西建筑, 2015, 41 (4): 9-11.

[11] 邓蒙芝. 农村道路供给农民满意度及其影响因素分析——基于5省2000农户的调查数据 [J]. 湖南农业大学学报 (社会科学版), 2013, 14 (1): 15-21.

[12] 覃珊珊, 李伯兴, 宋义平. 农村道路建设存在的问题与思考 [J]. 企业科技与发展, 2012 (16): 84-86.

[13] 王向阳. 城乡统筹下新农村道路的规划设计研究 [J]. 山西建筑, 2018, 44 (15): 13-14.

[14] 唐曦文, 梅欣, 叶青. 探寻南粤文明复兴之路——《广东省南粤古驿道线路保护与利用总体规划》简介 [J]. 南方建筑, 2017 (6): 5-12.

第十三章 乡村振兴战略背景下乡村建设的深度思考

党的"十九大"提出的乡村振兴战略，赋予了乡村建设新的内涵，对乡村建设提出了新的要求，也进一步明确了乡村建设的新目标。如何结合乡村振兴战略新要求，明确乡村建设的重点、策略以及协同推进思路，并在新形势下高位推动数字乡村建设，是摆在乡村建设进程中的一个重要理论与实践问题。

本章为乡村建设篇的第十三章，也是乡村建设篇的结语章，主要结合乡村振兴国家重大战略，就乡村振兴战略背景下乡村建设的重点、乡村建设的策略、乡村建设的协同推进以及数字乡村建设的路径展开了思考。

第一节 乡村建设的重点思考

2017年年底召开的中央农村工作会议制定了乡村振兴的时间表和路线图，其中明确提出：到2050年，乡村全面振兴，农业强、农村美、农民富全面实现[1]。乡村振兴战略提出了坚持农村优先发展，按照实现"产业兴旺、生态宜居、乡风文明、治理有效、生活富裕"的总要求，推动城乡一体、融合发展，推进农业农村现代化[2]。

一、建设理念的思考

美丽乡村需要具备的基本条件：一是农村环境要优美，二是农民生活要富裕。只有布局合理、错落有致、协调美观的乡村才是美丽乡村；只有和谐文明、健康淳朴的乡风才是美丽乡村真正的灵魂。美丽乡村之"美"既体现在自然层面，也体现在社会层面。从这个意义上讲，美丽乡村建设的内涵要求是实现生态理念、经济理念和文化理念的有机结合。图13-1所示为我国典型的美丽乡村：北京市房山区水峪村、湖南省岳阳市张谷英镇。

1. 以生态理念引领美丽乡村建设

与城市相比，乡村的优势在生态，责任在生态，出路也在生态。美丽乡村建设要强调人与自然的和谐，美丽乡村建设规划中要积极引入生态文明的理念，从乡村的地理地貌、自然景观、农业结构等各个方面去研究，因村制宜、用心策划、努力挖掘、塑造特色。从这个角度出发，用生态理念引领美丽乡村建设就是要尊重自然、顺应自然，显山、露水、透绿，彰显山清水秀、天蓝地净的乡村风貌，展现鸟语花香、蛙叫虫鸣的乡间美景，描绘人与自然和谐共处的美好画卷。

图 13-1　我国典型的美丽乡村：北京市房山区水峪村（左）、湖南省岳阳市张谷英镇（右）

2. 以经济理念经营美丽乡村建设

保证每个农民都能在发展中受益，是美丽乡村建设的出发点和立足点。如果当地经济不发展，农民得不到实惠，那就不是美丽乡村。美丽乡村建设的目标是"生态宜居、富民强村"，要实现这一目标必须要有经济意识，坚持生态与经济协调发展的理念，把生态富民贯穿于美丽乡村建设的全过程中，加快推进第一、二、三产业的提档升级，以经济理念经营美丽乡村，从而促进当地百姓增收致富。

3. 以文化理念融入美丽乡村

在城乡一体化建设以及乡村振兴战略推进的背景下，美丽乡村建设同样需要有文化元素。许多乡村历史悠久，文化积淀深厚，地域特色明显，还有不少古村落、古民居、古遗址等不可再生的历史文化遗产散落在绿水青山间。为此，可以把文化理念融入美丽乡村，深度挖掘农耕文化，讲述人文典故，传承祖训家谱，弘扬民间习俗、民间技艺，彰显乡村文化的特色和韵味，这也是美丽乡村建设的"根"和"魂"[3]。

二、建设重点的思考

在乡村振兴战略背景下，在美丽乡村建设过程中还应格外注意以下重点工作：

（1）注重农民的幸福安居。以幸福安居为宗旨的美丽乡村建设要让最有发言权的农民参与进来，一切依靠农民，一切为了农民。要积极通过发展生产等有效途径，着力增加乡村居民收入，让广大乡村居民过上幸福安康的生活。

（2）注重生态环境建设的合理化。建设美丽乡村，一定要避免土地浪费、规划不合理、环境污染严重及不符合生态原则的设计等问题，要积极弘扬生态文化理念，充分尊重现有的自然条件与地理环境。要统筹做好乡村环境景观规划、环境建设与维护、水土保护等工作，对有污染的地段做好去污处理或防护，创建绿色宜居的山水田园大环境。

（3）保护乡村文化。在乡村建设过程中，要积极保护民俗，尊重乡村文化。目前，广大农村地区建设风格已严重病变，新的洋盒子包围着老的空心村，失去了传统中国的乡村风格。在乡村文化中，乡村建筑特别是传统建筑也是极为重要的方面。乡村建筑应按不同级别不同层次进行保护。

(4) 注重可持续发展。在美丽乡村建设中，应始终注重可持续发展导向。如集中设置生活服务区，减少占用多余用地；设置集中排污点、垃圾回收点、污水处理净化点，以保护乡村生态环境；利用生物能源，减少高负荷、高排放的化学能源，利用植物的净化与分解技术净化生活污水等。

(5) 注重乡村旅游产业的发展。要积极利用乡村森林景观、田园风光、山水资源和乡村文化，发展各具特色的乡村休闲旅游业，这也是诸多美丽乡村发展经济、促进村民增收的一项重要举措。

(6) 注重政府在美丽乡村建设中发挥的不可替代的作用。打造美丽乡村，高标准地开展美丽乡村建设，既需要高起点、宽视野的规划，又需要大量资金投入各项基础设施之中，还需要总体统筹协调塑造乡村特色，所有这些都离不开地方政府的大力支持。借助政府的力量，可以推动镇村布局、产业发展、基础设施、公共服务等规划相互衔接，高标准、高起点推进镇村规划编制，使其布局合理、功能完善、独具特色[1]。

图 13-2 所示为美丽乡村建设应重点关注的六大内容。

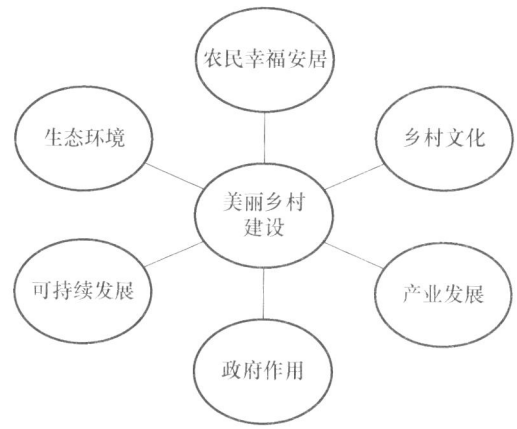

图 13-2 美丽乡村建设应重点关注的六大内容

第二节 乡村建设的策略思考

一、乡村建设存在的问题

1. 思想观念滞后

具体表现在以下三个方面：

一是部分乡村领导干部固守于小富即安、小进则满的思想观念，没有从全局、长远的角度考虑乡村建设发展，增大了美丽乡村建设思路转变的难度。

二是在乡村建设深入开展生态环保理念宣传教育的背景下，虽然使得大部分村民提高了生态环保意识，但是他们却没有将思想意识转化为实际行动。

三是美丽乡村建设受当地领导和村民思想意识不足的影响，造成许多运行机制形同虚设，例如清洁生产、绿色生活、垃圾清运等机制难以落实到位。

2. 要素支撑力薄弱

在美丽乡村建设中需要资金、人力资源、公共服务、科学技术等要素作为有力支撑，但是在实际建设中，这些要素往往是乡村最为匮乏的资源。

在资金供给方面，乡村的财政收入偏少，资金等筹集渠道单一，加之地方政府偏重于城镇建设发展的财政资金投入，所以对乡村建设下拨的配套资金严重不足；

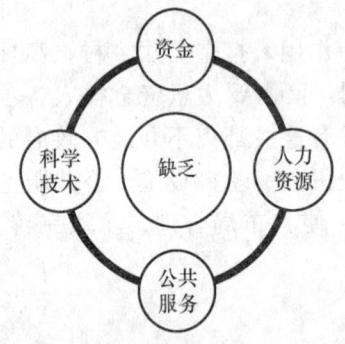

图 13-3 美丽乡村建设中缺乏的四大支撑力要素

在人力资源方面，乡村外出打工的人员越来越多，使得乡村建设流失了主要劳动力，严重降低了专职农民的比重，不利于农业生产技术的推广应用；

在公共服务方面，乡村的医疗卫生服务体系发展相对滞后，并且乡村在交通设施、通信设施以及教育设施建设方面，与城镇相比尚存在较大差距；

在科学技术方面，农业生产技术、农业工程建设规模仍需要持续扩大。

图 13-3 所示为美丽乡村建设中缺乏的四大支撑力要素。

3. 文化特色不鲜明

我国乡村普遍面临着文化传承的危机，在快速推进城市化建设的背景下，部分乡村建设深受其影响，模仿城市建设规划进行乡村建设，导致传统村落、古建筑、旧街巷逐年减少（图13-4）。

古村落	古建筑	古街巷
2000年，全国有360万个村落，2001年是270万个，现在的自然村只有200万个左右。按照住建部统计，我国平均每天消失1.6个传统村落。自2012年开始，我国逐渐意识到了古村落保护的价值，随后采取了一系列措施加强我国古村落保护的进程。	中国的古建筑，经历了漫长历史变迁，保留下来了许多珍贵的古老建筑。这些古建筑是中国文明的历史沉淀，是中国符号的具体表现形式，是中国文化遗产的宝贵组成。历史长河，时至今日，这些古建筑大多老态龙钟、满目疮痍，有的沦为民居，有的成为文保单位，有的摇摇欲坠，有的遭到拆迁毁坏……	街巷是城市文化以及乡村文化的组成部分，个性十足的古街巷具有独特的文化魅力。目前，我国古街巷的生存现状喜忧参半。有的古街巷保持着原生态风貌，将当地文化很好地保持了下来；有的古街巷得到合理开发，文化特色得以传承，并受到更多人关注；有的古街巷却被过度商业化开发，失去了原有的文化内涵。

图 13-4 传统村落、古建筑、旧街巷逐年减少

如在美丽乡村建设中，虽然部分乡村认识到自身拥有得天独厚的旅游资源，积极促进乡镇旅游业发展，但是由于旅游资源的开发利用未与当地文化特色相结合，所以导致乡镇旅游呈现出严重的趋同化，大幅度降低了对游客的吸引力。同时，受经费不足、人才匮乏等因素的限制，使得乡村非物质文化遗产出现了传承无力、传播无人的问题，一些乡村在建设发展中逐步丧失了自身的文化特色，严重背离了美丽乡村建设的文化理念[5,6]。

4. 乡村的空心化现象

部分乡村逐渐出现空心化现象。这一现象与我国快速发展的城市化建设有着密切关系。随着城市化进程的加快，大部分乡村年轻劳动力来到大城市谋求工作并定居，使得乡村年轻劳动力紧缺，只留下年长的老人（图13-5）。随着正常的生老死亡，乡村人口越来越少，最终导致了乡村村落的消失。还有部分村落位于极为偏僻的山区等地，为了保证下一辈的教育，全家搬迁到较为发达地区的情况时有发生，这也从另一方面加速了乡村的消失以及空心化现象的出现[7]。

图13-5 江西省安义县新民乡南坑村如今只剩下一家村民

5. 乱建旅游景点

个别地方在美丽乡村建设中，先征收农民的土地和房屋，让农民搬迁，使整个村庄成为空巢村，再对房屋进行改造，对环境进行整治。将美丽乡村建设作为旅游景点建设，环境是美了，但是缺少人气，并不能称之为美丽乡村建设。

6. 乡村建设中忽视了群众参与

有的乡村在建设进程中，群众参与度低，缺少有效沟通。例如，在某乡村调研中发现，原规划在某户农家建农家乐小景点，需要拆除旧院墙门楼，改建特色门楼，老百姓不理解，担心产权等问题而不予配合，最终这个小景点建设只能作罢。应该说，广大农民是美丽乡村建设的倡导者和执行者，农民群众是乡村建设的主人，是乡村建设的直接受益者，所以应提高农民群众参与乡村建设的主动性、积极性，多与农民群众交流。

7. 把美丽乡村建设与扶贫开发混为一谈

美丽乡村建设和扶贫开发是当前新农村建设的两个层面。

一方面，美丽乡村是社会主义新农村的升级版，与过去的乡村建设相比，在内涵上有了新的拓展。美丽乡村建设是在基础设施和公共服务比较完善的基础上，对村容村貌、乡村文化品位、村民文明素养和精神生活不断提升、增强和丰富。美丽乡村是典型、示范和榜样。美丽乡村建设需要有一定的基础，才能打造出引领农村发展方向的先进典型，通过千村示范、万村整治，从而推动社会主义新农村建设的蓬勃开展。

另一方面，扶贫开发是兜底，通过政策扶持、经济援助，让落后的乡村改变面貌，跟上农村社会发展的脚步，以实现共同富裕的目标。

然而在谈论两者关系时，常常有一些把两者混为一谈的言论，因此加快美丽乡村建设必须明晰两者的区别。

二、推动乡村建设的策略思考

1. 明确目标定位，协同推进

美丽乡村建设内容非常丰富，没有一套固定的模式，但是生产发展、生活宽裕、乡风文明、村容整洁、管理民主五大方面是不可或缺的，也是美丽乡村建设的目标之所在。其中：

生产发展是美丽乡村建设的中心环节，是实现其他目标的物质基础。

生活宽裕是美丽乡村建设的目的，也是衡量新农村建设工作的基本尺度。只有农民收入上去了，衣食住行改善了，生活水平提高了，美丽乡村建设才能取得实实在在的成果。

乡风文明是农民素质的反映，体现农村精神文明建设的要求。只有农民群众的思想、文化、道德水平不断提高，崇尚文明、崇尚科学，形成家庭和睦、民风淳朴、互助合作、稳定和谐的良好社会氛围，教育、文化、卫生、体育事业蓬勃发展，才是全面的、完整的美丽乡村建设。

村容整洁是展现农村新貌的窗口，是实现人与环境和谐发展的必然要求。美丽乡村呈现在人们眼前的，应该是脏乱差状况从根本上得到治理，人居环境明显改善，农民安居乐业的景象。这是美丽乡村建设最直观的体现。

管理民主是美丽乡村建设的政治保证，显示了对农民群众政治权利的尊重和维护。只有进一步扩大农村基层民主，完善村民自治制度，真正让农民群众当家做主，才能调动农民群众的积极性，真正建设好社会主义新农村[8]。

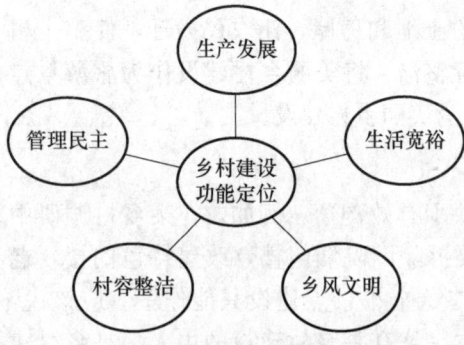

图 13-6　乡村建设的五个功能定位

图 13-6 所示为乡村建设的五个功能定位。

2. 明确主要矛盾，有序推进

在实施美丽乡村建设的过程中，应当注重实施主体对于建设乡村的指导性建议及矛盾分析，明确主要矛盾，找出原因，提出对策。

在实施的进程中，应有专业的组织队伍，详细研究、认真分析，从而掌握在一定时期内乡村建设的特点和矛盾，全面研究造成这种矛盾的各项原因，并以此作为基本的对象，检查疏漏，找到关键点，逐步推进，科学合理地实施发展目标及策略，进而推动乡村建设进程，加快乡村建设目标的实现。

3. 做好顶层设计，科学推进

乡村建设涉及的内容多，建设项目多。因此，做好乡村建设的重要一步是顶层设计，统筹规划，科学推进建设时序与建设内容，防止出现重复建设、资源浪费，确保各个计划与实施策略之间紧密联系，真正做到依计划规划行事。

4. 强化要素支撑，统筹推进

全面推进美丽乡村建设，应当强化人才、资金等要素支撑。如在增强财力方面，应当积极筹集农业资金，使得各项资金有效落实，并且吸收企业的投资，进一步加强社会资金的集中；在人力资源方面，应切合农村的人力资源构架和发展状况，出台有针对性、科学性的人才培养措施，为美丽乡村的建设提供人才要素支撑。

5. 加强制度建设，强化保障

进一步健全乡村建设的领导制度，科学有序地推动乡村建设领导工作；加强民众参与制度建设，引导乡村居民广泛参与到乡村建设进程中；强化文明村庄的约束力和规章制度；实施村民居住环境的长期管理机制。此外，还要根据农村的实际发展状况，使机制不断加强，着力发挥对乡村建设的保障作用，从而造福乡村居民[9]。

三、乡村建设需处理好几个关系

乡村建设涵盖了农村生产、生活、生态等各方面的内容。新时期，扎实推进乡村建设进程，就要在坚持以人为本、尊重农民主体地位的前提下，妥善处理好以下几个关系：

1. 处理好政府规划引导与农民主体地位的关系

农民群众是村级公益事业建设的主人，也是美丽乡村建设的主人，村内事村民议、村民定、村民建、村民管。政府通过民主议事、公开公示等形式将项目建设的知情权、参与权、决策权、监督权和评判权直接交给村民，打破过去政府主导项目建设和自上而下决策的旧模式。

政府在乡村建设中的主要作用是编规划、筹资金、建机制、搞服务。需要注意的是，政府规划不能代替村民议事，要探索建立政府引导、专家论证、村民民主议事、上下结合的乡村建设决策机制。

2. 处理好政府资金与社会资金的关系

要发挥市场在乡村建设中的决定性作用，以财政奖补资金为引导，鼓励吸引工商资本、银行信贷、民间资本和社会力量等多渠道解决乡村建设资金投入问题。坚决反对政府单纯依靠财政资金打造"盆景",用面子工程包装美丽乡村,否则既不可持续,更无法复制推广。

3. 处理好政府财政奖补与农民筹资筹劳的关系

筹资筹劳体现了农民的主人翁和责任意识,政府财政奖补则是建立在农民自愿筹资筹劳基础上的,应坚持先筹后补,不筹不补。要研究政府财政奖补与农民筹资筹劳的量化关系,有条件的地方要努力提高财政奖补比率,尽可能减轻农民负担,防止违背农民意愿以一事一议的名义加重农民负担。

4. 处理好财政奖补项目与美丽乡村建设的关系

普惠制、特惠制、美丽乡村建设都是一事一议财政奖补的项目。通俗地讲,普惠制属于雪中送炭,特惠制属于锦上添花,美丽乡村是放大了的"特惠制"。不是所有的乡村都能建成美丽乡村,就财政奖补制度设计而言,要把一事一议财政奖补资金的基数部分用于改善农民的基本生活条件和人居环境,增量部分重点用于美丽乡村建设,以普惠保基本,以特惠保重点,妥善解决好普通受益与重点投入、锦上添花与雪中送炭的关系。

各地自然条件差异较大,基础设施建设程度不一,如关中地区村内巷道已基本解决,更多的是提升到亮化、绿化、美化项目,而陕西、陕北山区许多村吃水行路都很困难,需要在最基本的生活设施上下功夫。因此,村级公益事业建设要坚持一般指导和差异化分类指导相结合,关中地区在保证一定"惠普制"的前提下,把重点放在重点示范镇和美丽乡村建设上;陕西、陕北山区则要在重点解决群众吃水行路、移民搬迁的基础上,选择极少数自然条件相对较好、群众意愿迫切的村进行美丽乡村试点[10]。

第三节　乡村建设的协同推进思考

一、乡村建设与产业发展的协同推进

一方面,产业发展是乡村可持续发展的基础和重要内容;另一方面,乡村建设能够促进乡村产业发展。当前我国已经建设的美丽乡村示范村产业发展整体较好,但也存在产业发展规划不足、产业链不完整、产品和服务创新不够、产业的微观基础比较脆弱等问题。针对这些问题应该通过做实美丽乡村产业规划,支持农民工返乡创业,注重生态保护,因地制宜发展产业,加强乡村产业管理等措施,进一步推动美丽乡村产业发展,从而为美丽乡村的可持续发展奠定坚实基础。

从乡村建设与乡村产业发展协同推进的角度考虑,基于产业发展的美丽乡村建设需重点做好如下工作:

1. 试点先行与全面推进相结合,做实美丽乡村产业规划

美丽乡村产业发展不是一蹴而就的,需要有全面的考虑和详细的规划来稳步推进。虽然我国目前有不少的美丽乡村建设成功的案例可以借鉴,但是每一个乡村都有自己

独特的文化底蕴和发展模式,在建设中不能生搬硬套,要通过试点总结经验,稳步推进,逐步扩大范围。

一是在进行美丽乡村整体规划时,要把产业发展规划作为重要内容进行科学论证;

二是要结合资源条件、历史文化、产业基础、区位交通、核心人力资源等条件,确定产业定位和适宜发展的主导产业,在此基础上做好产业布局规划,突出优势和特色;

三是要充分发挥政府、专家、企业、村干部、村民的作用,共同参与,依靠集体智慧,保证产业规划既引领潮流,又符合实际。

2. 骨干带动与群众参与相结合,支持农民工返乡创业

乡村建设与美丽乡村发展完全靠争取上级财政支持是不现实的,还需要有村级集体经济做支撑,而发展村集体经济必须有"能人"带动。农村"能人"对农村集体经济、农民增收、美丽乡村建设有很大推动作用,是产业发展的骨干力量和带头人。

一是要大力培训农村致富带头人,充分发挥"能人"效应。采取优惠措施,选拔和培养一大批有文化、懂技术、会经营的农村"致富能人",先帮助他们致富,同时,建立发挥他们辐射带动作用的机制,致富一个人,带动一批人。

二是积极引导农民工返乡创业。人力资源是美丽乡村产业建设发展的核心要素。农民工返乡是支撑农村产业发展的一个重要人力资源因素。因此,政府应出台相应的优惠政策鼓励和引导农民工返乡,对于返乡并能对乡村产业发展发挥骨干带动作用的创业者,给予一定的政策优惠和奖励。同时可以利用农民工的家乡情怀,用"亲情牌"吸引农民工回乡创业。

> **醴陵市枫林镇的特色招商路**
>
> "既要金山银山,又要绿水青山。"湖南省醴陵市枫林镇依托枫林工业园,采取集约型用地,开展选择性招商,严格限制污染企业进驻,以情招商,以商招商,承接沿海地区产业转移。
>
> 枫林工业园第一期投资1.5亿元,已建成5个厂房5.6万余平方米的标准化厂房及2万平方米的员工宿舍、办公楼等配套设施,二期厂房及办公楼正在建设中。当前,枫林工业园已经入驻企业4家。根据市场前景及入驻企业发展情况,预计年创税5000万元以上,解决劳动力1500人左右。图13-7所示为枫林镇产业园。
>
>
>
> 图13-7 枫林镇产业园

3. 产业发展与生态保护相结合，形成美丽乡村持续发展良性机制

党的十九大报告中提出了我国发展新目标：到本世纪中叶，把我国建成富强民主文明和谐美丽的社会主义现代化强国。

和谐美丽的要求，对于美丽乡村建设而言就是要求美丽乡村建设必须树立和践行"绿水青山就是金山银山"的理念，坚持节约资源和保护环境的基本要求，实行最严格的生态环境保护制度，形成绿色发展方式和生活方式，坚定走生产发展、生活富裕、生态良好的文明发展道路。所以，在美丽乡村产业发展的同时，还必须注重生态保护。

一要科学规划，合理布局，提升农业生产能力。各地区要在保持粮食产量的前提下，发挥各自的优势，合理布局产业发展，在规划发展时严格做好生态评估。

二要采取强有力措施防治农业污染，增施有机肥。

三要加大科研开发力度，推广和普及新技术，发展现代立体农业，使传统农业向现代高效农业转变。

4. 乡村产业发展要因地制宜，突出特色、留住乡愁

要深入挖掘乡村优势资源，发展具有地方特色的乡村产业。不同村庄优势资源有差异，有的古村落保护较好，有的文化底蕴深厚，有的自然生态优美宜人，有的技能型人力资源丰富，有的农业有特色，等等。充分挖掘利用各自的优势资源，宜农则农，宜游则游，宜工则工，发展特色产业，既能留住乡愁，又可以促进经济发展。

洛阳市孟津县平乐村特色乡村产业发展

千百年来，河南省洛阳市孟津县平乐镇平乐村村民有着崇尚文化艺术的优良传统。改革开放后，富裕起来的农民开始追求高雅的精神文化生活，从事书画艺术的人越来越多。随着洛阳牡丹花会的举办和旅游业的日益繁荣，从事书画艺术的平乐村村民开始将创作主题集中到牡丹上，终于"小牡丹画出大产业"，该村被河南省文化厅授予"河南特色文化产业村"荣誉称号。图13-8所示为平乐村的牡丹文化。

图13-8　平乐村的牡丹文化

---

5. 创造美丽与经营美丽相结合，加强乡村产业管理

建设美丽乡村、发展美丽产业，是创造美丽。农民要增收致富，不但要打造美丽景观，更要发展产业，以产业作为美丽乡村发展的强力支撑。发展产业必然涉及环境保护问题，保护生态环境就是保护美丽乡村持续发展。所以，在创造美丽的过程中保持美丽常在才是根本。要让美丽乡村一直都有品位、有看头、有盼头。

第一要发展美丽产业,把村庄美与经济发展紧密结合起来。根据各村实际,可选择性地重点发展旅游、民俗、书画、休闲农业、电子商务等产业,避免发展污染项目。

第二要持之以恒地抓好管控。环境监管措施要到位,人员要到位,目标要明确,发现苗头就处理,做到全方位治理与日常化管理相结合,持续打造更加美丽的新农村。

第三要创新发展,促进产业升级。要注意学习先进技术、先进管理经验,创新思路,深化管理改革和产品创新,繁荣农村业态,通过产业升级促进经济效益提高和环境不断改善。

6. 拓宽产业发展融资渠道,加大招商引资力度

美丽乡村产业发展与乡村建设都离不开充足的资金支持,因此要拓宽融资渠道。融资渠道分为内源融资和外源融资。拓宽内源融资主要是发展农田合作社、农宅合作社等,鼓励村民集体入股,促进经济发展,提高村民收入,从而促进乡村产业发展,增强集体经济实力;拓宽外源融资则主要是依托龙头产业,从银行等金融机构贷款获取投资或者直接从市场和投资方获取资金,引进先进的生产经验,提高产品质量,拓宽市场。

目前,我国处于自媒体浪潮高涨的时代,一定程度上也可以通过自媒体渠道宣传本地特色与优势,吸引企业家投资,通过政策引导扶持,鼓励引导社会资本投资。加大招商引资力度,选准招商引资项目,主动出击,采取多种招商引资方法,"以商引商""以亲情乡情引商",带动更多的人流、物流、资金流、信息向美丽乡村流动。在招商引资中要对确实符合标准的项目,多做工作,加快引进速度;对不符合产业发展导向以及环评、能评存在问题的项目,坚决拒绝[10]。

二、乡村建设与生态文明的协同推进

发展生态文明,是关系人民福祉、关乎民族未来的长远大计。党的"十八大"将生态文明建设提升到"五位一体"总体布局的战略高度,提出"大力推进生态文明建设,努力建设美丽中国、实现中华民族永续发展"。要使中国美丽起来,首先要让我国农村美丽起来。要以生态文明理念引领美丽乡村建设,把建设美丽乡村作为建设美丽中国的新起点。

从乡村建设与生态文明协同推进的角度考虑,基于生态文明的美丽乡村建设需重点做好如下工作。

1. 培养高素质职业农民,使生态观念深入人心

在美丽乡村建设中,农民是建设的主体力量,加强和培养农民科技文化知识和素质水平变得尤为重要。

首先,要加强对农民生态意识的培养。优先发展教育事业,高度重视农村义务教育的发展水平,建立培训班,使农民学习生态文化知识,从根本上改变人们的思想认知,形成科学环保的绿色生活理念。

其次,要加强宣传教育。通过印发手册、板报、自媒体等多种途径,让农民进行线上线下自主学习,了解绿色生活方式,加强榜样学习作用,用具体的事例让其更好

地理解生态生活方式。

最后，要增强农民的责任意识。改变其传统生活习惯，用具体的村规民约去引导广大人民群众，最终使得生态观念深入人心，科学建设社会主义的美丽乡村。

2. 合理使用农业财政资金，提高生态治理效果

在美丽乡村建设中，农业财政资金要多关注"软件"方面的建设。各地政府应积极按照我国财政部、原农业部发布的《农业生产发展资金管理办法》，推进资金统筹使用，提高资金使用效益，提升农业财政资金对软硬件设施建设的作用。

第一，应加强软件设施包括公共服务、文化环境等的建设，深入推进美丽乡村生态治理方案，提高生态治理能力和水平。

第二，应按照美丽乡村指南的规定，合理进行村庄建设和规划，因地制宜地做好资金使用规划，解决好资金使用不平衡问题。

第三，应建立事前规划、事中调整、事后监督机制，平衡农业财政资金分配，提高资金使用效率，提高生态治理效果。

3. 加强土壤资源合理利用，改善生态农业质量水平

土壤要素是发展农业的关键。在农业生产中，应加强对土壤资源的合理利用，提高对其保护力度，改善农业生产的质量水平。

首先，应改变农户单一增产方式，减少化肥施用量。从源头入手，加强对土壤、选种、除虫、增产及后期加工等一系列问题的处理，改变农业生产物质条件，运用多种方式降低化肥施用量，提高农业生产水平。

其次，在发展农业过程中，应注重运用合理的耕作方法，不仅要对土地实行休养生息政策，让土壤自然恢复地力，而且要促进现代技术的应用，用科学的方法改善土壤质量与发展环境，加强土壤抵抗风险的能力，进而提高农业产业质量。

最后，还应发展原生态种养殖方法，促进有机农业生产，提高农业生产质量，满足更高消费群体的需要。

4. 完善乡村治理体系建设，促进生态和谐发展

党的"十九大"报告提出要增强乡村治理体系建设，确保基层民主政治健康发展。培育和建立良好的乡村管理体系，是发挥村集体引领作用，促进美丽乡村建设生态和谐发展的关键。

第一，应逐步建立健全乡村治理体系，提升村集体基层工作的制度化和法制化建设，并加强对美丽乡村建设中生态发展理念的认识理解，因地制宜地出台政策，稳步推进美丽乡村建设。

第二，村集体应加强对政策的宣传力度，提高农民对政策的了解度，完善基层民主政治，充分保障农民知情权、参与权、表达权、监督权，调动农民的积极性与主动性。

第三，村集体应拓宽农民参与民主政治的渠道，鼓励更多的人参与到民主管理的建设中，广泛收集农民意愿，从而减少政策在实施过程中的阻力，逐步走向生态和谐发展之路[11-12]。

第四节 数字乡村建设的路径思考

一、数字乡村建设的内涵与特点

1. 内涵

《数字乡村发展战略纲要》指出,"数字乡村是伴随网络化、信息化和数字化在农业农村经济社会发展中的应用,以及农民现代信息技能的提高而内生的农业农村现代化发展和转型进程,既是乡村振兴的战略方向,也是建设数字中国的重要内容。"可见,数字乡村是以数字技术和产业引领的农业农村现代化综合体。数字乡村建设是新时代乡村振兴的重要支撑。近年来,我国高度重视数字乡村建设。2018年1月,中央一号文件首次提出要实施数字乡村战略。2019年1月,中央一号文件再次提出要实施数字乡村战略;2019年5月,中共中央办公厅、国务院办公厅印发《数字乡村发展战略纲要》,提出要用数字化引领驱动农业农村现代化,强调要发挥互联网企业的核心带动作用,明确了十大重点任务,确立了数字乡村建设"四步走"发展战略规划(图13-9)。

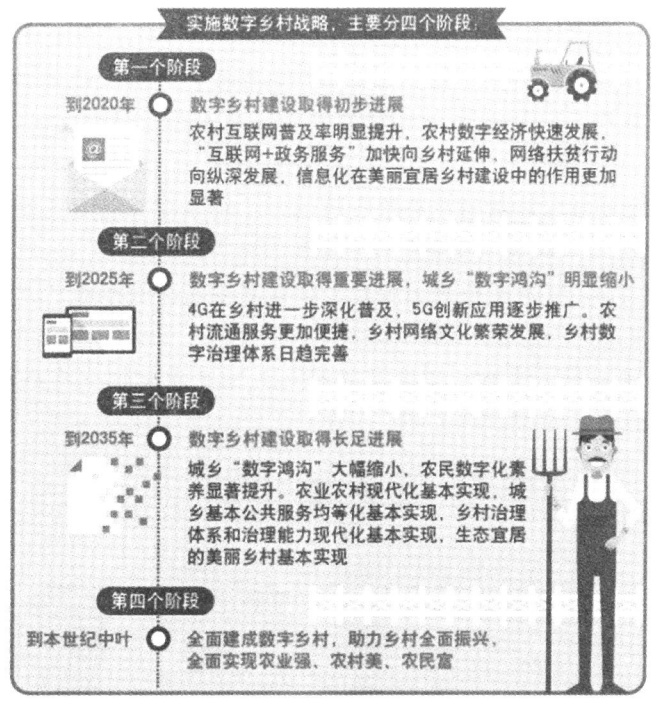

图 13-9 实施数字乡村的战略目标

2020年,国家农业农村部等部门相继发布了《数字农业农村发展规划(2019—2025年)》《2020年数字乡村发展工作要点》以及《关于开展国家数字乡村试点工作的通知》,为各地区数字乡村建设提供了有力指导。2021年1月,中央一号文件提出要实施数字乡村建设发展工程。2022年1月，中央网信办等十部门印发《数字乡村发展行动计划（2022—2025年）》，部署了数字基础设施升级行动、智慧农业创新发展行动、新业态新模式发展行动、数字治理能力提升行动、乡村网络文化振兴行动等八个方面的重点行动；2022年2月，中央一号文件继续提出要大力推进数字乡村建设，首次对数字乡村进行了统筹部署，涉及多方面内容，包括推进智慧农业发展、加强农民数字素养与技能培训、以数字技术赋能乡村公共服务、拓展农业农村大数据应用场景，并提出推动数字乡村标准化建设，持续开展数字乡村试点等；2022年4月，中央网信办等五部门印发《2022年数字乡村发展工作要点》，明确了工作目标与重点任务，提出要充分发挥信息化对乡村振兴的驱动赋能作用，加快构建引领乡村产业振兴的数字经济体系，构建适应城乡融合发展的数字治理体系，不断推动乡村振兴取得新进展，推动数字中国建设迈出新步伐；2022年5月，中共中央办公厅、国务院办公厅印发了《乡村建设行动实施方案》，提出了实施数字乡村建设发展工程具体方案，涉及持续开展数字乡村试点、加强农村信息基础设施建设、建立农业农村大数据体系、发展智慧农业、推进乡村管理服务数字化、深入实施"雪亮工程"、深化乡村地名信息服务提升行动等内容。这一系列政策性文件的颁布与实施为新时代我国数字乡村建设和发展指明了目标方向和工作路径，推进了农业农村现代化发展。

"雪亮工程"

"雪亮工程"是以县、乡、村三级综治中心为指挥平台、以综治信息化为支撑、以网格化管理为基础、以公共安全视频监控联网应用为重点的"群众性治安防控工程"。它通过三级综治中心建设把治安防范措施延伸到群众身边，发动社会力量和广大群众共同监看视频监控，共同参与治安防范，从而真正实现治安防控"全覆盖、无死角"。因为"群众的眼睛是雪亮的"，所以称之为"雪亮工程"。

2018年1月2日，《中共中央国务院关于实施乡村振兴战略的意见》提出推进农村"雪亮工程"建设，这既是"雪亮工程"首次被写入中央一号文件，也意味着平安乡村建设将进一步提速。宝塔坝"雪亮工程"系统实时监控重要公共场所状况如图13-10所示。

图13-10 宝塔坝"雪亮工程"系统实时监控重要公共场所状况

数字乡村建设作为实施乡村振兴战略的具体行动，不仅是释放数字红利、激发乡村发展内生动力的重要举措，也是推动农业农村现代化的有力抓手。其内涵是：一种遵循以人为本、开放共享、统筹集约的治理理念，将数字技术与治理理念、治理机制深入融合的系统性行为，是由中央政府做好顶层设计，地方政府根据本地实际制定分阶段行动计划，对乡村事务做出决策，推动农业农村智能化、数字化、精准化的过程，是对传统乡村治理模式的继承与发展[13-14]。

2. 特点

数字乡村建设应当遵循"统筹规划、统一标准、需求牵引、方便实用、技术先进、资源共享、安全可控、依法依规、示范引领、分类推进"等原则，以数字技术为依托，助力乡村全面振兴，其主要有长期性、多元性、动态性、创新性等基本特征[15]。

（1）长期性：数字乡村建设是一项综合性系统工程，涵盖经济、社会、生态、文化等多个方面，是以长远、全面、可持续的发展理念为指导，以实现乡村经济、社会、生态等高效发展。因此，数字乡村建设是一个漫长、艰难、曲折的过程，也会随着数字经济的变化经历多个发展阶段。

（2）多元性：数字乡村建设区别于传统的乡村建设，涉及乡村信息基础设施、乡村数字经济、乡村科技创新供给、智慧绿色乡村、乡村网络文化、乡村数字治理和乡村民生数字化等多个领域，其是以多元协同的治理模式统筹推进乡村高质量发展。

（3）动态性：数字乡村建设不仅是信息基础设施、信息技术、信息服务、信息能力等从无到有、从有到好的持续动态变化的过程，而且也是遵循乡村发展和信息化发展规律，会触发乡村社会的大变迁，带来乡村观念、制度以及乡村生活持续变化的过程。

（4）创新性：数字乡村建设是一个技术、政策、商业模式的协同创新过程。在技术方面，基于现有科技，创新出一系列有利于现代农业发展的技术；在支农惠农政策方面，国家及地方政府抓住机遇，创新财政投入方式，确保投入取得最佳效果；在商业模式方面，将新理念和新技术融入乡村产业，发展智慧农业，培育出乡村新业态。

二、推动数字乡村建设的路径思考

当前，中国正处于信息化和农业农村现代化的历史交汇期，乡村振兴战略的实施面临互联网、大数据与实体经济深度融合的经济环境，我国数字乡村建设总体发展水平还有待提高，需进一步顺应数字经济发展，加快网络化、信息化和数字化在农业农村经济社会发展中的应用，进而推动乡村全面振兴。

1. 夯实发展基础，加快建设乡村信息基础设施

一是持续推进乡村网络基础设施建设。加快乡村光纤网络、移动互联网、数字电视网和下一代互联网发展，进一步提升乡村网络宽带和4G覆盖面，并推进乡村广播电视基础设施建设和升级改造；在乡村基础设施建设中同步做好网络安全工作，依法打击破坏网络基础设施、网络诈骗等违法犯罪行为；探索5G、人工智能、物联网等新型基础设施建设和应用，形成全域覆盖、普惠共享、城乡一体的基础设施网络，大幅提

升乡村网络设施水平。

二是加强乡村信息服务基础设施建设。在乡村地区构建高速、泛在、安全的新一代信息基础设施，推进农业农村遥感卫星等天基设施建设，加快提供与城市地区无差别的网络质量和速率，缩小城乡地区互联网普及率差距，全面支撑乡村生产、生活和生态保护的数字化转型。

三是推动乡村传统基础设施数字化升级。加快推动农村水利、公路、电力、冷链物流、农业生产加工等传统基础设施的数字化、智能化升级，推进智慧水利、智慧交通、智能电网、智慧农业、智慧物流等建设。

2. 创新治理模式，提升数字乡村治理能力水平

一是构建共建共治共享的乡村治理格局。健全乡村智慧党建体系，利用"互联网＋党建"新模式，建设完善的乡村基层党建信息平台，加强党员干部远程教育，筑牢基层党组织战斗堡垒；综合运用互联网平台，推动党务、村务、财务等信息网上公开，引导村民积极参与乡村发展的讨论，培养村民参与意识，推动村务决策民主化、科学化。

二是着力优化乡村法治、政务和社会环境。完善乡村基层自治组织议事决策等法律法规，增强村民法律意识和法治思维，运用"互联网＋法律服务"模式，建设法治乡村；加快提高乡村基层政务人员的数字素养，培养高素质的政务服务团队，提升乡村政务服务水平；重视教育和引导作用，推进乡村移风易俗，整治传统陋习和不良风气，提升乡村社会文明程度，营造出良好的乡村社会环境。

三是提高乡村治理能力现代化水平。完善全国一体化政务服务平台，推动"互联网＋政务服务"省、市、县、乡、村五级联动和全覆盖，让民生保障、社会保障、社会救助、教育、医疗、旅游等数字化服务向乡村延伸覆盖；推进涉农事项在线办理，创新服务模式，推动政务服务"网上办、马上办、一次办"，让群众办事更便捷；坚持线上线下融合，创新"互联网＋网格治理"服务管理，推动乡村社会综合治理精细化、现代化；加快推进实施"雪亮工程"，深化平安乡村建设，增强村民的安全感。

3. 培育发展动能，加快乡村数字产业融合发展

一是推进智慧农业的建设。加强农业基础设施建设，推动农业生产加工和农村基础设施数字化、智能化转型，夯实智慧农业发展基础；强化农业农村科技创新供给，加快智能农机装备研发制造，加大智能农业机械装备购置的投入力度，鼓励农户积极使用现代化农机装备；加快推进信息技术在农业生产经营中的应用，提高农业生产经营效率和农民生活品质，并打造"数字供销"为农服务综合平台；依托云计算、大数据、物联网、人工智能等数字化技术，推进农产品绿色生产、标准化生产和质量安全监管，提高农业发展质量和效益。

二是建设数字农业集成创新示范区。以乡村特色产业为依托，建设"产业融合""城乡融合""未来乡村"等不同类型的集成创新示范园区，推动互联网与特色产业深度融合，加强重点乡镇品牌建设，推动乡村电商、村货直播、众筹农业、共享农业、云农场、创意农业和认养农业等数字乡村新业态、新模式和新产业发展。

三是实施农业产业数字赋能。结合乡村特色产业，以特色产业云服务平台建设为核心，重点加强农业生产资料、农业生产加工技术、农业气象、农产品质量溯源、农产品流通等农业数字服务体系建设；此外，通过网络平台向生产大户、合作社、加工企业、消费者、政府部门输出数据赋能成果，提供数字农业全产业链服务。

4. 激发内生动力，全面振兴数字乡村人才队伍

一是建设数字乡村人才队伍。地方政府要做好数字乡村建设的人才队伍建设规划，摸清数字乡村建设涉及的各类人才标准、数量，制定相关人才引进政策，鼓励和引导懂技术、能管理、有激情的乡贤能人到乡村，充实数字乡村建设人才库；制定大数据应用人才到乡村服务的优惠政策，鼓励大数据应用人才积极参与数字乡村建设；此外，可与高等院校、互联网技术企业、专业培训机构等开展深入合作，选派专业人员指导数字乡村工作，并加强高等学校乡村振兴研究院建设，加大对农业农村等人才急需领域的职业教育供给。

二是加强数字乡村从业人员的培训。加强政产学研协同育人，综合运用专题讲座、集体学习、专业知识培训、网络教育等方式，对村干部、新型农业经营主体以及广大农民，开展乡村治理数字化知识及能力专项教育培训，提升基层工作人员乡村治理的数字素养；通过互联网信息技术或者其他先进技术，开展网络教育，培养一批生产经营型、专业技能型和社会服务型的新型职业农民队伍。

三是留住数字乡村人才。建立健全的乡村复合型人才管理考评机制，将考核与职称评定和聘任相结合，建立与之相匹配的薪酬体系，不断完善晋升渠道；着力推进乡村产业、文化、旅游多元融合，不断完善乡村基础设施，补齐乡村教育、医疗、文化等公共服务短板，为投身数字乡村建设的各类人才提供舒适、宜居的工作生活环境，增强数字乡村人才归属感和稳定度。

思考题

1. 请简述美丽乡村建设的内涵要求。
2. 请结合身边的案例，论述当前乡村建设的难点问题并列举相应的解决措施。
3. 请简述乡村建设与产业发展的关系。
4. 请简述乡村建设与生态文明的关系。
5. 思考在乡村振兴战略的背景下，乡村文化建设的重要意义。
6. 请简述数字乡村与数字乡村建设的内涵。
7. 请论述新时代背景下，数字乡村建设的路径有哪些？

参考文献

[1] 侯满平，刘平辉. 乡村振兴背景下建设乡村的思考 [J]. 新农业，2018（8）：31-33.

[2] 本刊评论员. 大力实施乡村振兴战略 谋划农村发展美好未来 [J]. 山西财税，2018（6）：1.

[3] 付东震. 美丽乡村建设若干问题的思考 [J]. 武夷学院学报，2016，35（7）：

15-19.

[4] 倪国良．美丽乡村 中国农村发展的未来愿景［J］．中华建设，2018（2）：14-15.

[5] 魏闻欢．美丽乡村建设思考［J］．住宅与房地产，2017（9）：270+294.

[6] 林洪波．美丽乡村建设探讨［J］．现代交际，2018（14）：236-237.

[7] 张达．乡村振兴战略背景下的乡村建设与思考［J］．住宅与房地产，2018（28）：232.

[8] 于成景．美丽乡村建设中存在的问题和解决对策［J］．绿色科技，2017（21）：39-41.

[9] 尹海东，魏京波，郭丽娜．浅谈美丽乡村建设存在的问题与对策美丽乡村建设思考［J］．城市建设理论研究（电子版），2017（22）：83-84.

[10] 姜长宝，屈康然，等．基于产业发展的美丽乡村建设研究［J］．经贸实践，2018（18）：53-55.

[11] 郑金龙，许萍，孟蕊，等．中国美丽乡村建设发展现状及前景［J］．农业展望，2018，14（6）：41-44.

[12] 胡锦涛．坚定不移沿着中国特色社会主义道路前进 为全面建成小康社会而奋斗［M］．北京：人民出版社，2012.

[13] 李燕．中国数字乡村的发展模式与实现路径［J］．探求，2021（02）：108-115.

[14] 沈费伟，叶温馨．数字乡村建设：实现高质量乡村振兴的策略选择［J］．南京农业大学学报（社会科学版），2021，21（05）：41-53.

[15] 王胜，余娜，付锐．数字乡村建设：作用机理、现实挑战与实施策略［J］．改革，2021（04）：45-59.

附录1：我国乡村治理的典型案例

第一节　江苏省南京市江宁区

一、江宁区基本情况

江宁区位于南京市区近郊，总面积1573km²，其中乡村面积占50%以上。2008年，作为全国城乡统筹示范区的江宁区开始将发展重心从城市转移到乡村，关注乡村建设。作为全省实践的先导，2011年，江宁区正式启动了"美丽乡村"的规划与建设工作。近年来，江宁区探索出一条区别于一般乡村治理模式的"江宁路径"，包含快速响应的迭代治理、项目导向的精准投入和自主引导的实践等特征。

二、江宁区乡村治理的实践经验

1. 快速响应的迭代治理

从2011年首批试点建设开始，江宁区美丽乡村建设已经在短短4年间完成了两次迭代。为落实城乡统筹发展要求，政府选取基础条件较好的5个村庄（"五朵金花"）作为试点，打造了第一代美丽乡村试点。为在尽可能短的时间内建成既能让村民满意又能吸引游客的美丽村庄"典型"，江宁区政府在领导模式、政策支持、管理模式、帮扶对策等方面全面构建了区一级政府在乡村建设中的主导角色。通过强有力的政府直接重点助力村庄建设，统抓统筹资源和组织实施，保证规划高效快速地实施。从2011年12月规划完成到2012年4月"五朵金花"正式开业，建设时间仅历时5个月。随着对规划实施过程中暴露的政府包办的不可持续性的反思，江宁区迅速迭代发展出新的乡村治理思路，并迅速落实到治理实践中。

2013年启动第二代美丽乡村建设，其目的转变为积极探索绿色、可持续的美丽乡村特色发展道路，探索政府适度退出、多元主体共同介入的模式。而2015年全面启动的第三代"美丽乡村"建设，则在前两代美丽乡村建设的经验的基础上将覆盖范围从5个示范村扩展到所有类型村庄，从西部示范区扩展到东中西部全域乡村，从政府主导的多元主体共治进一步过渡到乡村主导的自组织发展。起始的有限数量和政府资源的重点介入保证了治理过程中对问题和挑战的快速响应，同时通过迭代，应对制度设计时没有预料到的问题，从而在短短几年间迅速建立起了一套行之有效的发展路径。

江宁区"五朵金花"旅游村由"世凹桃源""石塘人家""汤山七坊""朱门农家""东山香樟园"五个乡村旅游点构成。为深入贯彻省、市打造"都市美丽乡村、农民幸福家园"的指示精神，自2011年起江宁区政府开展了农村综合环境整治和村容村貌出新，以"健康乡村、品质乡村、文化乡村"为主题，打造江宁系列都市乡村休闲品牌。自开发乡村旅游至今，推进了农业功能拓展、农村产业结构调整和农民增收致富，经济效益、环境效益、社会效益显著，同时实现了休闲农业与生态农业、高效农业、设施农业的有机融合，促进了当地村域经济的发展[1-2]。图附1-1所示为江宁区"五朵金花"之一"石塘人家"。

图附1-1　江宁区"五朵金花"之一"石塘人家"

2. 基于项目叠加的精准投入

为突破以往建设过程中的"部门"本位、各部门"多线并进"的治理方式，江宁区乡村治理中采取"项目叠加"制度，即以村庄为主体，将多部门、"多条线"上的乡村项目进行打包，提升乡村建设的系统性，集中资金推动建设。

实施过程中，江宁区美丽乡村主管部门与区26个职能部门建立了联络员制度和简报制度，及时互通有无，让各部门都能及时了解美丽乡村建设进度，适时做好上门指导和服务。"项目叠加"机制使得自上而下的项目投入实现了"精准"到位，也使得多部门资源整合带动系统性有了提升。

规划建设层面的精准投入体现在如下两方面：一是对"微易"项目的重视。如果要改变政府包办的过大投入，同时还要能够激励自主性，保证经济的成本—效益平衡，一个合乎逻辑的转型是从"大刀阔斧"改造转向"有机"提升。有机提升不仅在直接经济投入上相对较少，更是认可了乡村现状中存在长期形成的合理因素（而不是彻底否定），尤其是认可了乡村百姓的主体性，从而使得他们更容易以主体角色参与进去。而社会、市场对于乡村的需求，归根到底还是要有乡土性，所以有机提升的乡村更容易保持乡村的特色。最后，有机提升造成的资源环境冲击也相对较低，一切现状的合理因素都尽可能地被充分保留和利用。

二是对系统性整合能力强的项目的关注。在第二代美丽乡村建设过程中，建设了乡郊野绿道（全长48km），将现有村落、道路、周边景点进行连通。沿线还建设了自行车骑行专用通道，以适应乡村未来多元化的健康休闲活动与旅游交通方式。乡村绿道不仅为沿线所有村庄提供了发展机会，也将它们整合在一起，形成特色的"近郊乡村带"，从而扮演着更重要的区域角色。

3. 政府的逐步退出和自主实践的引导

对自主实践的引导体现在村庄、市场和居民等多个方面。

对村庄自主实践的引导落实于"自主申报"与"奖惩机制"两大机制。"自主申报"将发展的决定权由政府包办交还给基层乡村社区。如村庄有意向申报本年度的示范村建设，则先由村民大会讨论决定后上报，区政府审核，最终确定示范村庄名录并给予相应项目与政策支持。"奖惩机制"则以村庄居民点分类考核为代表。建设初始区级财政预先拨付奖补资金的50%用于启动，项目完成后提请区主管部门进行验收。对通过验收的村庄，拨付资金余额。对未通过验收的村庄，资金余额不再下达，转入下年度继续实施，待验收通过后再下达。两大机制引导村庄进行自我评估与建设，避免了不顾实际全面铺开的浪费，也让真正有条件、有机会的村庄脱颖而出，在竞争中实现了资源的最优配置。同时，配套"自主申报"机制构建了一个多层级的村庄治理体系，并包含差异化的发展指引，使得村庄可以根据自身条件因地制宜地选择建设标准。

市场自主实践主要来自对市场准入的逐步放开。第一代金花村建设的资金来源主要是村庄环境整治、农村道路改造等财政专项配套资金；第二代金花村建设时，以江宁区交通建设集团和江宁街道成立黄龙岘建设开发公司为代表的"准市场主体"开始介入；到了第三代，民营企业、市场主体和村级集体经济开始大量参与，例如大福村的前期建设全部由民营企业出资完成，而汤家家村民自营的温泉旅游项目，村共计投资占80%以上。

引导个人的自主实践主要体现于对个人参与乡村建设的扶持。除在政策税收等方面给予优惠外，江宁区全区40个部门分组帮扶美丽乡村，近百名区管干部进村入户，通过上门指导、技术咨询、技能培训、组织村民外出实践等方式培训农家乐经营户，为村民参与自主实践提供了保障和指引[12]。

第二节　浙江省永嘉县巽宅镇

一、巽宅镇基本情况

浙江省永嘉县巽宅镇位于永嘉县西北部，位居小楠溪上游，东邻碧莲镇，西接缙云青田，南靠桥下镇，北至岩坦镇，是温州通往台州、丽水的西北门户。巽宅镇总面积254.2平方千米，耕地面积1231公顷，农作物播种面积2059.3公顷，粮食作物播种面积1213.3公顷。全镇辖4个农村社区、45个行政村、1个居委会、1个国家级水利风景区（黄檀溪水利风景区），区域面积183.4平方千米，户籍人口3.5万人，常住人口1.9万人。巽宅镇拥有丰富的森林资源和水资源，主要以农业发展为主。因气候温暖湿润、雨水充沛，巽宅镇的自然环境十分适宜农产品的种植生长。当前，巽宅镇根据自身的发展优势将本镇的发展定位为香格里拉式的风情小镇，谋划建设黄檀溪国家级水利风景区，利用丰富的自然资源和广泛的农业基础，做大做强"高山农业"，开发农旅资源，构思建设美丽乡村的美好愿景（图附1-2）。

图附1-2 巽宅镇

二、巽宅镇治理乡村的实践经验

1. 农村洁化治理

农村卫生清洁是打造美丽乡村的基础，是村居建成美丽乡村的第一措施。通过环境卫生清洁，改变村居环境的"脏乱差"现象，才能实现村居环境新村貌，提升广大村民的生活品质。在农村洁化治理中，对环境卫生主要采取整治措施，集中整治清理村居的脏乱差现象。巽宅镇为保持做好各村居的卫生洁化工作，成立了以镇长为组长、分管领导为副组长、村镇建设办为成员的农村环境保洁领导小组。农村洁化治理主要表现在三个方面：

第一，建立保洁反馈机制和联动机制使环境卫生管理制度化、规范化和常态化。全镇46个村居、镇城管大队和镇农村环境保洁领导小组每周定期开展日常的卫生清洁督查，反馈各村居的卫生清洁问题，由此形成三级反馈机制。保洁联动机制是指村居干部、城管大队、驻村干部联合做好突发的村居卫生保洁工作。巽宅镇镇区4个村居（巽宅村、巽一村、麻埠村和沿溪居委会）的环境卫生清扫工作由镇城管大队负责。其余村居的清洁卫生工作由各村居的保洁员负责。镇城管大队招聘专职清洁员做到专人专责，其他村居的保洁员则由各个村居推荐合适的村民担任。村居保洁员与镇村镇建设办签订保洁协议，负责本村的日常保洁清扫工作。

第二，引导村民共同参与村居洁化治理。全镇46个村居通过村两委会议和村民、党员代表会议，研究确定了各村居每周环境卫生清扫日，并开展最美庭院和最差庭院的评比，发动群众共同参与环境卫生清扫，营造人人参与村居清洁的良好氛围。

第三，将农村洁化工作纳入各村的村规民约来强化村民的自律意识。倡导村民参与农村环境卫生，做好户内外的环境卫生，不乱倒垃圾、乱排污水，不随地吐痰、乱扔杂物，圈养家禽家畜，注意保护井水、自来水的卫生等。

2. 垃圾分类处置治理

随着农村洁化治理的开展，垃圾处置也成为日常管理中一个不容忽视的话题。巽宅镇各村居按批次建造了垃圾收集房，以解决村民随意堆放垃圾影响村容村貌的问题。巽宅镇以清理农村生活垃圾、建筑垃圾、农业生产垃圾为重点，开展垃圾分类处置治理工作，生活垃圾是治理的重点。

首先，沿用各村居早期已分批次建造的质量较好的垃圾收集房，由镇环卫部门做好及时清运，解决生活垃圾的收集和处置问题。

其次，在全镇21个村居试点农村生活垃圾分类减量化处理，建设沤肥池，设置公共收集点，并给每户分发分类垃圾桶做到源头分类。各村（居）均按每150户配备1名专职保洁员的标准合理配备村保洁员，明确规定村保洁员的工作职责范围。

再次，针对前期建筑垃圾处置难的问题，为防止村民自建房时私自将建筑垃圾倾倒河道或随意堆放的现象发生，巽宅镇经规划选址麻埠村和沙埠村交界的杉树垅脚处建造建筑垃圾填埋场，规范全镇建筑垃圾的合理处置。

最后，与个体农业综合服务站合作，设置农业废弃物回收站，处理农业生产垃圾，防治农药面源污染。

3. 畜牧养殖污染治理

巽宅镇属典型的山区农业乡镇，因区位因素影响和村民以农业生产为主的生活习惯，村中普遍存在家养生猪和鸡鸭鹅家禽等现象，但家禽散养对环境卫生清洁带来影响，生猪圈养和生猪养殖场不规范养殖又会造成环境污染。

针对这些问题，一方面，巽宅镇设置了畜牧养殖禁养区和散养区。镇区禁养家禽和生猪养殖，其他村居规范做好家禽散养和畜牧养殖场污染物排放。另一方面，建立生猪等畜禽养殖污染防治网格化巡查。对巡查发现的违规新养复养畜禽养殖场（户）查明情况后，依法拆除。与此同时，建立乡镇公益性无害化处理设施，对发现死亡的动物进行无害化处理，减少环境污染。

4. 河道保洁治理

巽宅镇邻近小楠溪江的源头，水资源丰富，镇域内金溪、石染溪和小楠溪穿流而过。河道清洁是保持水环境健康的基础，更是生态环境良性发展的保障。然而，部分村民的环境保护意识淡薄，向河道随意倾倒生活垃圾、生活污水和偷运砂石的现象时有发生。为此，巽宅镇开展农村生活污水治理，并制定了河道水域保洁实施方案来保障河道的水环境清洁，维护水资源生态环境。

首先，建立农村生活污水处理设施。通过3年的建设，目前全镇共有41个村开展了农村生活污水处理设施建设，其中39个村居的设施已经建成，34个村居的设施已通过验收，开始正常运行。

其次，运用市场机制作用，由镇村镇建设办公室委托保洁公司聘任专职的河道保洁员来维持河道清洁，由镇村镇建设办对其进行监督和反馈。

再次，与水利部门合作，联合开展水利监察，水利办的工作人员定期开展溪流巡查，严禁村民偷运沙石，一经发现偷运沙石的行为及时报告公安等执法部门依法进行处理。

最后，按照全县河长制工作的部署，实行河长巡河，镇级领导干部和村居干部分别担任全镇47条主要溪流的镇级和村级河长。各级河长使用河长制手机APP，每周定期进行河道巡查签到和日记撰写，对发现的河道污染和河道突发事件及时报告镇水利办，落实河道管护工作。

5. 乡村文化提升治理

乡村文化是乡村的灵魂，是美丽乡村发展的综合体现。随着乡村经济的快速发展，广大村民对精神文明提升的需求也越来越迫切。巽宅镇虽地处永嘉县偏远山区，但村民对丰富文化生活的需求也日益迫切。为丰富乡村群众文化生活，巽宅镇在完善农村文化基础设施的基础上，开展了多项乡村文化提升举措。

第一，开展丰富的农村文化活动。通过举办农村文化体育建设活动，带动社会力量和村民积极参加文体活动，丰富村民日常生活。

第二，加强农村文化礼堂建设。在日常的生活中不断提升已建巽宅、巽一、小溪、沙埠、石染和西岙等6座农村文化礼堂的使用效能，开展各类文化宣讲、政策宣讲、文艺演出等活动，使文化礼堂深入村民的生活。

第三，扎实推进文明创建，挖掘文明村居、文明示范户，创建乡风文明示范村居。2016年创建两个县级文明村（金溪村和横彭村），成功创建一个乡风文明示范村（麻庄村）。发挥社会力量助力乡村文明发展，在14个村居设立民间道德奖，通过村内知名人士提供物质赞助，鼓励村民宣传善行义举，弘扬文明乡风[3]。

第三节　浙江省绍兴市上虞区祝温村

一、祝温村基本情况

祝温村位于上虞区崧厦镇，由原祝马、温泾、后桑三个村合并而成，全村1.7平方公里，有农户650户、1825人，是一个以种粮为主的农业村。近30年来，祝温村始终坚持运用"枫桥经验"的基本精神，把"和谐、稳定、发展"作为治村之道，不断探索实践村庄治理的新方法、新措施，取得了很好的成效，先后获得国家、省、市、区级集体荣誉共96项，其中省级以上21项，包括全国民主法治示范村、全国妇联基层组织建设示范村、浙江省农村基层组织先锋工程建设"五好"村党组织、浙江省绿化示范村、浙江省农村基层党风廉政建设示范村、浙江省文化示范村、浙江省文明村、浙江省群众最满意的平安村等。图附 1-3 所示为祝温村。

图附 1-3 祝温村

二、祝温村乡村治理的实践经验

1. 发展强村——推进现代农业发展

现代农业是推进农业现代化，加快社会主义新农村建设的前提和基础。祝温村把推进现代农业发展作为强村、稳村之源，从抓好农业基础设施建设入手，努力提高现代农业发展水平。建设高标准农田，先后投入 500 万元对全村 1300 亩农田进行标准化改造，新建三面光渠道 15500 米，铺设机耕道路 11200 米，安装、修复农灌线 30 档，使农田达到"田成方、渠相通、路相连、树成行、旱能灌、涝能排"的标准农田要求。适时调整优化农业种养结构，流转土地，建立了 1 个 200 亩水稻良种直播基地，1 个 15 亩的花卉基地，1 个 200 亩的蔬菜基地，还发展了 1 个千头养猪场；发展高效农业，积极改善农业种植条件，加大现代农业园区建设力度，投入 500 万元，完成农田标准化建设 1100 亩、新建硬化渠道 28500 米、铺设机耕道路 12500 米、安装修复农灌线 52 档。开展粮田高产高效示范，建设"农业部万亩高产创建示范片"，引进甬优 12、甬优 15、甬优 538 等超级稻新品种，亩产最高达 850 公斤。

2. 生态美村——推进农村新社区建设

生态农村是中国农村发展的理想模式，也是实现农村可持续发展的重要载体。祝温村把加强绿色生态建设作为农村新社区建设的重点和亮点，着力优化居住环境，提升村民幸福指数。

（1）美化村容。坚持把有限的财力用于村庄建设，先后投入 1280 万元，对旧村实施房改、路改、水改等"六改"工程，不搞大拆大建，保留农村田园风貌，使村庄望得见柳绿，看得见清水，留得住乡愁。共完成农房改造 106 户，拆除旧房 6800 平方米，新建、翻建民房 4000 平方米，改造农房墙体 5.8 万平方米；新建改造村道路 42800 平方米，油化 7200 平方米；新建标准化公厕 18 间。

(2) 洁化环境。开展"清洁家园"行动，开展河道保洁，砌石清淤 3200 米；加大村庄卫生保洁力度，新建垃圾中转站 1 个、垃圾箱 30 只，建立村环卫保洁队伍，实现垃圾日产日清。加强生活污水治理，仅 2014 年就投入 900 万元，使农村生活污水收集率达 90%以上。

(3) 绿化村庄。实施绿色村庄建设工程，以村道、田间、河道等为重点，加大绿化力度，建设公共休闲绿地，打造花园式新村。全村绿化总面积达 4.5 万余平方米，总里程达 36700 米，其中休闲绿化 7800 平方米，呈现"春天杜鹃绽，夏天荷花开，秋天桂花香，冬天梅花红"美景，先后被评为省绿化示范村和卫生村、绍兴市绿色示范村和生态村。

3. 反哺富村——提高农民生活质量

工业反哺农业、城市反哺农村，是党中央为促进城乡社会协调发展的重要举措，也是推动农业发展、农村繁荣、农民生活水平提升的重要途径。

几十年来，祝温村十分注重创造条件，搭建平台，鼓励村民外出创业。村"两委"经常组织乡贤开展"回家乡、看家乡、助家乡"等活动，引导社会和民间力量反哺家乡，投身祝温"四园"（创业乐园、生态花园、文化公园、人和家园）建设。同时珍惜和使用好每一分捐款，用新农村建设的实际成效来回报乡贤对家乡的热爱，从而形成引导乡贤捐助家乡建设——家乡建设新面貌吸引乡贤——乡贤再次回报家乡的良性循环。28 年来，共吸引近 40 位乡贤为村里各项公共事业踊跃捐款，总额达 260 万元。

4. 文化兴村——提升农民素质

文化是社会常态的调控器，是社会凝聚的粘合剂，是社会发展的助推器。农村文化建设是农村可持续发展的内在动因。祝温村在大力推进村庄硬件建设的同时，坚持文化兴村，把文化作为新农村建设的重要内容，积极加大基础设施投入，以文化人、以德润人，用健康向上的村庄文化提升农民群众素质。

(1) 兴建文化阵地。不断加大文化投入，累计新建、改建文化场所 1000 余平方米，建成了设施齐全的文化礼堂、虞舜学堂、虞舜会堂、图书室、文化活动室；建成了图文并茂的村创业文化史陈列室、百米人和乡风文化长廊，展示着祝温村新农村建设的创业历程和浓厚的人文情怀；创新实施"墙头开花"（墙绘）工程，墙绘 3200 平方米，通俗易懂、寓教于乐的墙绘文化，让传统美德、文明新风潜移默化。

(2) 提炼祝温精神。建设"乡贤美德长廊"，利用长 50 余米的仿古长廊，展示以杭兰英、陈坤校为代表的 10 位乡贤能人慷慨捐资、心系桑梓的公益之举，编制了村歌《祝愿温馨》，提炼出"人和、心齐、风正、气顺"的祝温精神，使村民在潜移默化中得到教育和感化，全村上下形成热衷奉献、一心建设美好家园的浓厚氛围。

(3) 树立道德典型。大力弘扬尊老爱幼、孝老爱亲、互助互爱的中华传统美德，建设和谐家庭、和谐村庄。从 2010 年起，该村连续四年开展"十佳和谐家庭""十佳好婆婆""十佳好媳妇""十佳好少年"和"十大爱心人士"等文明"五个十佳"评选活动，积极挖掘培育身边的先进典型，共有 200 户村民"上榜"，形成了学习道德模范、崇尚道德模范、争当道德模范的热潮。

5. 改革活村——推进城乡协调发展的体制机制

改革是社会进步的推进器,是我国各项事业发展的永恒动力。只有不断改革,才能破除束缚经济社会发展的体制机制障碍。祝温村坚持把改革作为盘活村级经济发展的抓手,依托优美的环境和良好区位优势,整合村内资源,鼓励创新创业,促进村民增收。

一是鼓励就业创业。把促进村民增收致富作为村党总支的核心任务,依托毗邻崧厦"中国伞城"的优势,加强与伞件制造企业的联系,推动规模企业配套协作本地化,积极发展现代家庭工业,全村从事伞件来料家庭加工的居家妇女、老人等闲散劳动力200余名,人均年增收1.5万元。发挥"建筑之乡"优势,鼓励农村能人外出创业发展,全村在上海等地从事建筑和经营的有600余人,资产超1亿元的3人、超1000万元的50余人,全村年建筑业产值达20亿元。

二是推动承包经营。针对村民外出经营多的情况,积极发挥村经济合作社作用,通过土地返租倒包等形式,有序推进土地流转,累计流转1300余亩。鼓励有条件的经营户发展现代家庭农场,目前全村建有水稻良种基地1120亩、花卉基地15亩、猕猴桃基地20亩,提升了农业发展的活力。

6. 法治安村——推进农村基层民主法治建设

加强农村基层民主法治建设,走法治化的农村发展道路,是推动农村经济社会全面发展,维护基层和谐稳定的前提和基础。祝温村积极探索自治、德治、法治"三治"相结合的社会治理方式,不断完善民主管理机制,促进了全村的稳定和发展。

(1) 健全民主决策。坚持民主公开,严格按照重大事项决策"五议两公开"程序,对涉及工程建设、土地承包、转让等村级重大事项,凡重大的投资和涉及村民利益的重大事项,都提交党员大会和村民代表会议讨论决定,在取得大多数村民的同意和支持后,再由村班子集体共同确定工作目标,逐项予以落实。28年来,累计投入1780多万元,开展大大小小工程项目50多个,未发生一起违规行为,干部赢得了口碑,群众得到了实惠。

(2) 规范民主管理。制定《祝温村民主理财制度》《祝温村村务、财务公开制度》《村民自治章程》《村规民约》及环境卫生、土地征用、建房审批等一系列制度,使村务活动有法可依、有章可循,为村干部依法、依章管理村务,村民有序参与村务管理奠定了基础。

(3) 完善民主监督。实行"阳光理财",选举推荐办事公正、责任心强的群众组成村民监督理财小组,对村集体经济组织财务活动和财务事项进行全过程监管。每年定期两次在村民代表大会上向村民汇报党总支、村委会的工作,并开展对村干部的民主评议活动,以无记名、书面方式来综合评价每个班子成员。

7. 班子带村——推进农村基层组织建设

习近平同志指出:村级党组织是党在农村全部工作的基础。在推进社会主义新农村建设的过程中,要选准配强村级党支部班子,切实把那些政治素质好、品德作风正派、处事公正公平、勇于创新、能带领农民群众增收致富的能人选进班子,培养一大批优秀的农村基层干部。这既是增强农村基层组织、发挥战斗堡垒作用的基础，也是推进社会主义新农村建设的关键。祝温村坚持用好党员资源，发挥示范引领作用。村党总支书记杭兰英28年如一日，以村为家，身先士卒。她28年来为村里公益事业、为村民纾难解困累计捐款42万元、资助131人次。全村党员干部在她的带领和感召下，积极参与环境整治、河道清理、困难帮扶、矛盾化解等义工服务，展示了党员干部的先锋形象，以党风促民风，形成了良好的村风[4-5]。

参考文献

[1] 陈昭. 现代化视角下乡村治理的柔性路径——基于江宁的观察 [J]. 城市规划，2017，41（12）：73-81.

[2] 张颖，陈妙璇，孙亚云，等. 乡村旅游开发中影响社区居民参与度的研究——以南京江宁区"五朵金花"旅游村为例 [J]. 湖南农业科学，2014（5）：60-63.

[3] 张诗剑. 永嘉县巽宅镇美丽乡村治理研究 [D]. 福州，福建农林大学，2017.

[4] 马永定，张伟光，戴大新. 乡村治理现代化的样板——对绍兴市上虞区祝温村治村模式的调研 [J]. 绍兴文理学院学报（哲学社会科学），2014，34（5）：23-29.

[5] 杨琴. 三治合一：乡村治理新模式——以浙江省上虞区祝温村为典型案例 [J]. 农村经济与科技，2017，28（22）：7-8+13.

附录2：我国乡村建设的典型案例

第一节 四川省成都市彭州市小鱼洞镇大楠村

一、小鱼洞镇大楠村基本情况

四川省成都市彭州市小鱼洞镇大楠村，位于龙门山区，是5·12汶川地震的极重灾区，全村面积10.4平方公里，辖9个村民小组，有338户1143人。地震后，该村坚持用统筹城乡发展的思路和办法推进科学重建，着力打造新农村综合体，走出了一条灾后重建和新农村建设的特色发展之路。

2011年，该村的"鱼凫南山"新型社区已经建成，全村98.5%的群众在此安居乐业，"路水田林村、种养加住环、医教文体广"全面配套，小区内民主议事、民主决策、民主管理的氛围浓厚，治安防范、纠纷调处、环境治理等规范有序，形成了"建筑有特色、产业有支撑、设施齐配套、乡风更文明"的新农村综合体雏形。图附2-1所示为小鱼洞镇大楠村。

图附2-1 小鱼洞镇大楠村

二、小鱼洞镇大楠村建设的实践经验

1. 以居住生活社区化为载体，塑造生态型新村的独特魅力

大楠村充分尊重和利用原有的地形和自然条件，突出"地域性、多样性、集约性"

的规划特征，建成了用地集约、风格新颖、环境优美的大楠村"鱼凫南山"农村新型社区，有效改善了群众的生产生活条件，夯实了群众安居乐业的物质基础。

科学选址，彰显独特的地域性。充分考虑山区地域人文特点，在群众认可、专家认定的基础上，高起点、高标准选址，规划建设农村新型社区。新建的"鱼凫南山"集中居住区，紧邻彭白路、湔江河，依山傍水、山水交融，与小鱼洞镇江桥人家、通济场镇之间，俨然形成了一个以"鱼凫南山"为核心，跨村、跨乡镇连片发展的山区乡村新形态，为推进新型城镇化打下坚实基础。

科学规划，突出形态的多样性。在"鱼凫南山"规划设计中，按照空间布局和建筑形态的多样性的要求，设计细化到了每户单体。在建筑色彩、材质的选用上大胆创新，建成的115栋乡村欧式别墅，错落有致、色彩缤纷、形态多样，展现了灵活丰富的建筑形态、多姿多彩的现代农村风貌。

科学引导，保证用地的集约性。震前，大楠村就有半数以上群众登记加入集中居住区建设项目。在重建中，进一步加强了宣传引导工作，全村338户中，有333户农户自愿选择到"鱼凫南山"居住，其中，高山区的3个村民小组整体入住。全村的集中居住，实现了集约节约利用土地的目标。

2. 以产业发展多元化为支撑，增强农村群众自我发展能力

大楠村在推进农村新型社区建设的同时，高度重视特色产业的培育，促进第一、三产业融合发展，以产业发展的多元化带动群众就业方式的多元化。

打造"万亩竹海"，农民"在公司种植"。引进佳和公司投资发展食用竹产业，并以此为龙头，形成了"公司＋集体经合组织＋基地＋农户"的发展模式，实现农业生产的规模化经营。2011年，流转土地2200亩，流转率达91%，种植食用竹2500亩。同时，积极规划、引导农户发展乡村酒店等第三产业，打造特色竹文化竹产业休闲观光园区。

打造"园区化养殖基地"，农民"在车间养殖"。主要采取"公司＋合作化＋养殖户"的模式，农户通过租赁托管发展肉兔养殖，公司和合作社共同负责提供从饲养、防病到成品兔出栏一条龙服务。商品兔养殖园区在2011年5月底前全面建成后，可供60户农户进行养殖，年产肉兔5万只，每个养殖户增收6600元。村集体经济可收取养殖场房租金5万元和公司返给合作社的组织生产管理费5万元。

建成家纺服装"家庭车间"，农民"在家庭就业"。为破解灾后集中居住群众尤其是妇女、中老年人就业难题，该村积极引入家纺服装企业，在大楠村"鱼凫南山"集中居住区建立"家庭车间"。由诚鑫皮革有限公司提供四条生产线，将部分操作简易的生产工序交给"家庭车间"完成。2011年，投入两条生产线，有35名村民实现了居家灵活就业，月平均收入1000元。

3. 以基层管理民主化为核心，激发新农村建设的内生动力

大楠村始终坚持"充分尊重群众意愿、深入做好群众工作"的原则，充分发挥村民议事会的群众自治功能，不断完善新型基层治理机制，产权制度改革、灾后重建、土地整理、新村建设等重大问题都由群众做主，实现了民主议事、民主决策、民主管

理,有效地调动了群众参与新农村建设的积极性和能动性。

推进议事程序规范化,夯实村民自治基础。从2008年起,大楠村实行了村民代表结构制、议事会成员席位制。同时,规范村民议事制度和村民议事程序,确定每月20日为村民小组议事会议日、22日为村议事会议日,设立了每位议事会成员固定席位,并坚持每次民主表决后"签字、按手印"。

推进民主管理常态化,坚持民事民议民决。从农村土地综合整治到新村建设的选址、规划,从分房到新型社区的保洁、保安、绿化、收费等管理方法,都由村民议事会反复商议形成决议,交由村委会执行。新型社区建成后,还选举成立了"鱼凫南山"小区业委会,负责小区内文化宣传、维修费收取、车辆管理、环境卫生、设施维护、安全等,并明确了岗位职责,制定了相关规章制度和居民公约,形成常态化管理制度。

推进文明创建纵深化,引导共建绿色新家园。在社区群众中聘请"文明劝导员""卫生监督员",开展文明劝导,引导大家养成文明、健康的生活习惯;引导群众讲文明、守纪律、除陋习、树新风,形成良好的道德规范;成立了党员服务队和爱心服务队,切实帮助社区困难群众和留守妇女、儿童;合理规划社区绿地建设,通过拍卖的方式,引导群众自主开展绿地建设和环境建设。截至2010年年底,"鱼凫南山"小区内的60亩绿地,由333户农户进行绿化种植,共种植蔬菜35亩、苗木2500株、花草15亩。

4. 以公共服务均衡化为保障,提供新农村建设的持续动力

坚持村级公共服务和社会管理改革与"鱼凫南山"新型社区的规划和建设同步推进,统筹考虑农民集中居住公共服务和社会管理的需要,集成项目基金,配套了较完善的基础设施,基本实现了公共服务与城市的同质化、均衡化,为新农村建设提供了持续动力。

集成资金项目。按照"1+13"公共服务设施要求,有效整合灾后重建资金、城乡建设用地增减挂钩资金、扶贫资金及人口、教育、卫生、交通等不同部门的项目资金,积极抓好基础设施和公共服务体系建设。2011年,完成4公里环形村道水泥路和5公里沟渠整治工程建设,配套建设了"四室三站两店一中心一广场"(活动室、便民服务室、图书阅览室、警务室;劳动保障工作站、卫生服务站、留守儿童服务站;农资放心店、放心商店;信息服务中心;文化健身广场),水电气网直通入户,生活垃圾和污水集中处理。

完善公共服务。"鱼凫南山"社区的公共服务设施在农民入住时同步跟进,提供的公共服务包括医疗卫生服务、社保服务、文体服务、基础设施和环境建设服务,以及保安、纠纷调解、法律咨询等社会管理服务等。2011年,"鱼凫南山"居住区可代办、初审35个事项,村民"办事不出村、小病不出门",仅此一项,每年就可为群众节约路费、成本费近8万元。

推进信息化管理。聘请专业软件公司编制了以"社区基本情况、家庭电子档案、社区居民健康档案、社区产改情况、土地流转信息、社会管理体制机制、社区财务公开"七个方面为主要内容的社区管理信息化服务软件,并纳入彭州市信息管理平台。在社区内安装了电子显示屏、电脑触摸屏,坚持每月定期发布村务、财务、就业以及

宅基地、林权、房屋的交易、出租等相关信息，实现了社区的信息化管理[1]。

第二节　湖北省咸宁市嘉鱼县官桥村八组

一、官桥村八组基本情况

湖北省咸宁市嘉鱼县官桥村紧依长江。湖北第一组——官桥村八组是一个有57户、230人、1.56平方公里国土面积的丘陵村庄。该村在组长、全国人大代表、党代表周宝生的带领下，经过二十多年的艰苦奋斗，由原本贫穷落后的小山村，发展成为一家拥有多家高科技企业，集科研、生产、经营、教育、旅游多元于一体的大型企业集团，促进了农村文化事业的发展，满足了当地广大农民群众的正常文化生活需要，体现了党中央提出的"精神文明建设重在建设"的方针，成为了湖北省第一组、社会主义新农村的典型性代表。

官桥村八组（图附2-2）作为社会主义新农村示范点，其发展有一定的特殊性，创新发展了"一企带一村"的成功模式。被誉为全国、全省"农村改革的一面旗帜"，现已建成旅游度假村。

图附2-2　官桥村八组

二、官桥村八组村庄建设的实践经验①

1. 兴业圆了"富裕梦"

位于长江边的嘉鱼县官桥村，从2008年开始，为圆全村人的"兴山富民、兴工富村"致富梦，村里充分利用本地自然资源优势，开始挖鱼塘、建基地，兴办小煤窑、铸造厂、家具厂、砖瓦厂等村办兴业。

---

① 项目案例参考《美丽乡村生态乡村建设的理论实践案例》。

为帮助村民圆"富裕梦",农发行嘉鱼县支行根据田野集团规划的山、水、田、园、村、景"六个一"工程的新农村模式,按照"一企联一村"的发展思路,本着"省地、节能、环保"的要求,以官桥村八组低丘岗地改造项目为平台,投放贷款 4000 万元,将低丘岗地改造与新农村建设有机结合,兴建"高标准油茶、有机稻、特色水产和农业生态园"四大产业体系,开发高产油茶基地 15000 多亩、有机稻基地 3000 亩、特色水产养殖 2000 亩、农业生态游基地 1000 亩。年产值达到一亿多元,净收入达到 4450 万元,仅此一项农民人均增收 15000 元,为官桥村农民实现新农村"富裕梦"奠定了坚实的基础。截至 2012 年年末,田野集团已兴办企业 12 家,集体总资产 22.5 亿元,集体经济收入达到 12.5 亿元,创利税 2.32 亿元,村民人均纯收入 42000 元,成为名副其实的"全国绿色小康村"。

2. 携手打造"文明村"

"村里共投入 4000 多万元,为每户村民统一设计兴建、装修,统一配置家具、家电。"户主周东风介绍说。走进"1~12"号两层楼的别墅,看到的是欧式餐桌、沙发、床、彩电、空调,白色的墙壁上悬挂着一幅幅装潢精美的"福"字图和山水画。组里有 68 户人家,和周东风家一样,村民都在村办企业上班,每月收入最低达到 4000 元。"改革开放让官桥八组富了,我们要进一步带动乡邻共同富裕。"党的十八大召开后,作为十八大党代表的组长兼田野集团董事长的周宝生,回到村里,就向村民代表提出"共同富裕、扩建新农村规模"的方案,得到村民的一致通过。

从官桥村八组东行 2 公里,两行连排别墅映入眼帘。这是官桥村八组筹资为邻村——石鼓村一组 26 户人家兴建的新家园。从此石鼓村一组 26 户人家从分散的沟沟洼洼搬出来,过上了好日子。只见新盖的别墅群,房前屋后,水泥路;家家屋里,自来水;户户有菜园。一里路长的新家园,青菜绿油油,花香四溢。

西出 3 公里,是通往嘉鱼县城的大道。路旁新建的 10 栋造型新颖的楼房拔地而起。大门旁的墙壁上"官桥新村"四个字十分醒目。这是田野集团为官桥村 360 多户农民建设的新家园。目前,大多数农民已乔迁新居。二期工程全部完工后,全村 800 多户农民都将乔迁新居,一个生态、富裕、文明的官桥新农村将完美地展现在长江之滨。

3. 文化陶冶"新农民"

文化是人类进步的灵魂。富裕后的官桥村坚持把用先进的文化、健康的娱乐活动陶冶农民作为不断增强团结一心的纽带、自强不息的精神动力!

在官桥村八组农民新农村中央区域,一栋欧式建筑式样的"农民文化中心"已成为村民"精神生活的乐园"。文化中心内有健身房、棋牌室、图书室、台球室、音乐厅、农民党校和文明夜校等文化娱乐、体育健身、学习交流、素质培训场所,一应俱全。

为杜绝富裕后的农民村沾染赌博等不良嗜好,集团投入一千多万元兴建了文化中心。文化中心是对村民进行文明素质教育的学校。中心除成立了由村民参加的音乐、体育、书画等协会外,还要求每个村民每年参加文体、文明教育活动的次数不少于 100 次,并进行严格的考核。村民每参加一次,根据签到打卡情况每人每次发 10 元文化活动补贴，每少一次，扣除 15 元的活动补贴。因此，每到周末，整个文化中心热闹非凡，成为名副其实的村民"精神家园"。为扩大规模，集团将继续投资，兴建村民文化建筑群，打造"文化兴村、文化育民"的环村旅游新景观[2]。

第三节　湖南省醴陵市枫林镇隆兴坳村

一、隆兴坳村基本情况

隆兴坳村位于醴陵市枫林镇南部，全村面积 6.2 平方公里，距离市中心 22 公里，岳汝高速和沪昆高速从中贯穿而过。全村现有 23 个村民小组：614 户，2462 人，有中共党员 68 名；水田面积 1100 亩，林地面积 8000 余亩，旱土 220 亩。隆兴坳村是省级美丽乡村，中国生态旅游名村。自 2014 年以来，隆兴坳村共进行了房屋风貌改造一、二期，共改造民宿 230 栋，三期改造正在进行中。

从 2016 年开始，隆兴坳村依据枫林镇党委、政府要求，成立了隆兴坳生态农业发展有限公司，积极引进社会资本合作入股，发展集体经济。该公司与湖南智宇农业合资成立了鲲龙现代农业有限公司，2018 年，该村预计集体经济收入近 50 万元。在项目支持和社会资本的共同作用下，隆兴坳村产业发展迅速，相继开发出耿氏白茶、皇菊、"五福堂蜂蜜"，荣获湖南省农博会金奖。产业兴旺，村民收入节节攀升，村级建设也日渐完善，耿传公祠周边开发杜鹃谷、樱花坡、玫瑰地、紫薇湾。图附 2-3 所示为隆兴坳村全景图。

图附 2-3　隆兴坳村全景图

二、隆兴坳村建设的实践经验

枫林镇通过人居环境综合整治，大幅提升镇域环境面貌，结合美丽乡村整镇推进目标，探索在山清水秀之间，建设出品貌各异的特色美丽宜居村，逐步实现了人居环境"美"起来的目标。隆兴坳村就是通过人居环境综合整治"美起来了"的一个独具特色的村庄。隆兴坳村依据绿色发展原则，围绕旅游产业发展，结合当地资源、生态、区域优势，立足山、水、田、园等现实条件，以建设美丽乡村为抓手，全力助推全域旅游发展。

1. 村庄规划布局

2017年，隆兴坳村在充分听取了老百姓意见之后，制定了《隆兴坳村控制规划2017—2020》（以下简称《规划》），对产业项目布局、房屋建设审批等都有详细的要求。《规划》对建房位置、建筑的风格、建筑层数、村内广告牌、围栏、垃圾桶、广场、绿化等都做了具体安排。

精准的规划定位——缅怀将军风采，传承红色基因，弘扬革命精神。

具体要求：保护和修缮耿飚故居，单独设置耿飚纪念馆，独立于耿传公祠之外，使革命名人纪念功能和耿传公祠的宗祠文化功能更加突出；传播将军文化，设置名人讲堂，利用现有资源，通过互联网等各类传播媒介宣扬红色文化内涵；将教育与体验相结合，打造醴陵红色文化旅游名片。图附2-4所示为耿传公祠一角。

图附2-4 耿传公祠一角

2. 建筑风貌改造

自2014年以来，隆兴坳村以"村民筹工筹劳、政府奖补"的形式，累计投资400余万元，将房屋按照徽派建筑风格统一进行风貌改造，一、二期共改造民宿230余栋，三期改造正在进行中。

3. 垃圾分类治理

2018年，隆兴坳村开展垃圾分类试点，投放分类垃圾桶1100个。通过垃圾分类，每日垃圾转运量从2车缩减为了1车。开展房前屋后整治，聘请专业团队对房前屋后的小溪流、小水渠,以及路坡、路肩等小角落进行设计改造,改造之后呈现出青石铺地为场圃,小桥流水绕村居的效果。

4. 基础设施建设

通过一事一议、村民集资等方式,铺设柏油路 11 公里,硬化道路 8 公里,修缮桥梁 3 座。2018 年,耿传高速公路互通口项目被纳入醴陵市重点项目。投资 80 万元,安装太阳能路灯 260 盏,即便到了晚上,也可以照亮隆兴的美。种植荷花 200 亩,打造樱花坡、杜鹃谷,培植紫薇花海。在道路两旁种植美人蕉、波斯菊等花草,将村庄装点得四季花开,美不胜收。

5. 发展集体经济

自从隆兴坳村人居环境美化起来,各种产业项目也纷纷落户这里,比如巨型稻立体种养基地、国防教育基地、夜合山文创项目等。在此过程中,隆兴坳村探索"项目资本化"的运作模式,以项目入股的形式大力发展集体经济,实现了集体经济从无到有、从小到大的蜕变。目前,隆兴坳村的集体经济年收入超过 50 万元[3]。

参考文献

[1] 张发传,王勇. 彭州大楠村建设新农村综合体的实践与成效 [J]. 城乡建设,2011(5):64-65+5.

[2] 范恒山,陶良虎. 美丽乡村:生态乡村建设的理论实践案例 [M]. 北京:人民出版社,2014.

[3] 醴陵市人民政府 [EB/OL] http://www.liling.gov.cn/c1053/2018928/i772120.html.